Helmut Hoping
Einführung in die Christologie

Helmut Hoping

Einführung
in die Christologie

Wissenschaftliche Buchgesellschaft

Peter Hünermann zum 75. Geburtstag

Die Deutsche Bibliothek verzeichnet diese Publikation
in der Deutschen Nationalbibliografie;
detaillierte bibliografische Daten sind im Internet über
http://dnb.ddb.de abrufbar.

© 2004 by Wissenschaftliche Buchgesellschaft, Darmstadt
Einbandgestaltung: schreiberVIS, Seeheim
Gedruckt auf säurefreiem und alterungsbeständigem Papier
Printed in Germany

Besuchen Sie uns im Internet: www.wbg-darmstadt.de

ISBN 3-534-16519-5

Inhalt

Vorwort

Die vorliegende Einführung in die Christologie ist aus Vorlesungen an den Universitäten Luzern und Freiburg i.Br. hervorgegangen. Den Studierenden beider Theologischen Fakultäten danke ich für kritische Nachfragen und anregende Diskussionen.

Den Freiburger Kollegen Professor Dr. Hubert Irsigler und Professor Dr. Lorenz Oberlinner sowie Dr. Dr. Thomas Böhm (München/Freiburg) und meinem Assistenten Dr. Jan-Heiner Tück verdanke ich wichtige Ratschläge und Hinweise. Meinem wissenschaftlichen Mitarbeiter Dipl.-theol. Matthias Mühl danke ich für seine tatkräftige Unterstützung bei der redaktionellen Bearbeitung des Manuskripts sowie für die Erstellung der Register. Frau Dipl.-theol. Carmen Diller besorgte freundlicher Weise die Durchsicht der hebräischen Umschrift.

Die Einführung in die Christologie widme ich em. Professor Dr. Dr. h.c. Peter Hünermann zu seinem 75. Geburtstag.

Freiburg i.Br., am Gedenktag des hl. Leo des Großen 2003

Helmut Hoping

Einführung

Aufgabe
der Christologie

Christologie ist die Lehre von Jesus dem Christus. Der Christustitel ist die latinisierte Fassung von Χριστός, der griechischen Übersetzung des hebräischen Wortes מָשִׁיחַ (mašˆaḥ): der Gesalbte, der „Messias" (vgl. Mk 8,27 u.ö: Χριστός; Joh 1,41; 4,25: Μεσσίας). Von Jesus dem Christus sprechen bedeutet mehr, als auf eine historische Person Bezug zu nehmen. Der Christustitel bringt die Heilsbedeutung Jesu im Kontext der endzeitlichen Erwartungen Israels zum Ausdruck. Wie der Eigenname „Jesus" (Jeschua), der sich von der hebräischen Wurzel יָשַׁע (jašaˤ) ableitet, was soviel bedeutet wie „retten" und „helfen", erinnert der Christustitel für immer daran, dass der Gott Jesu kein anderer ist als der Heilige Israels. Neben dem Christustitel kennt das Neue Testament andere Prädikationen, mit deren Hilfe es die Bedeutung der Person Jesu für das Heil der Menschen zur Sprache bringt: Herr (κύριος), Menschensohn (υἱός ἀνθρώπου), Sohn Gottes (υἱός θεοῦ), Heiland/Retter (σωτήρ). Die Christologie hat es mit dem zentralen Bekenntnis des Glaubens zu tun, mit der Antwort auf jene alles entscheidende Frage, die schon die Jünger Jesu beschäftigte: Wer ist dieser Jesus? (vgl. Mk 4,41).

Christologie
als Mitte
der Theologie

Die Christologie bildet „das Kernstück einer jeden christlichen Theologie" (Pannenberg/31: 13). Denn in ihr geht es zugleich um das Proprium des christlichen Gottesverständnisses. Denn wenn Jesus Christus Gottes endgültige Offenbarung ist (vgl. Hebr. 1,1–2), dann gehören seine Person und Geschichte zur Identität Gottes. Thomas von Aquin (✝ 1274) konnte deshalb in der Lehre von Jesus Christus ein „compendium theologiae", eine Zusammenfassung der ganzen christlichen Theologie, sehen (Comp. theol. c.1). Für Bonaventura (✝ 1274) hält Jesus Christus in allem die Mitte (In Hex. Coll. I, 10), da er der Mittler zwischen Gott und den Menschen ist (1 Tim 2,5). Jesus Christus ist der Grund des christlichen Glaubens und der Kirche. Denn „einen anderen Grund kann niemand legen" (1 Kor 3,11; vgl. Mk 12,10 f.). Ohne Jesus Christus gäbe es kein Christentum, ohne die Erinnerungs- und Überlieferungsgemeinschaft der Kirche aber wäre der Glaube an Jesus Christus nicht auf uns gekommen.

Bibelkritik
der Aufklärung

Individualisierung, Traditionsabbruch sowie wachsender kultureller und religiöser Pluralismus haben in unseren Tagen zu einer Krise des Christusbekenntnisses geführt, die tiefgreifender ist als die Infragestellung der kirchlichen Christologie im Zuge der radikalen Bibelkritik der Aufklärung und der „Leben-Jesu-Forschung". Der Hamburger Orientalist Hermann Samuel Reimarus (✝ 1768) behauptete zwischen dem, was Jesus selbst gelehrt und gewirkt hat, und dem Christusbild seiner Jünger einen unüberbrückbaren Gegensatz: Jesus selbst verstand sich als irdisch-politischer Messias und wurde als solcher schließlich hingerichtet. Die Jünger haben aus ihm einen vom Himmel kommenden Messias, den Sohn Gottes, gemacht. Nach dem Begräbnis Jesu stahlen sie seinen Leichnam, verkündeten seine Auferweckung, sprachen seinem Kreuzestod Heilsbedeutung zu, bildeten eine eigene Gemeinde und führten neben der Idee der Parusie, der Wiederkunft, des gekreuzigten Messias die Sakramente Taufe und Abendmahl ein.

Auch wenn die von Reimarus vertretene Betrugs- und Verfälschungstheorie heute in der exegetischen Forschung nicht mehr ernsthaft vertreten wird, hatten doch seine Thesen eine große Breitenwirkung, die bis in die popularwissenschaftlichen Jesusbücher unserer Tage hineinreicht, in denen mit schöner Regelmäßigkeit die Betrugs- und Verfälschungstheorie neu belebt wird. Für die moderne Exegese kommt Reimarus eine große Bedeutung zu, da er die Berichte und Erzählungen der Evangelien als Erster konsequent nach ihrer Historizität befragte und dabei auf unterschiedliche Angaben hinwies, etwa was die Zahl der Blindenheilungen (Mk,10,46–52; Mt 20,29–34) oder den Zeitpunkt der Tempelreinigung (Mk 11,15–19; Joh 2,13–22) betrifft.

Reimarus wusste, dass seine Thesen den christlichen Glauben in seinem Kern trafen. Die Schriften, die seine provozierenden Thesen enthielten, vor allem die Schrift „Vom Zwecke Jesu und seiner Jünger" (1778), hat er deshalb nicht publiziert. Es war Gotthold Ephraim Lessing († 1781), der sie auszugsweise unter dem Titel „Fragmente eines Wolfenbüttelschen Ungenannten" (1774–1778) veröffentlichte. Lessing, der große Denker und Dichter der Aufklärung, markiert zugleich die historische Krise der Christologie: Wenn historische Ereignisse immer kontingent sind, und das hieß für Lessing „zufällige Geschichtswahrheiten", wie kann ihnen dann eine absolute, unbedingte Bedeutung zukommen? In seiner Schrift „Über den Beweis des Geistes und der Kraft" (1777) brachte Lessing sein Argument gegen die Vorstellung einer endgültigen geschichtlichen Offenbarung Gottes auf die Formel: „Zufällige Geschichtswahrheiten können der Beweis von notwendigen Vernunftwahrheiten nie werden" (Lessing/10: Bd. 8, 441).

Mit Reimarus und Lessing begann jene radikale protestantische Bibelkritik, die am Ende wenig übrig ließ von der Gewissheit, die noch der Reformator Martin Luther († 1546) in der Schrift zu finden glaubte (Schönborn 35: 31). Luthers bibelhermeneutischer Grundsatz, dass die Schrift sich selbst auslegt (*Sacra scriptura sui ipsius interpres*), verlor im Zuge der modernen Exegese zunehmend an Plausibilität, sofern diese zu einem radikalen Pluralismus von Theorien, Hypothesen und Positionen führte. Zudem ließ der „methodische Atheismus" der historisch-kritischen Exegese, die Schrift auszulegen *etsi Deus non daretur*, den Charakter der Schrift als Wort Gottes zunehmend verblassen (Oeming/140: 42–46).

Leben-Jesu-Forschung Die von Lessing veröffentlichten Fragmente waren der Ausgangspunkt der Leben-Jesu-Forschung. Ihre Geschichte hat der evangelische Theologe, Arzt und Nobelpreisträger Albert Schweitzer († 1965) geschrieben (Schweitzer/148). Der Anstoß zur Kontroverse, die im 19. Jahrhundert um das Leben Jesu und den historischen Wert der Evangelien geführt wurde, kam von David Friedrich Strauß († 1874). In seinem Werk „Das Leben Jesu, kritisch bearbeitet" (1835–1836; ²1864) ersetzte Strauß die seiner Meinung nach supranaturale Sicht der Geschichte Jesu in den Evangelien durch eine konsequent rationale Betrachtungsweise: In der göttlichen Würde der Menschheit sieht Strauß die ewige Wahrheit der mit der Person Jesu verbundenen mythischen Vorstellungen.

Der Kern des Christusmythos ist nach Strauß nicht ein geschichtliches Ereignis oder eine geschichtliche Person, sondern die religiöse Idee des Gottmenschen in uns, die in der absichtslos dichtenden Sage, die den Mythos hervorbringt, historisiert wird. Die Menschheit wird so zum Inhalt der Christologie erklärt (Barth/207: 509). Der Gegenstand der Verkündigung

Jesu ist kein anderer als die „unterschiedslose Güte" des „himmlischen Vaters". Im Spätwerk Strauß' wird die christliche Religion ganz auf eine reine Humanitätsreligion zurückgenommen, bei der von der Einzigartigkeit Christi nichts mehr übrig bleibt. Strauß hat mit seinen Schriften eine ähnliche Wirkung erzielt wie die von Lessing veröffentlichten Fragmente. Eine Spätfolge der von Strauß vorgenommenen Trennung von mythologischer Gestalt und Inhalt des Glaubens ist das bis heute einflussreiche Entmythologisierungsprogramm des evangelischen Theologen Rudolf Bultmann († 1976).

Mythologieverdacht

Für viele Zeitgenossen, selbst Theologen, ist es eine ausgemachte Sache, dass die Schriften des Neuen Testaments voll von mythologischen Bildern und Vorstellungen sind, die für uns heute keine Gültigkeit mehr haben. In der Menschwerdung Gottes in seinem Sohn wird ebenso eine mythologische Vorstellung gesehen wie in der Geburt Jesu aus der Jungfrau Maria. Die Dämonenaustreibungen und Wunderheilungen stehen gleichermaßen unter Mythologieverdacht wie der stellvertretende Sühnetod Jesu am Kreuz und dessen rituelles Gedächtnis in der Feier der Eucharistie. Der Mythologieverdacht wird schließlich auch gegen das christliche Grundbekenntnis der Auferweckung Jesu von den Toten vorgebracht. Das Bekenntnis zur Auferweckung Jesu könne heute nicht mehr so verstanden werden, wie es ursprünglich gemeint war: Als religiöses Symbol für die allgemeinmenschliche Hoffnung auf ein Leben über den Tod hinaus komme der Auferweckung Jesu dagegen eine bleibende Bedeutung zu.

„Christologie von oben" – „Christologie von unten"

Der Mythologieverdacht gegenüber der Vorstellung einer Menschwerdung Gottes in seinem Sohn hat die traditionelle dogmatische Christologie erschüttert. Man hat sie als „Christologie von oben" bezeichnet, weil sie bei dem von Ewigkeit her existierenden, präexistenten, in der „Fülle der Zeit" menschgewordenen Logos Gottes ihren Ausgang nimmt. Sofern eine Inkarnationschristologie die Gottheit Jesu immer schon voraussetzt, steht sie in der Tat in der Gefahr, die Besonderheit der Person und Geschichte Jesu wie ihres Zusammenhanges mit dem Judentum aus dem Blick zu verlieren. Die gegenwärtige Christologie setzt deshalb bei der Botschaft, dem Wirken (Zeichenhandlungen) und dem Geschick Jesu sowie seinem Gottesbezug an und fragt, wie das neutestamentliche Christusbekenntnis und die nachfolgende christologische Lehrentwicklung in der Person und Geschichte Jesu begründet sind. Den veränderten Ansatz der gegenwärtigen Christologie bezeichnet man gegenüber der „Christologie von oben" als „Christologie von unten".

Es gehört zur methodischen Grundüberzeugung zeitgenössischer Christologie, dass sich die wahre Erkenntnis der Bedeutung Jesu nur aus der Geschichte dieser Person begründen lässt (Pannenberg/31: 15–24). Will eine „Christologie von unten" mehr sein als eine der vielen modernen Jesulogien, darf sie der christologischen Frage nach der Einheit Jesu mit Gott aber nicht ausweichen, die mit dem biblischen Sendungs- und Präexistenzgedanken aufgeworfen wird. Das theologisch unaufgebbare Anliegen einer methodisch reflektierten Inkarnationschristologie besteht darin, Person und Geschichte Jesu als Gottes endgültige Selbstoffenbarung zu denken und das Bekenntnis zu Jesus Christus trinitarisch zu verankern, was nicht ohne „ontologische" Aussagen im weiteren Sinne möglich ist (Essen/213: 394).

Hellenisierungsthese

Adolf von Harnack († 1930), der führende Vertreter der liberalen Schule, hat gegenüber dem christlichen Dogma den Verdacht geäußert, es sei der Form und dem Inhalt nach ein Werk des griechischen Geistes auf dem Boden des Evangeliums (Harnack/182: 20). Die These, die christologische Lehrentwicklung habe vom geschichtlichen Jesus eher weggeführt, als die Bedeutung seiner Person und Geschichte angemessen zu entfalten, wird bis heute vertreten (Küng/418; Ohlig/68/271; Hasenhüttl/412). Diese These ist hermeneutisch aber ebenso unbefriedigend wie die These vom Gegensatz zwischen dem historischen Jesus und dem Christus des urchristlichen Kerygmas. Denn sie läuft letztlich darauf hinaus, in der christologischen Lehrentwicklung eine grandiose Verstellung der Person Jesu zu sehen.

Hermeneutik der christologischen Überlieferung

Da das Christusbekenntnis „Anhalt am historischen Jesus" (Ebeling/53: 50f.) haben muss, hat eine Christologie ihren Ausgang bei der historischen Rückfrage nach Jesus von Nazaret zu nehmen. Will man aber nicht der Reproduktion jener einseitigen Jesusbilder Vorschub leisten, wie sie sich in der Jesusforschung des 19. Jahrhunderts (Schweitzer/148) und den zahlreichen popularwissenschaftlichen Jesusbüchern unserer Zeit finden (Heiligenthal/57), kann sich eine Christologie mit der historischen Rückfrage nach der Person Jesu nicht zufrieden geben. Die zentrale Aufgabe einer systematischen Christologie besteht in einer wahrheitsverpflichteten Hermeneutik der christologischen Überlieferung. Dem Christusbekenntnis der Schrift, als der primären Glaubensinstanz, kommt hier eine zentrale Rolle zu. Ausgangspunkt muss dabei das besondere Sohnesverhältnis Jesu sein. Grundlage der Christologie ist allerdings nicht nur die Schrift. Denn nach katholischem Verständnis kommt auch der darüber hinausgehenden authentischen Glaubensüberlieferung eine normative, wenn auch abgeleitete Funktion zu. Zur Aufgabe einer systematischen Christologie gehört von daher die hermeneutische Aneignung des christologischen Dogmas (Essen-Pröpper/55).

Die vorliegende Einführung in die Christologie hat fünf Kapitel. Das erste Kapitel (*I. Anstöße gegenwärtiger Christologie*) versucht, ausgehend von der Debatte um den mythologischen Charakter der christlichen Botschaft einen Überblick über gegenwärtige Christologien zu geben. Dabei wird unterschieden zwischen Programmen, die explizit eine Revision der überlieferten Christologie fordern, und Neuansätzen, die sich um eine hermeneutische Aneignung der überlieferten Christologie bemühen, mögen sie auch im Einzelnen kritische Rückfragen aufwerfen. Das zweite Kapitel (*II. Der Gott Israels und die Ankunft seines Messias*) entfaltet die biblischen Grundlagen des Christusbekenntnisses, das dritte behandelt das Christusbekenntnis der Alten Kirche und Aspekte der Soteriologie (*III. Der menschgewordene Sohn Gottes*). Im vierten Kapitel werden die großen Entwicklungen in der westlichen Christologie vom Mittelalter bis zur Moderne aufgezeigt (*IV. Jesus Christus im abendländischen Denken*). Das letzte Kapitel skizziert Perspektiven für eine Hermeneutik der Christologie (*V. Hermeneutik der Christologie und Israel-Theologie*).

I. Anstöße gegenwärtiger Christologie

1. Revisionen

a) Die These vom Mythos des inkarnierten Gottessohnes

Rudolf Bultmann († 1976) nannte die Sendungs- und Präexistenzchristologie des Neuen Testaments und den damit verbundenen Inkarnationsgedanken „mythologisch", ebenfalls die Geburt Jesu aus Maria der Jungfrau, die Vorstellung von der Sünde, des stellvertretenden Sühnetodes Jesu sowie die Rede von der Auferstehung der Toten (Bultmann/107/108). Bultmanns Entmythologisierungsprogramm versteht sich als kritische „Destruktion der neutestamentlichen Mythologie" (Bultmann/108: 21) und der nachfolgenden Metaphysik des Gottessohnes, wofür nach Bultmann schon im Neuen Testament die entscheidenden Ansätze bereit liegen (107: 14). Die Destruktion der neutestamentlichen Mythologie erfolgt durch eine konsequent existentiale Interpretation des urchristlichen Kerygmas. So wird der „mythologischen Rede" die Funktion zugeschrieben, die existentielle Bedeutsamkeit der historischen Gestalt Jesu und seiner Geschichte zum Ausdruck zu bringen (108: 21).

Da das urchristliche Kerygma für Bultmann auf nichts anderes zielt als die „Eigentlichkeit" menschlicher Existenz, die Wahrheit des durch Christus eröffneten neuen Lebens, ist der „Mythos" einer Präexistenz und Gottessohnschaft Christi für Bultmann theologisch ebenso verzichtbar wie die Vorstellung seines stellvertretenden Sühnetods. Bultmann reduziert damit die in Christus geschehene göttliche Offenbarung auf ihre existentiale Funktion für die Begründung der Eigentlichkeit menschlicher Existenz. Dies zeigt sich auch an seinem Verständnis der Auferweckung Jesu, die er nicht als ein geschichtliches Ereignis, das heißt als ein eigenes Geschehen neben Jesu Leben und Sterben betrachtet. In der Rede von der Auferweckung Jesu sieht Bultmann nur den „Ausdruck der Bedeutsamkeit des Kreuzes" (108: 56f.). An der historischen Frage sei der christliche Osterglaube nicht interessiert (60–62).

Auf den Einwand, ob mit der Rede von Gottes Handeln nicht ein „mythologischer Rest" im urchristlichen Kerygma verbleibt, hat Bultmann geantwortet: „Wer es schon Mythologie nennt, wenn von Gottes Tun die Rede ist, für den gewiß" (63). Diese letztlich unbefriedigende Antwort macht den inneren Widerspruch in Bultmanns Entmythologisierungsprogramm deutlich. Wenn Gott an Jesus gehandelt hat, warum – so hat Heinrich Schlier († 1978) gefragt (Schlier/253: 139–142) – darf dann der Satz, Gott hat Jesus von den Toten auferweckt, nicht als eine Aussage über ein geschichtliches Ereignis verstanden werden? Es war Herbert Braun († 1991), der Bultmanns Entmythologisierungsprogramm konsequent radikalisierte und schließlich auch noch Gott selbst, das heißt seine Personalität und sein geschichtliches Handeln, entmythologisierte: Gott ist in dieser Welt, nicht vor ihr oder außer ihr. Er ereignet sich in der Mitmenschlichkeit (Braun/101: 114–122).

Die These vom Mythos der Inkarnationschristologie bestimmt auch das Werk „Christ sein" (Küng/418) des bekannten Schweizer Theologen Hans

Küng. Die *Theótokos*-Lehre des Konzils von Ephesus (431) kommentiert Küng mit dem rationalistischen Pathos der Aufklärung: „Als ob *Gott* geboren werden könnte und nicht vielmehr ein Mensch, in welchem als Gottes*sohn* Gott selbst für den Glauben *offenbar* ist" (418: 561). Jesus von Nazaret ist ein Mensch, in dem als Gottes Sachwalter dieser für uns offenbar wird. Diese funktionale Sachwalterchristologie hat später zu der mit der christlichen Glaubensüberlieferung unvereinbaren Forderung geführt, hinter das Konzil von Nizäa (325) und die altkirchliche Trinitätslehre auf die ersten Anfänge der Christologie zurückzugehen, um das interreligiöse Gespräch der abrahamitischen Religionen nicht mit dem Bekenntnis zur Gottheit Christi zu belasten.

Drei Jahre nach Hans Küngs „Christ sein" erschien in England ein von John Hick herausgegebenes Buch mit dem Titel „The Myth of God Incarnate" (Hick/327). Die Autoren des Buches, das eine intensive theologische Debatte ausgelöst hat (Green/326; Goulder/325; Mackey/333; Dalferth/22: 1–37), gehen davon aus, dass es sich bei der Inkarnationschristologie um eine mythologische Darstellungsform handelt, die auf poetische Weise die Bedeutung der Person Jesu zur Sprache bringt. Im Christusbekenntnis der Kirche sehen sie das Resultat eines realistischen Missverständnisses bestimmter, mit dem biblischen Präexistenzgedanken verbundener Bekenntnisaussagen. Das Bekenntnis zu Jesus dem Gottessohn stelle eine als Mythos fungierende metaphorische Aussage dar, die in der späteren Inkarnationschristologie metaphysisch ausgedeutet worden sei (Hick/329). Eine Variante dieser These findet sich bei Karl-Josef Kuschel und seiner gegen das christologische Dogma von Nizäa gerichteten Rede von der „Poesie der Präexistenzaussagen" (Kuschel/269: 672).

Leitend ist bei der These vom Mythos des inkarnierten Gottessohnes ein weiter und unpräziser Begriff des Mythologischen. So definiert John Hick „Mythos" als „eine Geschichte, die erzählt wird, aber nicht buchstäblich wahr ist, oder eine Idee oder ein Bild, die oder das auf eine Person oder Sache angewandt wird, aber nicht buchstäblich zutrifft, sondern bei den Hörern eine bestimmte Haltung oder Einstellung herbeiführt" (Hick/327: 188). Der mythologische Satz „Jesus ist der Sohn Gottes" mache eine Aussage über die Bedeutung der Person Jesu, nicht über seine Existenz. Damit ignoriert Hick die Differenz zwischen der christlichen Gottesrede, die sich auf ein geschichtliches Gründungsereignis bezieht, und den mirakulös-mythologischen Gotteserzählungen griechischer bzw. orientalischer Herkunft.

So hat Ingolf U. Dalferth darauf hingewiesen, dass sich das Bekenntnis zu Jesus, dem Sohn des Vaters, auf die geschichtliche Person des auferweckten Gekreuzigten bezieht. „Denn Christen bekennen Jesus als Sohn Gottes, Herr, Retter, Wort Gottes oder wie auch immer sonst gerade deshalb, weil sie ihn als den von Gott vom Tode auferweckten Gekreuzigten kennen" (Dalferth/22: 23). Daraus kann allerdings nicht der Verzicht auf eine Inkarnationschristologie abgeleitet werden, da sich das Bekenntnis zur Gottessohnschaft Christi zugleich auf ihn in seinem Leben und Sterben und das darin sich offenbarende Verhältnis zu seinem Vater bezieht. Die „Selbstvergegenwärtigung" bzw. „Selbsterschließung" Gottes in Jesus Christus kann ohne das inkarnationstheologische Modell nicht im Sinne einer endgültigen Selbstaussage Gottes gedacht werden.

b) Der Antijudaismusvorwuf gegenüber der Christologie

Am Bekenntnis zu Jesus dem verheißenen Messias des Gottes Israels festzuhalten, ist in der Theologie „nach Auschwitz" keineswegs mehr selbstverständlich. Nicht wenige fragen, ob eine messianische Christologie nicht
notwendig antijudaistisch sei, bestreitet sie doch den Juden die Legitimität
ihrer noch nicht erfüllten Messiashoffnung. So vertritt Paul van Buren die
These, dass Jesus der Herr der Kirche, nicht aber der Messias Israels sei.
„Ohne messianisches Zeitalter kein Messias". Im Bekenntnis zu Jesus dem
Christus, dem Messias, sieht van Buren den „absurden Versuch", „dem jüdischen Volk eines seiner eigenen zentralen Symbole der Hoffnung zu rau-
ben" (Buren/349: 10).

Rosemary Ruether behauptet in ihrem Buch über die theologischen Wurzeln des Antisemitismus (Ruether/381) gar einen gesetzlich-notwendigen
Zusammenhang zwischen Christologie und Antijudaismus, ja Antisemitismus. So bezeichnet Ruether die Christologie als „Kehrseite des Antijudaismus" (381: 229). Der Antijudaismus, so sekundiert Gregory Baum, sei
die „linke Hand der Christologie" (Baum/346: 19). Ruether fordert eine Revision der „messianischen Ideologie" des „christlich-imperialistischen Mythos" (Ruether/381: 241.243). Diese Revision verlangt vom Christentum,
sich nicht mehr als „erfüllten Messianismus" (381: 222) zu verstehen, sondern in einer „vollen Bekehrung zum Judentum" (237) den christlichen
Messianismus auf einen „unerfüllten Messianismus" zurückzunehmen.
„Der Christ wie der Jude ist noch auf dem Weg durch die Wüste, zwischen
dem Auszug und dem verheißenen Land, mit goldenen Götzen und zer-
brochenen Tafeln längs des Weges" (236).

In seinem Nachwort zur deutschen Ausgabe des Buches von Rosemary
Ruether kritisiert der evangelische Theologe Peter von der Osten-Sacken
den „christologisch begründeten christlichen Totalitarismus" und fordert
einen konsequenten „theologischen Besitzverzicht" (Osten-Sacken/377:
246). Allerdings hat sich von der Osten-Sacken für die Beibehaltung des
Bekenntnisses zu Jesus dem Christus ausgesprochen (378: 174f.). Dagegen
meint Klaus Wengst, dass „nach Auschwitz" Jesus nur noch als „Messias
aus Israel für die Völker", nicht mehr als „Messias Israels" bekannt werden
könne (Wengst/395: 73–76). Was „für die Kirche durch den Messias Jesus
vermittelt da ist, gilt für Israel schon vorher und gilt auch weiterhin ohne
solche Vermittlung". Das Verhältnis der Sohnschaft Jesu zur Sohnschaft Israels ist für Paulus aber mehr als das einer „außerordentlichen Konzen-
tration" (81). Wie könnte er sonst für die eschatologische Zukunft, bei der
Parusie Christi, eine Rettung Israels erwarten (Röm 11, 27f.)?

Eine ähnliche Position wie Wengst vertritt der katholische Dogmatiker
Herbert Vorgrimler. Für ihn ist der Tod Jesu die von ihm „bewusst ange-
nommene Konsequenz seiner Sendung und seines Auftretens" (Vorgrim-
ler/394: 156), soteriologisch bedeutsam aber nur für die Heiden, nicht für
Israel. Vorgrimler begründet seine Position zum einen mit dem Noachbund, den er als wirksames Zeichen „des Versöhntseins Gottes in seiner
Geschichte mit den Menschen" (ebd.) interpretiert, zum anderen mit der
Gottesverkündigung Jesu, sofern sie den Gedanken der Versöhnung durch
das Kreuz ausschließe. Doch beim Noachbund geht es nicht um Gottes

Marginalien:

Christologie
als „Kehrseite
des Antijudaismus"

das Kreuz Christi –
heilsbedeutsam
nur für die Völker

Vergebung, sondern um die Geduldsfrist, das ungestrafte Hingehen-Lassen von Sünden (Groß/352: 47–52). Was die soteriologische Bedeutung des Kreuzes Christi betrifft, so geht eine Reihe namhafter Neutestamentler (Schürmann/316; Merklein/138: 159–167/306) davon aus, dass Jesus seinem Tod selbst eine Heilsbedeutung zugesprochen hat. Dass eine Christologie, um den Antijudaismus hinter sich zu lassen, das Bekenntnis zu Jesus als dem Messias Israels und Sohn Gottes aufzugeben hätte, steht also keineswegs fest, wird auch von renommierten Theologen ausdrücklich bestritten (Pröpper/380; Breuning/347). Von einer messianischen Christologie, die am Bekenntnis zu Jesus dem Messias des Gottes Israels festhält, wäre ausgehend vom Judesein Jesu und ungekündigten Gottesbund, in dem Israel steht (Röm 9,1–5; 11,1f.), eine Israel und seine bleibende Erwählung bejahende Christologie zu entwickeln (vgl. Kap. V, 1).

c) Pluralistische Deabsolutierung der Christologie

Die entwickelte Moderne ist durch einen radikalen Pluralismus gekennzeichnet, der jeden unbedingten Wahrheitsanspruch fraglich erscheinen lässt. Die Antworten der Religionen auf die Fragen nach Leben und Tod können unter dieser Voraussetzung nur relativ sein. Von dieser Position geht die so genannte „Pluralistische Religionstheologie" aus. Dabei handelt es sich um eine Richtung der „philosophy of religion", deren bekanntester Vertreter John Hick (Hick/328) ist. Hick stützt seine pluralistische Sicht der Religionen auf Kants Unterscheidung zwischen dem „Ding an sich" und dessen „Erscheinung" und verknüpft damit die These, dass das Transzendente (Absolute, Reale) an sich unerkennbar ist und sich in Welt und Geschichte nicht endgültig offenbare. Auch wenn nicht alle Religionen ihrer Bestimmung in gleicher Weise gerecht werden und es Unterschiede in ihrer Lehre gibt, so sind sie doch im Prinzip gleichwertige Antworten auf die Fragen nach Leben und Tod (Schmidt-Leukel/338/339).

„gradualistische", „funktionalistische" Christologie

Religionen sind unterschiedliche Medien des Transzendenten, die dazu dienen, den Menschen in einem Prozess, den Hick als „soul-making" bezeichnet, von der Existenzweise der „self-centredness" (Selbstzentriertheit) zur Existenzweise der „reality-centredness" (Wirklichkeitszentriertheit") zu führen. Religionen sind unterschiedliche „soteriologische Wege", auf denen der Mensch Heil, Befreiung und letzte Erfüllung finden kann (Hick/328: 261f.). Religionen werden von Hick an ihrer soteriologischen Effektivität und nicht an ihrer Lehre gemessen. Integrationsfähigkeit und soteriologisch bestimmte Theozentrik sind für Hick die entscheidenden Kriterien zur Beurteilung von Religionen wie Hinduismus, Buddhismus, Christentum, Judentum und Islam. Dies führt zu einer Relativierung religiöser Bilder und Symbole, Traditionen, Riten und Dogmen durch den einen religiösen Akt, sich in seiner Existenz auf das Transzendente zu beziehen. Eine endgültige Offenbarung Gottes in einem einzelnen Menschen lehnt Hick als vernunftwidrig ab. Die unterschiedlichen apersonalen und personalen Bilder, Vorstellungen und Begriffe des Transzendenten sind Linsen, durch die das Absolute betrachtet werden kann. So vertritt Hick eine „gradualistische" und „funktionalistische" Christologie (Schmidt-Leukel/340: 218f.), die den essentiellen Unterschied zwischen der Person Jesu und allen anderen Menschen aufhebt (Menke/335: 231–240).

Paul F. Knitter, ein anderer Vertreter der pluralistischen Religionstheologie, bestreitet ebenfalls eine endgültige Offenbarung des göttlichen Absoluten. In Jesus haben wir es nicht mit Gott selbst zu tun, sondern wir werden durch Jesus dazu geführt, uns vom göttlichen Absoluten beanspruchen zu lassen. Religionen sind unterschiedliche Wege zu diesem einen Ziel. Zum Verständnis der Person Jesu schlägt Knitter ein theozentrisches Modell vor. Die Einzigartigkeit der Person Jesu ist weder exklusiv (die anderen Religionen ausschließend) noch inklusiv (die anderen Religionen integrierend) zu verstehen, sondern relational, bezogen auf andere einzigartige religiöse Gestalten. Knitter nennt seine Theologie der Religionen eine „theozentrische Theologie der Religionen", die nicht „auf einer theozentrischen, nicht-normativen Reinterpretation der Einzigartigkeit Jesu beruht" (Knitter/331: 147).

So ist Gottes Menschwerdung nicht auf Jesus beschränkt. Es gibt „andere Menschen, die dieselbe Fülle der gott-menschlichen Einheit, wie sie in Jesus verwirklicht ist, erreicht haben" (331: 133). Für die Offenbarung Gottes in Jesus Christus kann demnach keine „Endgültigkeit" oder „Normativität" behauptet werden (193). Entscheidend sind für die Religionen nicht ihre Wahrheitsansprüche, sondern ihre Fähigkeit, zur Befreiung des Menschen beizutragen. Die im Neuen Testament bezeugte Einzigkeit Christi interpretiert Knitter im Sinne subjektiver Einzigartigkeit: Christen betrachten Jesus, wenn sie ihn „Sohn" oder „Christus" Gottes nennen, als einzigartig, weil sie sich zu ihm in der Sprache der Liebe, die den Geliebten einzigartig nennt, bekennen. Was die Liebe über die Geliebten sagt, gilt aber nicht an sich, sondern nur für den Liebenden (123–125).

Die neutestamentlichen Aussagen über die Einzigkeit der Person Jesu (vgl. 1 Tim 2,5; Apg 4,12; Joh 1,14; Hebr 9,12) gehören für Knitter nicht zum wesentlichen Bestandteil der Verkündigung. Sie müssen aus ihrem historisch-kulturellen Kontext erklärt werden, in dem man noch davon ausging, dass die Wahrheit eine einzige sei. Wie der Inkarnations- und Auferstehungsmythos haben sie die Funktion, die theozentrische Bedeutsamkeit der Person Jesu auszudrücken und für die Gemeinschaft der Glaubenden identitätsstiftend zu wirken (Knitter/331: 119–123). Entscheidend sei heute im Zeitalter des religiösen Pluralismus aber nicht mehr die „Orthodoxie", die richtige Lehre, sondern die „Orthopraxie", die richtige Praxis der Nachfolge (331: 138–141).

Anders als das postmoderne Pluralismusparadigma kennt die pluralistische Religionstheologie mit dem Göttlichen (Transzendenten, Absoluten, Realen) etwas, das die Pluralität der Standpunkte und Meinungen übergreift, selbst allerdings unbestimmt bleibt. Jesus wird damit auf einen „Katalysator" für unsere Beziehung zum Transzendenten reduziert, eine Katalysatorfunktion, die auch andere religiöse Gestalten erfüllen können. Nach christlichem Verständnis ist Jesus allerdings mehr als einer der vielen Zeugen des Absoluten. Er ist Gottes endgültige Offenbarung, seine Selbstmitteilung in Person, jenes „geschichtlich Unbedingte", gegen das der Religionspluralismus so vehement ankämpft.

Eine endgültige Offenbarung Gottes kann aber nicht nur als „subjektiver

Randglossen:
soteriologischer Theozentrismus

„Orthopraxie" statt „Orthodoxie"

Sinn", als „Sinn für mich", beansprucht werden. Soll der Glaube an Gottes letztgültige Offenbarung nicht das Paradox eines bloß subjektiven Meinens sein, muss Jesus Christus als *der* Weg, *die* Wahrheit und *das* Leben für die Welt und damit als „Sinn an sich" (Menke/334: 75–110) bezeugt werden. Um seiner Identität willen muss deshalb das Christentum an der Einzigkeit Christi festhalten. Eine pluralistische Deabsolutierung der Christologie, die in Jesus von Nazaret eines der vielen Gesichter des ewigen Logos, eine seiner Inkarnationen sieht, nicht aber Gottes endgültige Offenbarung, das „concretum universale", läuft in der Konsequenz auf eine Aufhebung des Christentums hinaus.

d) Feministische Kritik der Sohneschristologie

kein männlicher
Erlöser für Frauen

Im Bereich des Feminismus war es Mary Daly, die schon früh eine konsequente Revision der Vorstellung von Gott als Vater (Daly/409: 27–60) und die damit verbundenen „Mythen" der Gottebenbildlichkeit, der Sünde, des Opfers (61–87) und des Gottessohnes (88–117) gefordert hat. Von Daly wird eine religiöse Welt „jenseits der Vorbilder" eingeklagt, jenseits des als „Christolatrie" gebrandmarkten Bekenntnisses zu Jesus Christus, dem Sohn Gottes. Dalys radikal feministische Position hat sie in einen „nachchristlichen Raum" geführt, in dem kein Platz mehr ist für den Gott, den Jesus seinen Vater nannte, weil Frauen, so Daly, von ihm keine Befreiung erhoffen können. An die Stelle der christlichen Gottesrede tritt bei Daly die neopagane Vorstellung eines kosmischen Bundes, in dem Frauen die Planeten als ihre göttlichen Schwestern betrachten.

Nicht alle feministischen Theologinnen sind Daly in ihren radikalen Ansichten gefolgt. Zwar vertritt auch Rosemary Ruether die These, dass ein männlicher Erlöser Frauen nicht befreien könne. Allerdings bleibt Jesus für sie das entscheidende Vorbild, theologisch bedeutsam aber nicht in seinem Geschlecht, sondern allein in seiner „Menschlichkeit". Doch was radikale Richtungen der feministischen Theologie eint, ist die Forderung nach einer Revision der Rede von Gott als Vater, der damit verbundenen Sohneschristologie und der darauf aufbauenden Trinitätslehre (Strahm-Strobel/436). Dies gilt auch für Elisabeth Schüssler Fiorenza, eine der profiliertesten feministischen Theologinnen.

Revision der
Sohneschristologie

Gegenüber der Mehrheit ihrer feministischen Kolleginnen plädiert Schüssler Fiorenza für eine Christologie ohne jegliche Geschlechterdifferenz (Schüssler Fiorenza/433/434). Grundlage ihrer Position ist die konstruktivistische These, Sprache sei ausschließlich eine „soziokulturelle Konvention". Sie stelle „keine Reflexion der Wirklichkeit" dar, so dass die Differenzierung zweier Geschlechter nicht ein „angeborenes Wesen repräsentiert" (433: 65). Schüssler Fiorenza vermutet, dass die „erste christologische Reflexion theologisch eine *Sophialogie*" (212) gewesen ist, Jesus aber schon bald in „kyriarchalen Begriffen" als „kosmischer Herr" (Kyrios) und Herrscher dargestellt wurde (223 f.). Prinzip der kyriarchalen Christologie ist für Schüssler Fiorenza Jesus, der „Sohn" (υἱός) und „Herr" (κύριος). Verbunden mit dem Inkarnationsgedanken gehört zur kyriarchalen Christologie ebenso die „imperiale" Artikulation der Göttlichkeit Jesu sowie die Deutung seines Todes als Sühnopfer (17.42.45f.). Eine Theologie des Kreuzes, der sich aufopfernden Liebe Jesu, seiner Selbsthingabe für die Sünden der Welt, lehnt Schüssler Fiorenza ab, weil das Leiden und Sterben Jesu nicht dem Willen der Sophia entspreche (159. 195).

Die feministische Revision der Sohneschristologie stellt nicht nur einen Bruch mit der christlichen Glaubenslehre, sondern auch mit der neutestamentlichen Überlieferung dar. Christliche Gebetssprache, Liturgie wie Theologie sind aus offenbarungstheologischen Gründen an die Vateranrede Jesu und die damit verbundene Sohneschristologie gebunden. Denn „im Munde Jesu ist die Bezeichnung Gottes als ‚Vater' zum Eigennamen geworden. Sie hat damit aufgehört, eine Gottesbezeichnung unter andern zu sein" (Pannenberg/428: 286). Von daher kann sie nicht einfach durch die Mutteranrede oder eine diffuse Sophialogie ersetzt werden. Die biblische Rede von Gott als Vater ist auch nicht einfach ein Spiegelbild patriarchalischer gesellschaftlicher Verhältnisse, sondern verhält sich dazu durchaus kritisch (428: 284–286). Die Geschlechterdifferenz auf das Gottesverständnis zu übertragen oder Gott, den Jesus seinen Vater nannte, die Sophia gegenüberzustellen, repristiniert letztlich heidnische Göttervorstellungen (Bouyer/407: 54). In seiner Kritik am biblischen Monotheismus und der Sohneschristologie entspricht der radikale theologische Feminismus auffällig dem neopaganen Gepräge der „postmodernen" Moderne.

e) Die Christologie als Funktion der Soteriologie

Christologie und Soteriologie lassen sich nicht trennen. Diese Einsicht bestimmt auf weite Strecken die moderne Christologie, in der die Person Christi und deren Heilswerk nicht mehr, wie seit der mittelalterlichen Scholastik üblich, getrennt voneinander behandelt werden. Christologie und Soteriologie sind zwei Seiten ein und derselben Sache bzw. Person. Die moderne Christologie steht allerdings zuweilen in der Gefahr, die Christologie ganz vom soteriologischen Interesse des Menschen her zu begründen. So hat etwa Karl-Heinz Ohlig den groß angelegten Versuch unternommen, die Christologie in ihrer geschichtlichen Entwicklung als „Funktion der Soteriologie" (Ohlig/68: 27) zu verstehen. In den konkreten Religionen sieht Ohlig „soteriologische Systeme" (68: 20), die auf ein und dieselbe anthropologisch grundgelegte religiöse Frage antworten, die in den verschiedenen Kulturen unterschiedlich gestellt wird (21) und auf die deshalb kulturell bedingte Antworten gegeben werden (22–25).

Religionen als „soteriologische Systeme"

Dies gilt auch für die „geschichtsorientierte Soteriologie" des biblischen Monotheismus, der das Heil – anders als monistische soteriologische Systeme – durch geschichtliche Vermittlung erwartet. Die „geschichtsorientierte Soteriologie" des biblischen Monotheismus nennt Ohlig „christologische Soteriologie" (68: 26f.), weil sie die endgültige Vermittlung des Heils von einer messianischen Gestalt erwartet. Die Soteriologie bildet den tragenden Grund, in gewisser Weise die kulturelle Matrix, für die jeweilige Gestalt der Christologie. Aufgrund ihrer kulturellen Bedingtheit muss die Christologie in ihrer geschichtlichen Entwicklung vollständig der soteriologischen Hermeneutik unterworfen werden (31).

die Soteriologie als kulturelle Matrix der Christologie

Ohligs These von der „Christologie als Funktion der Soteriologie" macht es in letzter Konsequenz unmöglich, die Aussagen über die Messianität und Gottheit Jesu von Projektionen vorgegebener menschlicher Heilserwartungen zu unterscheiden (Pannenberg/31: 41f./428: 441f.). Zwar haben wir es in allen Religionen mit der Frage des Heils und der Erlösung zu tun. Doch die Verschiedenheit der Antworten der Religionen auf diese Frage mit ihren unterschiedlichen kulturellen Kontexten und somit die Christologie zu einer Variablen der Soteriologie zu erklären, läuft auf eine Relativierung des mit den christologischen Aussagen über die Person Jesu verbundenen Wahrheitsanspruchs hinaus. Denn das Bekenntnis zu Jesus Christus ist nicht zu trennen von der Frage nach der Heilsbedeutung seines Lebens, seines Sterbens und seiner Auferweckung. Die Gottheit Jesu hat ihren Grund nicht in seiner Heilsbedeutung für uns, sondern sie ist Voraussetzung der universalen Heilsbedeutung der Person Jesu und seiner Geschichte (Pannenberg/31: 32).

Jesus – „Katalysator" für soteriologische Erfahrungen

Wenn Jesus tatsächlich der Messias und Gottes Sohn ist und Gott in dieser Person sich endgültig geoffenbart hat, dann muss die universale Heilsbedeutung der Geschichte Jesu von Gott her, also streng theo-logisch begründet werden. So war auch die Entwicklung der altkirchlichen Inkarnationschristologie in starkem Maße von soteriologischen Motiven bestimmt – vor allem dem Gedanken der Vergöttlichung des Menschen und dem Prinzip „was Gott nicht angenommen hat, kann auch nicht erlöst sein" (Iren., haer. 1.3, c.23, n.2). Bei Ohlig bleibt von Jesus Christus am Ende nicht viel mehr übrig als ein „Katalysator" für die äußersten religiösen Fragen und Hoffnungen der Menschen (Ohlig/68: 663). „Die Begegnung mit dem Christus Jesus hebt letzte soteriologische Erfahrungen ins Bewusstsein" (68: 676). Seine letztgültige Bedeutung liegt in der Offenbarung der äußersten Menschenmöglichkeit, Gott als „Vater" anreden zu können (679).

der trinitarische Gott – ein synkretistisches „Konstrukt"

Dieser Gedanke bestimmt auch Ohligs neueres Werk zur christlichen Trinitätslehre (Ohlig/271). Der Hellenisierungsthese folgend (271: 22–28), zeichnet er darin die kulturgeschichtlichen Prozesse nach, die seiner Meinung nach zur Ausbildung des trinitarischen Dogmas geführt haben: vom Vater Jesu zum „Mysterium" der Trinität, vom Gott Israels zum „Konstrukt" eines trinitarischen Gottes. Dabei interpretiert Ohlig das Glaubensbekenntnis von Nizäa (325) tritheistisch: Abweichend vom Zeugnis der Schrift lehre das Symbolum mit Vater, Sohn und Geist drei Gottheiten (271: 66–68). Die Entwicklung der christlichen Trinitätslehre reduziert Ohlig auf einen durch den „Synkretismus von Judentum und Christentum mit dem Hellenismus" (123) bedingten „Inkulturationsvorgang" (124) des biblischen Monotheismus. Dieser Inkulturationsvorgang sei nur im damaligen Kontext verständlich und legitim gewesen. So wird am Ende von Ohlig die Normativität der christlichen Trinitätslehre ausdrücklich in Zweifel gezogen (124f.).

f) Ablehnung der staurozentrischen Soteriologie

Kritik der Opfer- und Sühnetheologie

Das Kreuz Jesu ist das zentrale Symbol des Christentums. Das Bekenntnis zur Heilsbedeutung des Kreuzestodes Jesu und damit eine staurozentrische Soteriologie (von σταυρός, Kreuz; σωτηρία, Rettung, Heil) gehören zur

Mitte des christlichen Glaubens. Doch werden die biblischen Deutekategorien für das Sterben Jesu (Opfer, Sühne, Stellvertretung) heute zunehmend einer fundamentalen Kritik unterzogen, die allerdings zumeist von falschen Voraussetzungen ausgeht. So wird mit der biblischen Opfer- und Sühnetheologie in der Regel die unbiblische Vorstellung von einem zürnenden Gott verbunden, der durch ein Menschenopfer besänftigt werden muss.

Friedrich Nietzsche hat diese Vorstellung als Kern der christlichen Soteriologie inkriminiert (Werbick/320: 28–36.248f. u.ö.): Auf die Katastrophe des Kreuzes „fand die gestörte Vernunft der kleinen Gemeinschaft eine geradezu schrecklich absurde Antwort: Gott gab seinen Sohn zur Vergebung der Sünden, als *Opfer*. Wie war es mit einem Male zu Ende mit dem Evangelium! Das *Schuldopfer*, und zwar in seiner widerlichsten, barbarischsten Form, das Opfer des *Unschuldigen* für die Sünden der Schuldigen! Welches schaudernde Heidentum!" Die biblische Rede vom Opfer- und Sühnetod Jesu steht deshalb im Verdacht, zu jenem „schaudernden Heidentum" zurückzuführen, das Friedrich Nietzsche in der christlichen Lehre vom Opfer sehen wollte (Nietzsche/12: 1203), oder zur „dämonischen Jurisprudenz", von der noch Ernst Bloch in seinem „Prinzip Hoffnung" sprach (Bloch/406: 1494). Schon die Aufklärung hatte die christliche Lehre vom stellvertretenden Sühnetod Jesu aus ethischen wie religiösen Gründen abgelehnt: Jesus habe die Religion radikal verinnerlicht und von jeder Kult- und Opferpraxis befreien wollen. Bei der gegenwärtigen Kritik an der Opfer- und Sühnevorstellung kann man im Anschluss an Bernd Janowski (Janowski/300: 17–26) drei Richtungen der Kritik unterscheiden: eine exegetische, eine psychologische und eine feministische Kritik.

Seit Rudolf Bultmann wird immer wieder ein Gegensatz zwischen alttestamentlichem Sühnekult und neutestamentlicher Versöhnungslehre behauptet, als ob es ausgemacht sei, dass die Kultkritik der Propheten sowie die Tempelkritik Jesu auf eine Überwindung des kultischen Denkens zielt. Die Verlegenheit der modernen Exegese gegenüber Opfer und Kult erklärt zu einem großen Teil, warum es der Theologie bislang nur ansatzweise gelungen ist, die zentralen Begriffe und Bilder biblischer Versöhnungslehre (Kult, Loskauf, Opfer, Sühne, Stellvertretung) hermeneutisch aufzuschließen (Janowski/300: 13.17–19). Mit der Behauptung, sie sei dem „modernen Menschen" nicht mehr zumutbar, wird sie heute schnell als zeitgeschichtlich bedingt beiseite geschoben (Friedrich/120; Zager/323). Unbeirrbar hält sich auch die These (Fiedler/282/283), der Gedanke des stellvertretenden Sühnetodes bedeute einen Rückfall hinter die Reich-Gottes-Botschaft Jesu und sei deshalb mit ihr sachlich unvereinbar.

exegetische Kritik

Die psychologische Kritik sieht im Gedanken des Kreuzesopfers eine pathologische Regression. Die „jesuanische Gnadenreligion" habe sich, vor allem bei Paulus, in die „alttestamentliche Opferreligion" pervertiert (Wolff/442). In der Opferung des eigenen Sohnes zeige sich ein sadistisches Gottesbild, ein Gott, der zur Wiederherstellung seiner verletzten Ehre eine blutige Genugtuung fordere. Der Zorn Gottes über die Sünde des Menschen werde durch den grausamen Opfertod des Sohnes, das Blut eines Unschuldigen besänftigt. Mit einem Gott, der aus Menschenliebe seinen Sohn schlachten ließ, könne aber etwas nicht stimmen (Moser/426;

psychologische Kritik

Buggle/280; Holl/293). Obschon sich nachweisen lässt, dass ein solcher Gott nicht der Gott der Bibel ist, findet die genannte Kritik breite Zustimmung, auch unter Theologen.

feministische Kritik

Die feministische Kritik an der Kreuzestheologie sieht im christlichen Symbol des Kreuzes nicht nur den Ausdruck von „Nekrophilie", sondern ein patriarchalisches, von der Gewaltfaszination bestimmtes Gottesbild, eine Form des „Sado-Masochismus". Statt „Kreuz", „Sühne" und „Opfer" sind die neuen Leitworte „Beziehung", Zuwendung" und „Hingabe", bezogen allerdings nicht auf den Tod Jesu, sondern auf sein Leben. Verbunden mit der Kritik an der Kreuzestheologie ist zumeist die Forderung, die Gedächtnisfeier von Tod und Auferweckung Jesu nicht mehr von der Symbolik der Opfer- und Sühnetheologie, sondern ganz vom Leben Jesu und seiner Auferstehung her zu verstehen (Moltmann-Wendel/307/308/309; Sölle/84; Strobel/437; Moltmann-Wendel-Schottroff-Sölle/310). Wider bessere exegetische Einsicht" wird von den feministischen Theologinnen behauptet, dass Gott ein Blutopfer braucht, um versöhnt zu werden (Janowski/300: 25 u.ö.).

Die prophetische Kultkritik kann ebenso wenig wie die Tempelkritik Jesu in einen Gegensatz von „Ethos" und „Kult" gepresst werden. Da es im Kult um die Begegnung mit dem Heiligen Israels geht (Janowski/298: 23; Willi-Plein/321), ist es höchst unwahrscheinlich, dass Jesus, ein geborener Jude, den Jerusalemer Kult grundsätzlich abgelehnt hat. Die Breite der biblischen Opfer- und Sühnevorstellung lässt sich ohne den kultischen Hintergrund auch gar nicht verstehen. Für ihre hermeneutische Erschließung bietet der Gedanke der „Hingabe" durchaus Anknüpfungspunkte. Doch kann der Opfergedanke nicht einfach durch die Rede von der „Hingabe" ersetzt werden. Denn das Christentum ist nicht nur eine Religion der Freiheit, sondern eine Religion der Liebe, die im Ernstfall das *Äußerste* fordert, nämlich das Opfer des eigenen Lebens (vgl. Kap. V, 2).

2. Neuansätze

Im 20. Jahrhundert wurden zahlreiche christologische Entwürfe vorgelegt. Einige bedeutende systematische Neuansätze evangelischer und katholischer Theologen sollen kurz vorgestellt werden. Weitere Entwürfe und Traktate im Rahmen dogmatischer Lehrbücher dokumentieren die Breite und Präsenz der Christologie in der zeitgenössischen Theologie: Balthasar/21/41/42/405; Congar/49; Duquoc/52; Dembowski/51; Bouyer/47; Ebeling/54; Kasper/26; Schierse/78; Ratschow/77; Joest/61; Boff/46; Sesboüé/81/82; Auer/38/39; Lauret/63; Schoonenberg/36; Wohlmuth/37; Kessler/27; Forte/23; Hünermann/24; Dalferth/22; Müller/30/66; Philippe/69; Sobrino/83; Biser/45; Stock/85; Ziegenaus/93; Schönborn/36; Kühn/62.

a) Dialektische und existentiale Theologie

Jesus Christus als Selbstoffenbarung Gottes

Am Beginn der theologischen Neuaufbrüche des letzten Jahrhunderts stehen als großer Auftakt die dialektische und existentiale Theologie. Nach Karl Barth († 1968) kann nur das Wort Gottes selbst, das uns in seiner unableitbaren Offenbarung in Jesus Christus trifft, nicht wie in der liberalen Theologie der Mensch und seine Frage nach Gott, der Ausgangspunkt der Theologie sein. Jede Form einer „natürlichen Theologie", die ausgehend von der Welt und dem Menschen einen Zugang zu Gott und Jesus Christus sucht, lehnt Barth ab. In Frühwerk Barths, für das der „Römerbrief" (44/22) steht, begegnet „eine Art dialektischer Paradox-Christologie" (Kühn/62: 259). Die Gestalt Jesu bedeutet die „Bruchstelle", wo sich Zeit (die uns bekannte Welt) und Ewigkeit (die uns unbekannte Welt) treffen. In Jesus Christus, dem Auferweckten, berührt das Ewige die Zeit wie die Tangente einen Kreis (Barth/44: 5f.). Barth vollzieht damit eine Wende vom „historischen Jesus" zum Christus der Auferstehung, wie er vom apostolischen Kerygma bezeugt wird, als dem Ort der Offenbarung Gottes. Grundlage der „Kirchlichen Dogmatik" (1932 ff.) Barths ist eine streng offenbarungstheologisch entfaltete Lehre von der Trinität. Ausgehend vom Begriff göttlicher Offenbarung versteht Barth Jesus als die Selbstoffenbarung Gottes und damit von vornherein als Gottes Sohn, also im Licht seiner Gottheit (Barth/43: §§ 1–7.8–12).

Barth vertritt eine „Christologie von oben", die vom Gedanken des Kommens Gottes in die Niedrigkeit her konzipiert ist und die Mitte der ganzen „Kirchlichen Dogmatik" darstellt. In seiner christologisch fundierten Erwählungslehre beschreibt Barth, der hier in starkem Maße von Martin Luthers († 1546) Kreuzestheologie abhängig ist, Jesus Christus als den erwählenden Gott und als den von Gott erwählten Menschen, in dem alle Menschen zur Erlösung erwählt sind dadurch, dass der Sohn das von Gott verhängte stellvertretende Strafleiden auf sich nimmt (43: §§ 32–35): „Darin besteht doch Gottes Selbsthingabe, darin vollzogen, daß er seinen Sohn gab und sandte: daß dieser verworfen wurde, damit wir nicht verworfen würden". „Der Freispruch des Menschen von der Verwerfung zu Gottes eigenen Ungunsten" ist von Ewigkeit her vor Gott beschlossen (Prädestination), „der Freispruch des Menschen, in welchem Gott sich selbst zum Verlassenen, zum Verworfenen an die Stelle des Freigesprochenen bestimmt" (§ 33, 182). Gegenüber der langen Tradition heilspartikularistischer Positionen (Augustinus, Calvin) wirkte Barths Universalismus befreiend; ebenso haben seine Überlegungen zur Universalität Christi Bedeutung für das für eine Theologie der Religionen zentrale Thema „Christus extra muros ecclesiae" (Kühn/62: 264). Doch bleibt die Frage, ob Barths streng prädestinationstheologisch begründete Erwählungslehre die Geschichte Gottes mit den Menschen in ihrer Heilsdramatik ernst genug nimmt.

ewige Erwählung und stellvertretendes Strafleiden

Bei Emil Brunner († 1966), der das für die dialektische Theologie zentrale Werk „Der Mittler" (1927) veröffentlichte, in welchem der Gedanke der Menschwerdung des Gottessohnes im Mittelpunkt steht, finden sich erste Ansätze einer „Christologie von unten". Vor allem im zweiten Band seiner Dogmatik fordert Brunner, beim Verständnis der Person Christi von seiner Menschheit auszugehen, wofür er sich auf keinen Geringeren als Luther beruft: „Der Weg der Erkenntnis Jesu führt vom Menschen zum Gottessohn und zur Gottheit … Man muß unten anheben und darnach hinaufkommen" (Brunner/48: 341). Das biblische Bekenntnis, dass Jesus der Messias, Herr und Sohn Gottes sei, führt nach Brunner notwendig zur Lehre von der Menschwerdung des Gottessohnes (372).

„Christologie von unten"

Jesus Christus
als Antwort auf die
existentialen Fragen
des Menschen

Rudolf Bultmann († 1976) wurde zunächst zur Richtung der dialektischen Theologie gerechnet, rückte aber schon bald von Barth ab und ging eigene Wege. Der große Gegenspieler zu Barth sieht in Jesus Christus die Antwort auf die existentialen Fragen des Menschen. Das Evangelium ist die christliche Antwort auf die Suche des Menschen nach sich selbst. Nicht der historische Jesus ist Gegenstand des Glaubens und der Theologie, sondern der Christus des nachösterlichen apostolischen Zeugnisses; der historische Jesus gehört nur zu den religionsgeschichtlichen Voraussetzungen des Glaubens (Bultmann/106: 35–39). Mit seinen zeitgebundenen mythologisch-metaphysischen Aussagen geht es dem Evangelium darum, die Bedeutung der Person Jesu für die Eigentlichkeit menschlicher Existenz herauszustellen (107: 7–20). Im Sinne einer „Entmythologisierung" geht es Bultmann um die konsequente „existentiale Interpretation" der christologischen Aussagen (Präexistenz, Jungfrauengeburt, das leere Grab etc.) des Neuen Testaments (108: 23 f.). So ist die Auferweckung Jesu kein geschichtliches Ereignis, sondern nur „der Ausdruck der Bedeutsamkeit des Kreuzes" (108: 58). Die letzte Wirklichkeit ist das Ereignis des Wortes Gottes, das für uns (*pro nobis*) in der Person Jesu ergeht. Doch wie kann uns im Menschenwort das Wort Gottes selbst begegnen? Der Grund dafür kann letztlich nur in der Person Jesu selbst liegen.

Die theologische Bedeutung der Frage nach dem historischen Jesus wurde von dem Bultmann-Schüler Ernst Käsemann († 1998) herausgestellt: Gott hat gehandelt, ehe wir gläubig wurden, weshalb die neutestamentliche Osterglaube die irdische Geschichte Jesu mit einbezieht. Käsemann leitete mit seinen Arbeiten zum historischen Jesus die entscheidende Wende in der exegetischen Diskussion der Nachkriegszeit ein. Dass in der Christologie „ontologische" Aussagen über Jesus und sein Verhältnis zu Gott nicht zu vermeiden sind, zeigte sich in der „Systematischen Theologie" (1951–1963) Paul Tillichs († 1965). Die Darstellung seiner stark soteriologisch ausgerichteten Christologie ist von der Methode der Korrelation bestimmt: hier der „gefallene" Mensch in seiner Entfremdung von Gott, dort das „Neue Sein" in Jesus Christus. Gott wird von Tillich als das „Sein selbst" beschrieben und Jesus Christus als die „letztgültige Offenbarung" des göttlichen Seins: Er ist die Manifestation des „Neuen Seins" des von Gott gemeinten ursprünglichen unverstellten Wesens des Menschen, an dem die Menschen als „neue Kreatur" Anteil gewinnen. Vor allem Tillichs Christologie zeigt, dass sein Offenbarungsverständnis von einem Symbolbegriff geprägt ist, der einseitig den negativen, kataphatischen Charakter des Symbols betont (Tillich/87:193–198.273–280/88:107–194). So versteht Tillich Kreuz und Auferstehung als christologische „Symbole" für die zerstörerischen Mächte und die Macht des Neuen Seins (88:167–170).

b) Christologie im Horizont der Eschatologie

die Auferweckung
Jesu und das Ende
der Geschichte

Für den von Wolfhart Pannenberg entwickelten universalgeschichtlichen Ansatz in der Theologie – vorgelegt in dem Band „Offenbarung als Geschichte" (Pannenberg/247) – ist der Gedanke zentral, dass über den Sinn der Geschichte erst von ihrem Ende her eine endgültige Entscheidung getroffen werden kann. Erst vom Ende her, wenn Gott als Herr allen Geschehens erscheint, lässt sich von einer universalen Offenbarung Gottes sprechen. Pannenbergs Theologie der Universalgeschichte gründet in einer Christologie der Auferweckung. In der Auferweckung Jesu offenbart sich der Sinn der gesamten Geschichte, insofern sich darin das Ende der Geschichte vorweg ereignet (*Prolepse*). Die Apokalyptik des Frühjudentums erwartete den endzeitlichen Selbsterweis Gottes mit der leiblichen Auferstehung der Toten. In der Auferweckung Jesu sieht Pannenberg deshalb die Hoffnung auf ein endzeitliches Geschichtshandeln Gottes erfüllt.

Die Christologie muss ihren Ausgangspunkt bei Jesus und seiner Geschichte nehmen. Für die Begründung der Einheit Jesu mit Gott, die nur in seiner Selbstunterscheidung vom Vater gegeben ist, kommt allerdings der Auferweckung Jesu die entscheidende Bedeutung zu. Ohne die apokalyptische Erwartung zur Zeit Jesu zum dogmatisch alles entscheidenden Horizont der Interpretation von Person und Geschichte Jesu machen zu wollen, zählt Pannenberg das Geschehen der Auferweckung Jesu von den Toten und den damit verbundenen Anbruch des Endes aller Dinge zum Kern des christlichen Glaubens. Entschieden wendet er sich an dieser Stelle gegen das Entmythologisierungsprogramm Rudolf Bultmanns (Pannenberg/31: 15–31.47–112). Die Auferweckung Jesu ist nicht nur ein Symbol der menschlichen Hoffnung über den Tod hinaus, sondern ein „historisches Ereignis", sofern es sich beim Handeln Gottes am Gekreuzigten und Begrabenen um etwas handelt, was in menschlicher Zeit und Geschichte geschehen ist. Das leere Grab rechnet Pannenberg dabei als göttliches Zeichen zur Wirklichkeit der leiblichen Auferweckung Jesu.

die Auferweckung Jesu als historisches Ereignis

Die Auferweckung Jesu ist der Ort der eschatologischen Selbstoffenbarung Gottes und der Erkenntnisgrund für die Einheit Jesu mit Gott. Auf der Linie des christologischen Dogmas wird von Pannenberg die Einheit Jesu mit Gott, seinem Vater, ausgehend vom Gedanken der Selbstoffenbarung Gottes als Offenbarungs- und Wesenseinheit konzipiert (Pannenberg/31: 291–361). Im Lichte der Auferweckung erscheint die Hingabe Jesu an Gott, seinen Vater, als Vollzug der von Gott empfangenen Sohnschaft. Die Einheit Jesu mit Gott ist keine direkte Identität des Menschen Jesus mit dem Sohn Gottes, sondern vollzieht sich in seiner Unterschiedenheit vom Vater, die mit zum Wesen Gottes gehören muss, wenn Jesus Gottes eschatologische Selbstoffenbarung ist.

die Einheit Jesu mit Gott und seine Unterschiedenheit vom Vater

Dies führt zum Gedanken einer ewigen Selbstunterscheidung in Gott, der Unterscheidung zwischen der göttlichen Person des Sohnes und dem göttlichen Vater (31: 158–189). Eine Inkarnationschristologie ist deshalb für Pannenberg nicht nur ein „sachgemäßer, sondern unerlässlicher Ausdruck" (346) der Einheit Jesu mit Gott. Die Christologie Pannenbergs ist aber vor allem eine „Christologie der Auferweckung Jesu" (Schilson-Kasper/34: 90). Doch Gottes eschatologische Offenbarung ereignet sich nicht erst in der Auferweckung Jesu, sondern schon in seinem Leiden und Sterben. Zwar wird die Kreuzigung Jesu im neutestamentlichen Kerygma im Lichte seiner Auferweckung gesehen. Doch kann man fragen, ob der Gekreuzigte und seine Solidarität mit den Leidenden und Sterbenden in Pannenbergs universalgeschichtlichem Ansatz ausreichend zur Sprache kommen.

Dass die Eschatologie nicht eine überholbare, mythologische Gestalt des

Kreuzestheologie

Evangeliums ist, sondern zur Substanz des christlichen Glaubens gehört, ist vor allem von Jürgen Moltmann in seiner „eschatologischen Theologie" (Moltmann/425) herausgestellt worden. Ihre Grundlage hat Moltmann mit der Programmschrift „Theologie der Hoffnung" (Moltmann/423) gelegt und bald darauf in zwei weiteren Programmschriften kreuzestheologisch und ekklesiologisch entfaltet (Moltmann/65/424). Moltmanns Theologie hat ihr Zentrum in der Kreuzestheologie. Weil sich die Christologie an der harten Realität des Kreuzes zu bewähren hat, gehört zu einer Christologie der Auferweckung untrennbar eine Christologie des Kreuzes.

In seiner „Christologie in messianischen Dimensionen" wendet sich Moltmann gegen „die von der Eschatologie abgespaltene Christologie" (Moltmann/29: 20), die im Gefolge der altkirchlichen Inkarnationschristologie die Gottesohnschaft Christi ins Zentrum rückte. Die Christologie ist „eine bestimmte Gestalt der israelitisch-jüdischen Messiashoffnung" (29: 18). Da der gekommene Messias zugleich derjenige ist, dessen Wiederkunft von Christen erwartet wird, ist „das *christliche Ja* zu Jesus dem Christus ... nicht in sich selbst abgeschlossen und fertig, sondern in sich geöffnet für die messianische Zukunft Jesu" (50). Gott offenbart sich im Modus der Verheißung, der ankommenden Zukunft und eröffnet dadurch in der Geschichte den Raum eschatologischer Hoffnung. Diese ist auf die Vollendung von Gottes endgültiger Offenbarung in Jesus Christus, wenn alle Verheißungen erfüllt sind, ausgerichtet. Gott kommt und ist als der Kommende gegenwärtig (Moltmann/424: 149). Auch die Verkündigung Jesu ist eschatologisch bestimmt. Jesu Auferweckung ist Gottes Offenbarung im Modus der Verheißung (424: 172). Nach Moltmann ist mit Blick auf den auferweckten Gekreuzigten von der eschatologischen Bekräftigung der Verheißungen Gottes, vom „‚Ende der Geschichte' mitten in den Verhältnissen der Geschichte" (65: 173) zu sprechen. So ist die „Offenbarung des Auferstandenen auf *seine* eigene Zukunft und Verheißung hin offen" (424: 78). Die Hoffnung auf die Erfüllung der Verheißungen Gottes wird damit zur Grundgestalt christlicher Existenz.

messianische
Christologie Stärker als Pannenberg betont Moltmann den Charakter des Kreuzes Christi als Offenbarung Gottes. Im Lichte der Auferweckung erschließt der Verlassenheitsschrei Jesu am Kreuz die Besonderheit seines Sterbens. Er offenbart Gottes Einsatz für das Heil der Menschen bis hinein in das Sterben seines Sohnes, durch das Gott selbst den Tod erleidet. Moltmanns Kreuzestheologie versteht aber das Kreuz Christi so sehr als ein Geschehen zwischen Gott und Gott, dass dabei die Menschheit Christi nicht mehr in vollem Umfang zur Sprache gebracht wird. In seiner messianischen Christologie behandelt Moltmann dagegen ausführlich die „menschlichen Leiden Christi" sowie seine Solidarität mit allen Leidenden und Sterbenden, die es auch möglich macht, von einem inneren Zusammenhang der Leiden des Juden Jesus und der geschichtlichen „Leiden Israels" zu sprechen (29: 181–191).

In den menschlichen Leiden des Messias Jesus erkennt die christliche Theologie des auferweckten Gekreuzigten das göttliche Leiden für unser Heil. Das eschatologische Ereignis der Auferweckung Jesu von den Toten stellt ein neues schöpferisches Handeln Gottes dar. Doch das Kerygma von der Auferweckung Jesu spricht „die Sprache der Verheißung und der begründeten Hoffnung", nicht aber „die Sprache der vollendeten Tatsachen", weil ihre göttliche Wahrheit auf die eschatologische Auferweckung aller Toten angewiesen bleibt (29: 245). Nach Moltmann ist die Geschichte in der Perspektive der Auferweckung Jesu zu betrachten. Denn die Auferweckung Jesu ist mehr als ein historisches Ereignis, ein Ereignis der Vergangenheit; sie ist ein zukunfterschließendes und geschichtseröffnendes Ereignis, von ihr kann sinnvoll nur im Rahmen der durch Gottes Heilshandeln eröffneten Geschichte gesprochen werden (235–238).

Aber nicht nur die Geschichte, auch die Natur sieht Moltmann in der Perspektive der Auferweckung Jesu. Denn mit ihr wird die sterbliche Leiblichkeit in die verklärte Leiblichkeit verwandelt. Sie ist der von Gott gewirkte eschatologische Anfang einer Verwandlung des ganzen sterblichen Lebens (29: 268–296). „Auferweckung ist leibliche Auferweckung oder sie ist keine Auferweckung" (279). In seiner Christologie betont Moltmann besonders den kosmischen Zusammenhang der Christologie und der neuen Schöpfung. Die messianische Christologie ist zugleich kosmische Christologie. In ihrem Zentrum steht Christus, der „Erstgeborene vor aller Kreatur" (Kol 1,15.18), der nicht nur stellvertretend den Tod der leidenden Menschen, sondern den „Tod alles Lebendigen" gestorben ist, um alles im Himmel und auf Erden zu verwandeln und Frieden zu bringen. „Der leiblich auferstandene Christus ist der Anfang der Neuschöpfung des sterblichen Lebens in dieser Welt" (29: 280).

kosmische Christologie

Moltmann fordert deshalb, über die Grenzen der „geschichtlichen Christologie" der Neuzeit hinauszugehen zu einer „Christologie der Natur", die gegen den teleologischen Optimismus der kosmischen Christologie Teilhard de Chardins auch das Negative, das Böse und die Brüche in der Entwicklung der Natur, das heißt ihre Erlösungsbedürftigkeit, herausstellt (29: 297–336). Denn ohne „Heilung der Natur" gibt es kein „Heil für Menschen" (297). Die kosmische Christologie Moltmanns ist zugleich „Apologie der Parusieerwartung", der befreienden Kraft der Erwartung des „kommenden Christus", der zur Entwicklung des Wegs Jesu gehört (337–366).

c) Der „transzendentale" Ansatz in der Christologie

Das Anliegen des von Karl Rahner SJ († 1984) verfolgten transzendentaltheologischen Ansatzes in der Christologie (Rahner/75: 20–24/76: 198–211) besteht darin, das Bekenntnis zu Jesus Christus für das Denken des modernen Menschen nachvollziehbar zu machen, indem nach den im Menschen gegebenen Verständnismöglichkeiten für das Christusereignis gefragt wird. Rahner geht es vor allem darum, das Christusbekenntnis der Kirche vom Mythologieverdacht zu befreien. „Die vordringlichste Aufgabe einer Christologie von heute besteht darin, das Dogma der Kirche – ‚Gott *ist* Mensch (geworden) – und dieser menschgewordene Gott ist der konkrete Jesus Christus' – so zu formulieren, dass das in diesen Sätzen Gemeinte verständlich wird und jeder Schein einer heute nicht mehr nachvollziehbaren Mythologie ausgeschlossen wird" (73: 927/75: 53).

Rahners „transzendentale Christologie" (76: 206–211) ist eine Christologie im Horizont der Anthropologie. Die Anthropologie ist gleichsam der

Christologie im Horizont der Anthropologie

Horizont der Christologie, die menschliche Existenz ist die „Grammatik einer möglichen Selbstaussage Gottes" (221). In einer transzendentalen Analyse der menschlichen Geistnatur (35–96) sucht Rahner die innere Bedingung für die Menschwerdung Gottes im Menschen zu erhellen. Nur wenn im Menschen selbst die Möglichkeit für die in Jesus Christus gegebene Vereinigung mit Gott aufgezeigt wird, kann das christologische Dogma verstanden und vor Missverständnisses geschützt werden. In einer transzendentalen Christologie kann zugleich deutlich werden, dass der Mensch in seiner konkreten Existenz nach einem Menschen sucht, der als „absoluter Heilbringer" (194 f.) zu Gott führt.

transzendentale und kategoriale Offenbarung

Der Mensch ist als „Geist in Welt" ein Wesen der Selbsttranszendenz (76: 185–188/431/432: 83–107). Er ist in der Welt, ragt aber aufgrund seiner Geistnatur zugleich über alle anderen Geschöpfe hinaus. Er transzendiert alles Geschaffene, einschließlich sich selbst, und stellt die Frage nach dem Woher und Wohin. In der geistigen Selbsttranszendenz des Menschen ereignet sich zugleich die Selbsttranszendenz alles Geschaffenen (72: 199).

Mit seiner geistigen Selbsttranszendenz ist der Mensch auf das absolute Geheimnis Gottes verwiesen (76: 54–75). Diese Verwiesenheit wird als transzendentales Hören auf Gottes Wort interpretiert. Dabei geht Rahner davon aus, dass das Absolute und Unbedingte, welches wir Gott nennen, und auf das der Mensch in seiner geistigen Selbsttranszendenz verwiesen ist, ihm immer schon, vor aller geschichtlichen Offenbarung, als das heilige Geheimnis in einer transzendentalen Selbstmitteilung nahe ist (132–139). Rahner entfaltet diesen Gedanken in seiner umstrittenen Lehre vom „übernatürlichen Existential" (vgl. Verweyen/438; Raffelt-Verweyen/441: 91–93). Von der transzendentalen Selbstmitteilung bzw. Offenbarung Gottes in der geistigen Selbsttranszendenz des Menschen unterscheidet Rahner die kategoriale, geschichtliche Offenbarung Gottes in Jesus Christus (Rahner/76: 143–177).

Christologie als einmaliger Höchstfall der Anthropologie

Weil der Mensch immer schon auf Gott als das heilige Geheimnis seines Lebens verwiesen ist und seine Erfüllung in der geschichtlich gegebenen Selbstmitteilung Gottes findet, spricht Rahner davon, dass in Jesus Christus das erscheint, was als innere Möglichkeit in jedem Menschen angelegt ist, aber nur in Jesus Christus verwirklicht wurde (Rahner/74: 143). In Jesus Christus ereignet sich zugleich die Selbstmitteilung Gottes wie die unbedingte Annahme der Selbstzusage Gottes durch Jesus Christus. Christologie ist somit der einmalige Höchstfall der Anthropologie, Anthropologie demgegenüber defiziente Christologie (70: 184). „Die Menschwerdung Gottes ist .... der einmalige höchste Fall des Wesensvollzugs der menschlichen Wirklichkeit, die darin besteht, dass der Mensch ist, indem er sich weggibt" (71: 142/vgl. 76: 216). Das heißt nicht, dass das Christusereignis aus der geistigen Selbsttranszendenz des Menschen und der darin sich immer schon ereignenden transzendentalen Selbstmitteilung Gottes deduziert werden könnte. Grundlage der transzendentalen Christologie ist die unableitbare Offenbarung Gottes in Jesus Christus. Anders könnte auch die Einmaligkeit und Einzigartigkeit der in Jesus Christus gegebenen Verbindung mit Gott in einer transzendentalen Christologie nicht festgehalten werden. Denn allein anthropologisch lässt sich diese nicht begründen (71: 143/74: 239).

suchende Christologie

Die soteriologische Bedeutung Jesu erschließt Rahner durch eine Dialektik der menschlichen Liebe. Zu lieben und geliebt zu werden gehört zu den Authentizitätsbedingungen menschlicher Existenz. Ohne Liebe kann der Mensch nicht leben. Menschliche Liebe gibt es aber nicht ohne Enttäuschungen, und so sucht der Mensch nach einem Menschen unbedingten Vertrauens, einem Menschen absoluter, das heißt unbedingter, vorbehaltloser Liebe, in dem Gottes- und Menschenliebe zur Einheit verbunden sind. Dieser Mensch unbedingter Liebe und unbedingten Vertrauens ist der Gottmensch Jesus Christus (76: 289). In ihm findet die in der Grammatik menschlicher Existenz begründete „suchende Christologie" (288f.) ihre Erfüllung.

Gleiches gilt für die menschliche Hoffnung über den Tod hinaus, die Rahner „transzendentale Auferstehungshoffnung" (264) nennt. Dass der Tod, der nicht ein Ereignis am Ende des Lebens ist, sondern als der immer bevorstehende Tod den Mensch in seiner ganzen Existenz bestimmt, nicht absurd, ohne Sinn ist, dass er nicht das definitive Ende unserer Existenz bedeutet, diese Gewissheit kann der Mensch nicht aus sich selbst gewinnen. Dazu bedarf es einer Offenbarung, die zeigt, dass der Tod nicht das Letzte ist, sondern der Mensch die Hoffnung haben darf, in die Ewigkeit Gottes hinein auferweckt zu werden. In seiner Existenz, die durch Liebe, Tod und Hoffnung bestimmt ist, ist der Mensch hingeordnet auf die Selbstmitteilung Gottes in Jesus Christus und die Auferweckung zu ewigem Leben. Die Hoffnung auf eine Zukunft ohne Leiden und Sterben ist in der Person Christi und seiner Vollendung bei Gott begründet und findet darin zugleich ihre Erfüllung. *(transzendentale Auferstehungshoffnung)*

Die Christologie Rahners erschließt das Geheimnis der Person Jesu innerhalb einer transzendentalen Anthropologie und bleibt nicht stehen bei der Behauptung, Gott habe sich endgültig in Jesus Christus geoffenbart. Sie vermag zu zeigen, dass Gott die kreatürliche Existenz eines Menschen so als seine eigene annehmen kann, dass sie durch sein gleichwesentliches Wort, die Person seines Sohnes, nicht aufgehoben und eingeschränkt wird, sondern zur höchstmöglichen kreatürlichen Selbständigkeit und Vollendung gelangt. Die Grenze von Rahners transzendentaler Christologie liegt zum einen darin, dass sie das Verhältnis von transzendentaler und kategorialer Offenbarung zu ungeschichtlich als Explikation einer immer schon gegebenen Grunderfahrung denkt, das heißt als ein Vermittlungsgeschehen, das Gottes Selbstmitteilung immer deutlicher in Erscheinung treten lässt (Hoping/415: 241). Zum anderen wirft Rahners Christologie die Frage auf, ob in ihr die Kreuzestheologie angemessen berücksichtigt wird. *(Grenze der transzendentalen Christologie)*

d) Christologie als dramatische Kreuzestheologie

Hans Urs von Balthasar († 1987) hat von einem Ausfall einer ausgearbeiteten Kreuzestheologie in der Christologie Rahners gesprochen (Balthasar/276: 96f.). Balthasar ist neben Karl Barth und Karl Rahner die führende Theologengestalt des letzten Jahrhunderts. Die Mitte der Theologie und Christologie Balthasars ist das Kreuzesgeschehen und seine trinitarische Tiefendimension. Leitend ist dabei die Grundformel „Glaubhaft ist nur Liebe". Sie ist der Titel jener frühen Programmschrift (Balthasar/405), in der

Balthasar Grundzüge seiner heilsdramatischen Theologie skizziert, die er in der großen „Triologie" (Herrlichkeit, Theodramatik, Theologik) und der „Theologie der drei Tage" (Balthasar/21) entfaltet.

Entäußerung des Sohnes

Ein Zugang zur Christologie ist für Balthasar weder in einem rein kosmologischen noch in einem rein anthropologischen Horizont möglich, da beide Ansätze zu einer „Reduktion" der ganzen Wahrheit und Fülle des Christusereignisses führen (Balthasar/405). Der Angelpunkt der Christologie Balthasars ist die Schau der Herrlichkeit der Liebe Gottes, die sich im Leben, Sterben und der Auferstehung Christi, das heißt der radikalen Entäußerung (Kenose) des Sohnes, zeigt. Jesus ist die Form Gottes in der Offenbarung des Fleisches (O'Donnell/427: 263.265). Die Liebe Gottes kann in der Person Jesu nur dann im Sinne einer „Theophanie" Gestalt gewinnen, wenn seine Existenz im vor- und überzeitlichen Sein des ewigen Gottessohnes selbst gründet. Als der menschgewordene Sohn des Vaters ist Jesus die sichtbare Manifestation des unsichtbaren Gottes.

In der Offenbarung Gottes durch seinen Sohn geht es allerdings nicht nur um die Wahrnehmung der Herrlichkeit der Liebe Gottes, sondern zugleich um die Begegnung von unendlich-göttlicher und menschlich-endlicher Freiheit. Das Verhältnis Gottes und der geschöpflichen Welt ist für von Balthasar das eines Dramas. Vom Drama dieser Begegnung, das durch die Sünde und Entfremdung des Menschen und Gottes Treue zu seiner Schöpfung bestimmt ist, handelt die „Theodramatik". Ihre soteriologische Mitte bildet der stellvertretende Sühnetod des Sohnes für das Heil der Menschen (Balthasar/41: 189–395). Mit Paulus (Phil 2,6–8) verbindet Balthasar den Gedanken der Entäußerung ($\varkappa \acute{\varepsilon} \nu \omega \varsigma \iota \varsigma$) des Sohnes in der Offenbarung im Fleisch mit dem Kreuz, durch das er für uns zur Sünde gemacht wurde (vgl. 2 Kor 5,21).

das Kreuz Christi als trinitarisches Ereignis

In seiner dramatischen Kreuzestheologie versucht Balthasar das stellvertretende Sterben des Sohnes in seiner trinitarischen Tiefendimension zu erfassen. Die Identität Jesu ist in der ewigen Gemeinschaft der göttlichen Trinität begründet. Der biblische Gedanke der Präexistenz und Sendung des Sohnes ist für Balthasar unaufgebbar. Die Hingabe Jesu am Kreuz gründet in der „ewigen Sohnesliebe gegenüber dem ‚je-größeren' Vater" (Balthasar/21: 87), stellt also ein trinitarisches Geschehen dar. Der Vater ist die grundlose Liebe, die Quelle der Liebe, der Sohn die Antwort auf die Liebe des Vaters. Die Preisgabe des Lebens des Sohnes wird von Balthasar mit der Schrift als „Gehorsam" gegenüber dem Willen des Vaters interpretiert. Im Mittelpunkt der Existenz Jesu steht sein Gehorsam (vgl. Joh 4,34; 8,29). Man hat hier von einer „Christologie als Auslegung des Sohnesgehorsams Christi" gesprochen (Schilson-Kasper/34: 63–70).

Der aktiven Selbsthingabe des Sterbens des Sohnes am Karfreitag stellt Balthasar die Passivität des Gekreuzigten am Karsamstag gegenüber. Der Gekreuzigte erfährt, so die Interpretation des Höllenabstiegs Christi, die Verschlossenheit des sündigen Menschen gegen Gott, seine Gottverlassenheit und totale Machtlosigkeit (Balthasar/21: 153–170). Der Gehorsam des Sohnes gegenüber dem Willen des Vaters ist nicht die Unterwerfung unter einen Gott, der zu seiner Versöhnung ein Menschenopfer fordert. Gott will kein Menschenopfer; deshalb brauchte Abraham Isaak am Ende nicht zu opfern. Dafür gibt Gott sich selbst in seinem Sohn. Der Hingabe des Sohnes bis ins Kreuz entspricht auf Seiten des Vaters jene göttliche Liebe, die bis zum Äußersten geht und das Eigenste in den Tod gibt, um so die Welt mit sich zu versöhnen (Balthasar/41: 306).

Von der Selbstentäußerung des Sohnes bis zu dessen eigener Gottverlassenheit am Kreuz ist der Vater zutiefst innerlich betroffen, bis hinein in den „Riss", den das Verstummen des göttlichen Wortes im Leben Gottes bedeutet. „Am Kreuz und in seiner Verlassenheit … wird die ganze Distanz des Sohnes vom Vater offenbar" (41: 297). Für Balthasar hat der „Riss" seine Voraussetzung in der Kenose des Vaters in der Zeugung seines gleichwesentlichen Sohnes (299f.). Balthasar spricht von der „Ur-Kenosis" (302), einer „Trennung" in Gott selbst: „Daß Gott (als Vater) seine Gottheit so weggeben kann, daß Gott (als Sohn) sie nicht bloß geliehen erhält, sondern ‚gleichwesentlich' besitzt, besagt eine so unfassbare und unüberbietbare ‚Trennung' Gottes von sich selbst, daß jede (durch sie!) ermöglichte Trennung, und wäre es die dunkelste und bitterste, nur innerhalb *ihrer* sich ereignen kann" (302).

Ur-Kenosis und Trennung in Gott

An dieser Stelle macht sich der im Spätwerk Balthasars immer stärker werdende Einfluss der Mystikerin Adrienne von Speyr († 1967) bemerkbar (Krenski/268: 123–157), der vor allem gegen Ende der „Theodramatik" zu theologisch teilweise umstrittenen Spekulationen über das innergöttliche Leben (Werbick/275) führt. Doch bleibt davon das Zentrum der imposanten trinitarischen Kreuzestheologie Balthasars unberührt: Es ist die „Passio Caritatis" (Krenski/268), die freie Selbsthingabe des Sohnes bis ins Kreuz. „Freiheit ewiger Selbsthingabe aus grundloser Liebe" (Balthasar/345: 15) – dies ist das in Christus gesprochene göttliche Grundwort. In der Person Christi, seinem Leben und Sterben, offenbart sich die letzte und alles umfassende Wahrheit Gottes als Liebe. Das Kreuz Christi ist die Offenbarung von Gottes trinitarischer Liebe. Balthasar war deshalb Zeit seines Lebens bemüht, Gottes trinitarisches Sein und Wesen als Liebe zu denken. Mit seiner dialogischen Trinitätskonzeption ist er dabei einen anderen Weg gegangen als Karl Rahner, der auf der Linie Augustins und des Thomas von Aquin das trinitarische Sein Gottes ausgehend von der Struktur des menschlichen Geistes und der Einheit des Sohnesbewusstseins Jesu zu verstehen suchte.

Passio Caritatis

e) Theodizee-empfindliche Christologie

Für Johann Baptist Metz hat die Theologie zu lernen, dass sie „nach Auschwitz" nicht mehr die gleiche sein kann wie „vor" den Schrecken, die mit diesem Namen verbunden sind (Metz/420: 42). Auschwitz signalisiert für Metz „einen Schrecken jenseits aller vertrauten Theologie, einen Schrecken, der jede situationsfreie Rede von Gott leer und blind erscheinen" lässt (422: 81) und zugleich eine radikale Rückfrage von Christentum und Theologie nach sich selbst erforderlich macht. Als Christen kommen wir „niemals mehr hinter Auschwitz" zurück, über Auschwitz hinaus aber „nur noch mit den Opfern von Auschwitz", im Sinne eines „heilsgeschichtlichen Bündnisses" von Juden und Christen (420: 31f.).

Auschwitz als Anstoß für eine theodizee-empfindliche Theologie

Der Christologie kommt hier eine zentrale Aufgabe zu, weil das in Jesus begründete Heil, das Thema der Christologie, nur allzu oft einen Anti-judaismus legitimierte. „Wurde in der Christologie die Hiobfrage nicht häufig zu sehr verdrängt oder herabgesetzt, so dass das Bild des Sohnes, der an Gott und an dessen Ohnmacht in der Welt leidet, mit allzu sieghaf-ten Zügen ausgestattet wurde?" (420: 36). Die Christologie gilt es von ihrem „heilsgeschichtlichen Triumphalismus" und der damit verbundenen „messianischen Schwäche" (37) zu befreien. Im Verlust der messianischen Erwartung sowie der Verinnerlichung und Privatisierung des messianischen Heilsgedankens sieht Metz den entscheidenden Grund, warum die christ-liche Theologie in ihrer Geschichte durch „radikale Unterbrechungen und Sinnkatastrophen" so wenig erschüttert wurde. Dagegen stellt Metz die Forderung einer messianischen Praxis der Nachfolge, die mystisch und politisch zugleich ist (40f.). Den Juden schulden wir, „keine Theologie mehr zu treiben, die so angelegt ist, daß sie von Auschwitz unberührt bleibt bzw. unberührt bleiben könnte" (42). Gefordert ist eine Revision un-seres Verhältnisses zur Glaubensgeschichte des jüdischen Volkes in einer „Ökumene in messianischer Perspektive" (47).

Karsamstags-christologie

Von Metz wird kein „Christologieverzicht", gefordert, sondern eine dem jüdischen Volk und seinen Opfern „geschuldete Christologie" (372: 99/373: 755) eingeklagt, die den Gedanken einer „Substitution" Israels durch die Kirche hinter sich lässt. Israel darf nicht mehr zu einer überhol-ten heilsgeschichtlichen Voraussetzung des Christentums degradiert wer-den. Zugleich hat eine dem jüdischen Volk und seinen Opfern geschuldete Christologie den Mangel an „Theodizee-Empfindlichkeit" (422: 82) in der Theologie zu überwinden und die christliche Rede vom „letzten" und „endgültigen Wort" Gottes in Jesus Christus zugleich als eine Zeitansage zu begreifen, die „eine Logik befristeter Zeit" (420: 101) erzwingt und einen „Logos der christlichen Theologie", der von der *memoria passionis* als „Eingedenken fremden Leids" geprägt ist (102). Die Perspektiven, die sich für eine „nach Auschwitz" geschuldete Christologie ergeben, markiert Metz mit den Stichworten „Nachfolgechristologie" (372: 102) und „Kar-samstagschristologie" (421: 80). Es ist eine Christologie „mit Empfindlich-keit für die Theodizeefrage", „mit apokalyptischem Gewissen" und im „synoptischen Paradigma" (373: 758f.), eine Christologie mit „schwachen Kategorien" (Erzählung, Gedächtnis, Solidarität), das heißt weniger „Oster-sonntagschristologie".

Abwehr der Vorstellung vom leidenden Gott

Die Christologie braucht eine durch den Schrei der unschuldig Leiden-den nach Gerechtigkeit provozierte „eschatologische Unruhe" (422: 86). Dazu ist es notwendig, die „theologischen Stillegungen der Theodizee-frage" (87), die Tabuisierung der Rückfrage an Gott, aufzubrechen. „Wie anders wäre die Christologie von dem Verdacht zu befreien, sie sei gar nicht Theologie, sondern Mythologie? Schließlich würde der, der die Oster-botschaft so hört, daß in ihr der Schrei des gottverlassenen Sohnes verges-sen ist, nicht das Evangelium hören, sondern eben einen Siegermythos" (372: 103). Metz bestreitet entschieden, dass „die Christologie die Theolo-gie dazu nötigt oder auch nur dafür legitimiert, vom leidenden Gott bzw. vom Leiden ‚in' Gott zu sprechen" (96). Mit Karl Rahner wendet er sich deshalb gegen trinitarisch verankerte Kreuzestheologien (Eberhard Jüngel, Hans Urs von Balthasar, Jürgen Moltmann u. v. a.).

Die von Metz gegebenen Anstöße für eine veränderte Christologie kritische Rückfragen
haben eine breite Resonanz gefunden. Doch kann eine Christologie,
nimmt sie das Kreuz als göttliches Offenbarungsereignis ernst, wohl kaum
auf den Gedanken einer Mitbetroffenheit des Vaters durch das Leiden des
Sohnes verzichten. Sollte man dann aber nicht auch von einem Leiden
Gottes an seiner entstellten und gequälten Kreatur sprechen können? Auch
wenn die johanneische Aussage „Gott ist die Liebe" den Charakter einer
Verheißung hat (96), so ist Gott doch in der Geschichte seines Volkes und
im „geborenen Juden" Jesus so sehr „involviert", dass er durch das Leiden
Jesu, der Angehörigen seines Volkes und aller übrigen gequälten Kreatur
zuinnerst betroffen ist. Kann aber eine „Mystik des Leidens an Gott", jene
Theologie der „Klage", die von Metz gegen den mitleidenden Gott in An-
schlag gebracht wird, der „Nähe" Gottes bei seinem Volk und in dem Menschen Jesus gerecht werden, von der die biblischen Schriften erzählen? Es
ist irritierend, dass sich Metz gegen die unter hellenistischem Einfluss erfolgte „Halbierung des Christentums" wendet, mit seiner Kritik des leidenden Gottes aber dem Apathie-Axiom der griechischen Philosophie verhaftet bleibt. So stellt sich die Frage, ob eine trinitarische Kreuzestheologie tatsächlich zur Stilllegung der Theodizeefrage führen muss, wenn dabei der
von Metz mit Recht eingeforderte biblische Monotheismus im Auge behalten wird.

Auch ist nicht erkennbar, wie in der von Metz skizzierten theodizee-
empfindlichen Christologie die Auferweckung des Gekreuzigten anders als
eine Verheißung zur Geltung gebracht werden könnte; die Auferweckung
des geschundenen Leibes Christi vermag den Leidenden ja nur deshalb
Hoffnung zu geben, weil sie eine geschichtliche Rettungstat ist, die Vernichtung des Todes durch Gott am Ostermorgen. Die von Metz angedeute-
ten Perspektiven einer „nach Auschwitz" geschuldeten Christologie lassen
trotz einiger Hinweise (Rückübersetzung in die befreiende und gefährliche
Erinnerung der Kirche und die biblischen Nachfolgegeschichten) auch nicht
erkennen, wie eine hermeneutische Aneignung der christologischen Lehr-
überlieferung, an der Metz festhalten möchte (373: 756.760), auszusehen
hätte (Tück/90: 155–219).

f) Christologie als Bekenntnis zu Jesus dem Juden

Aus Martin Luthers bekanntem Satz, „dass Jesus Christus ein geborener
Jude sei" (WA 11, 314–336), erwächst für den evangelischen Theologen
Friedrich-Wilhelm Marquardt († 2002) die Aufgabe, die „Christologie als
christliches Bekenntnis zu ,Jesus, dem Juden' zu formulieren" (Marquardt/
28: Bd. 1, 89). Marquardts zweibändige Christologie „Das christliche Bekenntnis zu Jesus dem Juden" (1990–1991) kann nicht ohne seine „Prolegomena in die Dogmatik" verstanden werden. In ihnen formuliert Marquardt seine Vorbehalte gegenüber dem bisherigen „Werk der Theologie"
und die Anforderungen an eine Theologie nach Auschwitz ohne jeden
Antijudaismus (Marquardt/419: 53–147). Programmatisch für die Christologie Marquardts ist das Motto von Joh 4,22: „Das Heil kommt von den
Juden" (98).

die Messianität Jesu
als Verheißung

Thema der Christologie ist für Marquardt das *christliche Bekenntnis zu Jesus dem Juden*, nicht zu *Jesus dem Christus*, da dieser grundsätzlich verwechselbar ist und die christologische Frage so lange als offen zu betrachten sei, wie Gott sie nicht selbst beantwortet hat (Marquardt/28: Bd. 2, 25). Bis dahin bleibt der Theologie nur die Sprache der „Verheißung", nicht der „Erfüllung" (102). Marquardt bestreitet nicht die Messianität Jesu. Doch angesichts des jüdischen Neins zur Messianität Jesu ist es für Marquardt eine durchaus offene Frage, „inwiefern denn alle die großen Namen Israels auf Jesus überhaupt angewendet werden können" (389). Maß für das christliche Bekenntnis zu Jesus als Messias Israels ist Israel und sein Nein zur Messianität Jesu. Die Juden sind „die Urteilsinstanz, wo es um ihre Erwartungen geht" (390). Marquardt wendet sich deshalb gegen die Bezeichnung Jesu als „Messias Israels" (214–217).

kollektive
Sohneschristologie

Von Hans Urs von Balthasar (Balthasar/344: 83) übernimmt Marquardt als Programmwort für seine Christologie die Rede von Israel als „formaler Christologie" (Marquardt/29: Bd. 2, 52). Allerdings definiert Marquardt Christologie als „Lehre von der Gemeinschaft Gottes mit der um Israel versammelten Menschheit" (33). „Jesus heißt ‚Sohn Gottes': wie Israel – in gleicher innerer Bindung Gottes an beide, beider an Gott"; „Gott ist ‚in Jesus', wie er zugleich in Israels Mitte ‚wohnt' und ‚zeltet': Immanuel – Gott mit uns" (53). Wie Gott Israel als sein „Zeichen" inmitten der Völker leben lässt, so auch Jesus als sein „Wort" an alle (ebd.). Orientiert am Gesetz des *pars pro toto*, des biblischen Stellvertretungs- und Repräsentationsgedankens, entwirft Marquardt eine kollektive Sohneschristologie des Volkes Gottes, um Jesus und Israel „in ihrer gemeinsamen Gottessohnschaft christologisch zu bedenken" (99).

„Sohn Gottes", das ist „keine in Gott zu suchende oder zu setzende Hypostase" (28: Bd. 2, 100). Als von Gott erwähltes Volk ist Israel „Sohn Gottes", Jesus von Nazaret als Angehöriger dieses Volkes ein Repräsentant dieser Sohnesbeziehung, ein *exemplum* des Volkes. „Christologisch bedeutsam" ist deshalb nicht nur Israel als die „natürliche Umgebung Jesu Christi" (Karl Barth), sondern auch das Judentum in der Lebendigkeit seiner geschichtlichen Existenz (237). Nicht exklusiv, sondern exemplarisch erscheint Jesus bei Marquardt als das fleischgewordene Wort Gottes. „Gott ist ‚in Jesus', wie er zugleich in Israels Mitte ‚wohnt' und ‚zeltet': Immanuel – Gott mit uns" (53). Nicht Israel, sondern allein die Gojim bedürfen Jesus als des Retters.

Einung zwischen
Gott und Mensch
in Israel

Die Fleischwerdung des Wortes ist in Analogie zum „Wohnen" und „Zelten Gottes" inmitten seines Volkes zu verstehen, weil die neutestamentliche Verkündigung in der „Fluchtlinie" (28: Bd. 2, 117) des sich in „Wort" und „Leib" der Propheten „verleiblichten" Wortes Gottes an Israel liegt (116–135). Marquardt bringt die Fleischwerdung des Wortes Gottes (Joh 1,1.14) allerdings in die Schwebe, wenn er von einer „Gestalt" spricht, in der sich Gott uns zuwendet, von einer „Dabeiseinsweise Gottes", nicht einer „Seinsweise seiner selbst" (112f.). In Jesus ereignet sich die *„Einung zwischen Gott und Mensch in Israel"*, doch sie ist nicht jene *„Einheit,* von der das christologische Dogma spricht" (130). Für Marquardt steht Jesus „unter gleicher Sendung wie Israels Propheten. Gott ist in ihm gegenwärtig, wie er je zu zelten verheißen hat unter Israel inmitten der Völker. Er leidet als einer von ihnen, und Gott leidet in ihm, wie er in jedem Leiden Israels sonst leidet: wesensbetroffen" (134).

In Jesu Leben, Leiden und Wirken hat das Leiden einen „Namen" bekommen. „Das ist Jesus für Israel: Er dient Israel darin, daß Gott durch ihn Antwort der Völker auf das Leiden des Volkes der Gottesknechte bewirkt" (28: Bd. 2, 134). „Jesus als Messias Israels", dies ist für Marquardt als „eine Hoffnung zu denken, die wir Israel schuldig sind" (217). Als „promissio" steht sie unter „eschatologischem Vorbehalt". Mit dem „eschatologischen Vorbehalt" ist mehr gemeint als das noch ausstehende Kommen des schon Gekommenen. Jesus ist nicht im Sinne einer „Erkenntnis" des Glaubens als „Messias Israels" zu beanspruchen. Nicht in seiner „Person" ist Jesus der von Israel Erwartete, sondern mit Blick auf seine „Werke" und die damit verbundenen Hoffnungen, denn was Israel erwartet, kann nur Israel sagen. Israel aber vermag in der Person Jesu den Erwarteten nicht zu erkennen. Ihn als den von Israel Erwarteten positiv zu beanspruchen ist uns deshalb nicht erlaubt (389).

Die Gemeinschaft von Gott und Jesus denkt Marquardt von der Zeitlichkeit Jesu her als des Kommenden, Gehenden und Bleibenden. Vom Gekommensein und Kommen Jesu her denkt er die Einheit Jesu als des einen, der für uns starb, von seinem Gehen sein wahres Menschsein und von seinem Bleiben schließlich, aufgrund der Auferweckung zu neuem Leben, das wahre Gottsein Jesu. Allerdings geschieht dies nicht im Sinne des identifizierenden Sprechens von Jesus als wahrem Gott (*vere Deus*). Gegenüber der Zwei-Naturen-Christologie des Konzils von Chalzedon zeigt Marquardt vielmehr kritische Reserven (28: Bd. 1, 169; 28: Bd. 2, 37 f.), obschon diese, worauf im jüdisch-christlichen Dialog heute verstärkt hingewiesen wird, keine Vermischung Gottes mit der Kreatur lehrt, sondern den einen Christus „in zwei Naturen unvermischt".

kein identifizierendes Sprechen von Jesus als wahrem Gott

Das trinitarische Bekenntnis der Kirche versteht Marquardt „als den Nachvollzug der biblischen Erwählungsverkündigung in den Denkbildern des Heidentums" (29: Bd. 2, 432): „Daß Jesus von Nazaret mit dem Denkbild des ‚ewigen Sohnes', der ‚zweiten Person' der Trinität, bezeugt wurde, hatte in der Hauptsache den Sinn, vom Leben dieses Juden aussagen zu können, dass es Gott in seinem tiefsten Inneren, ihn in sich selbst, berührt, betrifft, bewegt, angeht – wie es umgekehrt sagen wollte: Dieser Jude lebt von Hause aus in seinem tiefsten Inneren berührt, betroffen, bewegt, angezogen von dem Gott Israels." Gleichwohl sei „in Gott der Grund" zu suchen und zu denken für das, „was er auf Erden bewirkt" (433).

„Die österliche Teil*gabe* von Gottesleben an den toten Jesus ist weltliche Zeitigung jener ewigen Zeitigung, die in der inneren Lebens*teilnahme* von Gott und Jesus längst wirklich ist. Die Teilgabe bezeugt die Teilnahme" (433). Der „Paradigmenwechsel", vom „Bleiben" des zum Leben erweckten Jesus her die Gemeinschaft von Gott und Jesus zu denken, führt dazu, zwar vom „Wahren an Gott in Jesus" (28: Bd. 2, 436) zu sprechen, nicht aber von Jesus als „wahrem Gott" (435), obschon dies von den zeittheologischen Überlegungen, die bislang keine andere Christologie so genau entfaltet hat, nicht notwendig erscheint. Die kritische Reserve gegenüber dem *vere Deus* (Henrix/353: 152) resultiert vielmehr daraus, dass die Christologie auf die „Lehre von der Gemeinschaft Gottes mit der um Israel ver-

Israel als Gegenstand der Christologie?

sammelten Menschheit" zurückgenommen und damit letztlich Israel zum Gegenstand der Christologie gemacht wird (Körtner/357: 359).

3. Kurze Zwischenbilanz

In einer Einführung in die Christologie kann es nicht darum gehen, das Programm einer systematischen Christologie auszuführen. Im Sinne einer kurzen Zwischenbilanz sollen aber abschließend einige Perspektiven für eine systematische Christologie formuliert werden, an denen sich die vorliegende Einführung orientiert.

- Die Christologie hat es mit der hermeneutischen Erschließung des überlieferten Glaubens an Jesus für unsere Zeit zu tun. Sie ist dafür an das Christusbekenntnis der Schrift und die christologische Lehrentwicklung verwiesen.
- Auszugehen ist dabei von der Nähe Gottes bei seinem Volk und der Selbstoffenbarung Gottes in dem Juden Jesus von Nazaret, die im Horizont der messianischen Hoffnungen Israels zu verstehen ist.
- Eine Christologie ist als „messianische Christologie" zu konzipieren, wobei die Differenz zwischen der endgültigen Offenbarung Gottes in seinem Messias und ihrer Vollendung bei seiner Parusie zu bedenken ist.
- Israel darf nicht als eine heilsgeschichtlich überholte Voraussetzung des Christentums begriffen werden. Ohne theologischen Besitzverzicht zu üben, hat sich die Christologie als eine Israel bejahende Christologie zu vollziehen.
- Gegen eine religionspluralistische Relativierung der Einzigkeit Christi ist seine Person als Gottes endgültige Selbstoffenbarung, als das „geschichtlich Unbedingte" glaubhaft zu machen.
- Eine Christologie, die insbesondere der westlichen Denktradition verpflichtet ist, muss die epochalen Entwicklungen innerhalb der Christologie der abendländischen Theologie und Philosophie aufzeigen.

II. Der Gott Israels
und die Ankunft seines Messias

Durch die historisch-kritische Erforschung des Alten Testaments ist die harmonische Einheit der beiden Testamente der christlichen Bibel, wie sie in der „naiven" christologischen Lesart des Alten Testaments bis in die Neuzeit hinein gegeben war, aufgelöst worden. Die Texte des Alten Testaments sind in ihrem jeweiligen geschichtlichen Entstehungskontext mit ihrem religiösem Umfeld und ihren späteren Reinterpretationen zu untersuchen und dürfen nicht zu apologetischen Zwecken als bloße Vorbereitung des christlichen Heilsgeschehens gedeutet werden (Päpstliche Bibelkommission/141: 38f.). Da die „Erwählung Israels" nicht aufgehoben, sondern eine „unwiderrufliche Wirklichkeit" ist (120), müssen die Schriften der hebräischen Bibel auch als „heilige Schriften" des jüdischen Volkes gewürdigt werden.

die Frage
nach der Einheit
von Altem und
Neuem Testament

Gleichwohl hat die christliche Theologie an der Einheit der beiden Testamente der christlichen Bibel und der ihnen zugrunde liegenden Heilsgeschichte festzuhalten. Diese Einheit ist in der Identität des Gottes der biblischen Überlieferung begründet, in der Tatsache, dass der Gott Jesu kein anderer ist als der eine Gott Israels. Die Mitte des Alten und Neuen Testaments sowie ihre Einheit ist der eine Gott in seinem lebendigen Wort (Westermann/161; Terrien/157; Seebass/384; Childs/111/112; Janowski/354). Die Einheit beider Testamente ist wesentlich theo-zentrisch begründet (Söding/150: 87).

Die ersten „Christen" (Apg 11,26), die Juden waren, haben die Geschichte und Gestalt Jesu „gemäß den Schriften", das heißt im Horizont der Glaubensüberlieferung und Hoffnungen ihres Volkes, gelesen und verstanden. Mit der Sprache ihrer „Schriften" haben sie das Geheimnis der Person Jesu zu fassen gesucht, in Bildern und Begriffen wie der „Gesalbte", der „Sohn", der „Menschensohn" usw. Im Sinne einer „zweiten Naivität", die den Eigenwert der Schriften der Bibel Israels anerkennt und sich der zweifachen Wirkungsgeschichte dieser Schriften im Judentum und Christentum bewusst ist, ohne deshalb, wie dies gelegentlich geschieht (Zenger/402: 144), Talmud und Neues Testament auf eine Stufe zu stellen, wird im Folgenden die im Alten Testament bezeugte Geschichte Israels im Sinne einer Israel bejahenden *interpretatio christiana* auf Jesus Christus bezogen.

Leitend ist dabei Hans Urs von Balthasars Programmwort von Israel als „formaler Christologie" (Balthasar/344: 83), ohne seine traditionelle Sicht vom „zurückbleibenden Israel", die Israels Heilsfunktion *post Christum* bestreitet, zu übernehmen. Die Christologie wird hier allerdings auch nicht, wie bei Marquardt (Marquardt/28: Bd. 2, 44), auf eine „Christologie Israels" beschränkt. Israel als „formale Christologie" meint die geschichtlich vermittelte Nähe Gottes bei seinem Volk, sofern sich darin die Umrisse des Christlichen abzeichnen. Ohne die Nähe Gottes bei seinem Volk wären seine endgültige Nähe in Jesus von Nazaret und dessen jüdische Existenz, das heißt sein „Israel-Wesen" (Mußner/374: 208–211), nicht verständlich. Mit dem auferweckten Gekreuzigten und dem Bekenntnis zu ihm als Mes-

die Geschichte
Israels als „formale
Christologie"

sias und Sohn Gottes werden aber die Überlieferungen Israels an entscheidender Stelle überschritten.

1. Gott bei seinem Volk

a) Gottes Selbsterweis und die Erwählung Israels

Exodus als Gründungsereignis

Das Alte Testament erzählt die Geschichte Israels als Geschichte des einen Gottes mit seinem Volk. Der Errettung Israels liegt seine Erwählung zu Gottes „besonderem Eigentum" zugrunde, die der Heilige Israels je neu durch seine Nähe bei seinem Volk bekräftigt hat. Die Nähe Gottes bei seinem Volk ereignet sich im Raum der Geschichte, reicht aber zurück bis in den Ursprung der Schöpfung. Konstitutiv im Sinne eines Gründungsereignisses ist für Israel das Geschehen des Exodus, die Befreiung aus der Knechtschaft in Ägypten, die in lebendiger Erinnerung gehalten wird durch erzählende Berichte (Ex 3,7f.; 13,17–14,31), in der prophetischen Verkündigung (Hos 11,51; 12,10; 13,4), in der hymnischen Gebetssprache (Ps 68) und im gottesdienstlichen Bekenntnis (Dtn 26,5–10).

Offenbarung des Gottesnamens

Konstitutiv für Israel ist neben dem Exodus der Durchzug durch die Wüste (Ex 15,22–18,27), die Begegnung mit Gott am Sinai (Ex 19–20) und die Verpflichtung Israels auf den Gott der Väter, den Gott Abrahams, den Gott Isaaks und den Gott Jakobs. Gegenüber Mose (Ex 3,14) offenbart Gott im brennenden Dornbusch seinen Namen יְהוָה (JHWH), den gläubige Juden aus Ehrfurcht vor dem Heiligen Israels später nicht mehr aussprachen und stattdessen אֲדֹנָי (ᵃdōnāj) lasen. Obschon das Tetragramm, das so viel bedeutet wie „Ich bin der ich bin", keiner der üblichen göttlichen Eigennamen ist, kann es nicht im Sinne einer Abweisung eines Namens für eine radikal negative Theologie in Anspruch genommen werden. Denn mit dem geoffenbarten Gottesnamen ist die Zusage der Nähe Gottes bei seinem Volk verbunden.

Leben als Geschenk

Israel lebt und versteht sich ganz vom Gründungsereignis des Exodus her. Da es sich hierbei um ein geschichtliches Ereignis handelt, gehört zur Identität des Volkes Israel das Moment der Vermittlung. So begegnet Gott seinem Volk in der Gabe der תּוֹרָה (tôrāh), der Weisung, durch Mittlergestalten wie Mose, die Richter, Könige und Propheten, durch den Sühnekult (Priesterschrift), bis hin zu den „messianischen" Gestalten, deren Kommen für die Zukunft erhofft wird. Das von der Knechtschaft in Ägypten befreite Israel erfährt das von Gott geschenkte Heil zunächst im gesegneten Leben, in der Fruchtbarkeit des Kulturlandes, im Segen der Nachkommenschaft und in der Sicherheit vor den Feinden. Gott ist der „lebendige Gott" (1 Sam 17,26) und für Israel „Quelle des Lebens" (Ps 36,10). Das Leben selbst ist Geschenk Gottes. Wer in der Gemeinschaft mit ihm lebt, der gewinnt ein erfülltes Leben. Erst später hat Israel zwischen dem irdischen Lebensglück und der Gemeinschaft mit Gott deutlicher unterschieden (vgl. Ps 63,4: „Deine Huld ist besser als das Leben") und schließlich auch die Grenze des Todesgeschicks in Vorstellungen, die sich auf eine postmortale Existenzweise beziehen, transzendiert.

Souveränität Gottes gegenüber seinem Volk

Das nach der Landnahme und der Zeit der Richter von Gott gegebene

Königtum stellt in Israel nicht, wie in Ägypten und im Vorderen Orient, eine mythische Größe dar. Der Gott Israels ist keine mythische Gottheit, die den Bestand des Königtums garantiert, sondern der göttliche Gott, der dem von ihm auserwählten Volk in freier Souveränität gegenübersteht. Die prophetische Gerichtspredigt gegen Jerusalem, das Königtum Davids (Jer 22,1–9) sowie das Königtum des Nordreichs (Am 10,3.7) zeigt, dass der göttliche König nicht im irdischen König als Abglanz seiner Anwesenheit erscheint. Vielmehr stellt das Königtum eine geschichtliche Gabe dar, über die Gott frei verfügen kann. Verfehlt das Königtum die ihm zugewiesene Aufgabe, ist es vom Untergang bedroht.

Die Bindung Gottes an das auserwählte Volk wird an zentraler Stelle dadurch zur Geltung gebracht, dass von Israel als Sohn Gottes gesprochen wird, wie in dem Wort an Pharao, auf das der Herr Mose verpflichtet: „So spricht Jahwe: Israel ist mein erstgeborener Sohn … Lass meinen Sohn ziehen, damit er mich ehren kann" (Ex 4,22 f.; vgl. PsSal 18,4; Dtn 14,1). In der Trostschrift des Propheten Jeremia ist von den „Söhnen Jakobs" die Rede (Jer 30,20; vgl. Jes 1,2), und es wird vom Heiligen Israels als „Israels Vater" (Jer 31,9) gesprochen. In Hos 2,1 werden die Söhne Israels als „Sohn des lebendigen Gottes" bezeichnet. In der Weisheitsliteratur wird auch der einzelne „Gerechte" „Sohn Gottes" genannt (Weish 2,18; Sir 4,10). Stärker als durch das Sohnesverhältnis Israels kann die Bindung Gottes an das auserwählte Volk nicht ausgedrückt werden. Neben dem Volk und einzelnen Gerechten wird auch der König, dem die Aufgabe zukommt, Gott auf Erden zu vertreten (2 Chr 9,8), als „Sohn Gottes" bezeichnet. Von Gott erwählt (1 Chr 28,6) und zur Würde eines Erstgeborenen erhoben (Ps 89,28) wird er vom Heiligen Israels als „mein Sohn" (2 Sam 7,14; 1 Chr 22,10; Ps 2,7) angesprochen. Doch ist der König nicht von Natur aus, durch physische Zeugung Sohn Gottes. Er war auch niemals Gegenstand göttlicher Verehrung oder eines besonderen Kultes.

das Sohnesverhältnis Israels

Nach der Rückkehr aus dem Babylonischen Exil, der Restituierung Israels und seines Heiligtums, rücken Sühnekult und Torafrömmigkeit ins Zentrum. In dem von Gott gewährten Sühnekult begegnet Israel dem Heiligen selbst (Janowski/298; Willi-Plein/321). Angesichts der Mächte des Bösen und der weltlichen Gegenspieler Israels (Konfrontation Israels mit der hellenistischen und römischen Macht) wächst die Hoffnung, dass Gott einen neuen Äon heraufführen wird, eine neue Welt und eine neue Geschichte (Jes 24–27; Dan 7; Sach 9–14). In der Weisung an Israel erschließt Gott seinen Willen. In der Erfüllung der Tora nähert sich das Reich des Friedens und der Gerechtigkeit. Das erwartete Reich wird Himmel und Erde umfassen, die Lebenden wie die Toten. Seit der Auferstehungshoffnung, die in der Zeit der frühjüdischen Apokalyptik entsteht (Dan 12,1f.), versteht sich Israel als eschatologisch-apokalyptische Hoffnungsgemeinde, die von den Armen Israels getragen wird und ihre Hoffnung nicht mehr auf eine weltliche Macht, sondern ganz auf die schöpferische Macht Gottes setzt, der vom Tod zum Leben erwecken kann (2 Makk 7).

Torafrömmigkeit und Apokalyptik

Das Bekenntnis zu dem einen und einzigen Gott führt in der exilisch-nachexilischen Zeit dazu, die ganze sichtbare Welt auf Gottes schöpferische Wirkmächtigkeit zurückzuführen. Die gute Schöpfung Gottes wird als Rettung aus Chaos und Finsternis verstanden (Gen 1,1). Der jüdische,

Gottes schöpferisches Wort

an den Heilstaten Gottes orientierte Kalender zählt deshalb die Jahre von der als anfänglicher Heilstat Gottes aufgefassten Schöpfung an. Die Schöpfung erfolgt durch Gottes schöpferisches Wort (Gen 1,3 u. ö.; Weish 9,1f.; Ps 33,6–9), seine Weisheit und seinen Geist. Eine gewisse Eigenwirklichkeit des göttlichen Wortes zeigt sich, wo vom Wort die Rede ist, das Gott „aussendet" (Ps 107,20; 147,18). Das Wort erscheint als ein Handlungssubjekt, das wirkt, was Gott beschlossen hat und zu ihm zurückgeht (Jes 55,10f.). Es heilt (Weish 16,12) und zieht aus gegen die Feinde Israels (Weish 18,15).

Gottes Weisheit

Stärker noch als die Eigenwirklichkeit des göttlichen Wortes wird die Eigenwirklichkeit der Weisheit Gottes betont. In der Weisheitsliteratur lässt sich eine deutliche Personifikation der Weisheit beobachten. Die Weisheit ist Ausfluss der Herrlichkeit Gottes und Bild seiner Vollkommenheit. Sie wird als sein erstes Geschöpf betrachtet, das vor der übrigen Schöpfung hervorgebracht und über alle Werke ausgegossen wird (Sir 1,9). Die Weisheit ist in der Geschichte von Anfang wirksam (Weish 8,19–19,22), nimmt unter den Menschen Wohnung und lehrt den Weg des Heils (Spr 1,20–33; 8; 9,1–6; Sir 24; Weish 6,12–25; 7,22–8,1). Eine besondere Wirkungsgeschichte hat der Gedanke der Schöpfungsmittlerschaft der Weisheit (Spr 8,22–31; vgl. Sir 24,3; Weish 9,9) in den Schriften des Neuen Testaments und der christlichen Überlieferung gefunden.

Gottes Geist

In den Schriften des Alten Testaments erscheint auch Gottes Geist als eigene Wirklichkeit, allerdings nicht als eine von Gott abgelöste Kraft. Noch sehr archaisch wird Gottes Geist verstanden, wenn er dessen Atem genannt wird, der allem Leben einhaucht (vgl. Gen 2,7). Gottes Geist erfüllt den ganzen Erdkreis (Weish 1,7) und wird „gesandt" (Weish 9,17). Er bewegt die Propheten und ihre Verkündigung. Gottes Geist ruht auf dem עֶבֶד (*æbæd*), dem Knecht Gottes und seinem מָשִׁיחַ (*maš^ah*), dem Gesalbten (Jes 61,1; Jes 42,1). Der Geist kann durch Menschen, die sich gegen Gott auflehnen, betrübt werden und streitet gegen jene, die ihn betrübt haben (Jes 63,10). Für die Endzeit verheißt der Prophet Joël, dass Gottes Geist auf alle Menschen ausgegossen wird (Joël 3,1–5; vgl. 32,15; Ez 11,19). An Israel ergeht die Verheißung, dass der Geist Gottes in der Mitte des Volkes verbleibt (Hag 2,5).

b) Das Heiligtum Israels und das Gotteswort der Propheten

Einwohnung Gottes

Das Allerheiligste des Tempels, das der Hohepriester nur am יוֹם כִּפּוּר (*jôm kippur*), dem Großen Versöhnungstag, betrat, enthielt nach der Vorstellung des Buches Levitikus die mit einer Platte abgedeckte Bundeslade, über der Gott in einer Wolke erscheint (Lev 16,2). Die priesterliche Gesetzgebung stellt die Lade als einen Schrein dar, in den Mose die Gesetzestafeln hineinlegte (Dtn 10,1–5). Nach Ex 25,10–16.17–22 war die Bundeslade aus Akazienholz und mit einem goldenen Deckel verschlossen. In den Deckel waren zwei Kerub-Figuren eingelassen, die mit ihren Flügeln die Deckelplatte beschirmten und den Ort der Präsenz, der Einwohnung שְׁכִינָה (*šekīnā*) Gottes anzeigten. Die *Shekinah* ist keine eigene göttliche Hypostase, sondern eine Weise der Nähe Gottes bei seinem Volk. Im Tempel lässt der Heilige Israels seinen Namen wohnen (Dtn 12,11; 14,23). In den Targumen und in den Midrashim ist die *Shekinah* die Bezeichnung für den inmitten seines Volkes wohnenden Gott (Aboth 32; Mekhilta Ex 13,2). Wahrscheinlich spielt Joh 1,14 („er hat unter uns gewohnt") auf die *Shekinah* Gottes an.

Zunächst war die Lade der symbolische Ort der unsichtbaren Gegenwart Gottes bei seinem Volk. Später wurden der Tempel, der Zionsberg und die Stadt Jerusalem als Ort der Wohnung Gottes angesehen. So spricht die Zionstheologie von Gottes ewigem Thronen im Tempel (1 Kön 8,12 f.; Ez 43,4–7) und seinem Wohnen auf dem Zionsberg (Jes 8,18, Pss 46; 48; 76; 87). Mit dem Jerusalemer Tempelkult ist die von Gott angesichts des gestörten Bundesverhältnisses gewährte Möglichkeit der Sühne verbunden. Sühne ist eine von Gott geschenkte Möglichkeit der Vergebung und des Neuanfangs. Nach der Rückkehr aus dem Exil wird fast der gesamte Kult als Sühnekult aufgefasst (Lev 9,7). Durch das Opfer, insbesondere am *Jom Kippur*, schenkt Gott Sühne und Versöhnung, nicht nur durch den archaischen Sündenbockritus (Lev 16,10.21f.), sondern vor allem durch den stellvertretenden Tod des Opfertieres, im Zeichen des Blutes (Lev 17,11). Dieses Sühnopfer hat nichts mit der Vorstellung eines kompensatorischen Opfers für einen erzürnten Gott zu tun. Im Sühnopfer gewährt der Heilige Israels Versöhnung und Gemeinschaft denen, die an ihm schuldig geworden sind.

Sühnekult

Neben der Nähe Gottes im Heiligtum erfährt Israel die Nähe seines Gottes im Wort der Propheten. Als Prototyp der Propheten gilt Mose (Dtn 18,9–22): „Durch einen Propheten führte der Herr Israel aus Ägypten heraus und durch einen Propheten wurde es behütet" (Hos 12,14). Das Gotteswort der Propheten ist zunächst Wort des Gerichts, zunehmend aber auch Heilsansage. Die prophetische Kultkritik richtet sich gegen die mit dem Opferkult am Kultheiligtum verbundene Heilssicherheit: „Vertraut nicht auf die trügerischen Worte: Der Tempel des Herrn, der Tempel des Herrn, der Tempel des Herrn ist hier … (im Haus des Herrn) sind wir geborgen" (Jer 7,4.10; Am 5,21–25). „Auf meine Worte haben sie nicht geachtet, und meine Weisung haben sie verschmäht … Eure Brandopfer gefallen mir nicht, eure Schlachtopfer sind mir nicht angenehm" (Jer 6,19f.). Gegen einen Kult, dem nicht die innere Ausrichtung auf Gott entspricht, setzten die Propheten die Gottes- und Nächstenliebe. „Liebe will ich, nicht Schlachtopfer" (Hos 6,6). Damit ist keine prinzipielle Überwindung des Opferkultes angezielt, sondern es wird, wie auch in den Psalmen (Ps 40,7–9; 50,1–15; 51,18f.), eine dem (Sühne-) Kult entsprechende Hingabe eingefordert.

Wort der Propheten

Die Propheten bezeugen und verkörpern gegenüber Israel, was Gott zu sagen hat. Die Propheten sind „Zeichen-Gottes-in-Person" (Friedrich-Wilhelm Marquardt), Werkzeuge in den Händen Gottes. Bevollmächtigt durch den Heiligen Israels repräsentieren sie das Gotteswort gegenüber dem auserwählten Volk, sei es durch Worte des Gerichts oder des in Aussicht gestellten Heils. Der Prophet muss dort stehen, wo Gott ihn hinstellt. Sendung und Gehorsam sind deshalb Kennzeichen prophetischer Existenz (Balthasar/345: 209–275; Mauser/371: 46–114).

„Zeichen Gottes in Person"

In der Tradition der frühen Propheten Elija und Elischa steht der Prophet Hosea. Wie seine Vorgänger sagt er angesichts des Götzendienstes Israels

Hosea

(Hos 13,2.4) das Kommen Gottes zum Gericht an (Hos 13,9). Hoseas eigenes Lebensschicksal (Hosea ist verheiratet mit einer Dirne) erscheint als Gleichnis für die durch Untreue Israels gestörte „Ehe" zwischen Gott und seinem Volk (Hos 1,2–2,17). Bei Hosea wird Gottes Verhältnis zu seinem Volk als Liebesverhältnis bestimmt. Es ist Hoseas eigenes Leben, das dieses Verhältnis anschaulich machen soll. Der Prophet wird in Gottes Leidenschaft für Israel einbezogen.

Amos   Dies gilt auch für Amos. Da Gott solidarisch ist mit den Ärmsten, ergeht über Israel, das durch die Unterdrückung der Armen das „Gottesrecht" gebrochen hat, das Gericht (Am 2,6f.; 4,1–3; 8,6). Durch Amos begegnet Israel Gott, der sein Volk zur Rechenschaft zieht (Am 3,2; 4,12). Amos konfrontiert Israel mit einer Situation, wo Hunger im Land herrscht, „nicht der Hunger nach Brot, nicht Durst nach Wasser, sondern nach einem Wort des Herrn" (Am 8,11). Israel wird dieses Wort nicht finden (Am 8,12). Amos vermittelt Gottes Kommen zum Gericht. Neben der Gerichtspredigt kennt das Buch Amos auch die Verheißung künftigen Heils. Gott wird das „Geschick Israels wenden" und die „zerfallene Hütte Davids wieder aufrichten" (Am 9,14. 11).

Jesaja   Jesaja, der in seiner Berufungsvision die כָּבוֹד (kābôd) Gottes, seine Herrlichkeit, sieht (Jes 6,1–4), macht dem sündigen Volk, mit dem er sich solidarisch weiß, den „Heiligen Israels" präsent (vgl. Jes 5,19.24; 10,20; 17,7; 29,19 u. ö), den das Volk verehren soll, so wie es Jesaja und seine Kinder tun, die für Israel ein Zeichen sind (Jes 8,13). Gegenüber König Ahas, der angesichts der Bedrohung durch Damaskus und Samaria sein Vertrauen ganz auf Assur setzt, macht Jesaja geltend, dass Israel ausschließlich auf Gott, den „König Jahwe Zebaot" setzen soll. Wie das Buch Amos kennt auch das Jesajabuch die Weissagung künftigen Heils. Es erscheint als ein Friedensreich mit Jerusalem als Mittelpunkt (Jes 2,1–5). Auf Davids Thron wird der „wunderbare Ratgeber" und „Friedensfürst" sitzen und Recht und Gerechtigkeit ausüben (Jes 9,5f.).

Jeremia   Auch Jeremia erfährt Gottes Nähe. So spricht Gott zu Jeremia bei seiner Berufung: „Noch ehe ich dich im Mutterleib formte, habe ich dich ausersehen, noch ehe du aus dem Mutterschoß hervorkamst, habe ich dich geheiligt, zum Propheten für die Völker habe ich dich bestimmt" (Jer 1,5). Doch Gott ist zugleich ein Gott der Ferne, der über allem steht (Jer 23,23f.). Wegen des von Israel gebrochenen Bundes (Jer 11) ist Gott ausgezogen aus Israel: „Ich verlasse mein Haus, ich verstoße meinen Erbteil. Meinen Herzensliebling gebe ich preis in die Hand der Feinde. Mein Erbteil wandte sich gegen mich wie ein Löwe im Wald. Es erhob gegen mich seine Stimme; deshalb bin ich ihm feind" (Jer 12,7f.). Diese Spannung von Nähe und Ferne Gottes bringt Jeremia an den Rand der Verzweiflung (Jer 12,1–6). Denn Jeremia wird von Gott in Dienst genommen, sein Gericht über Israel zu sprechen (Jer 11,1–3). So ist Jeremia angefüllt mit Gottes Zorn und kann diesen nicht mehr an sich halten (Jer 6,11; vgl. 25,15–29). Gottes Feuersglut lodert in Jeremia (Jer 5,14).

Jeremia macht sich Gottes Wort und Namen ganz zu eigen (Jer 15,16). So droht der Prophet an seiner Sendung zu zerbrechen. Bei Jeremia tritt das Ringen zwischen Gott und dem Propheten in den Vordergrund (Jer 15,10–21). Jeremia weiß um Gottes Zusage, dass er ihm nahe ist und ihn nicht der Vernichtung preisgeben wird (Jer 1,8; 15,20f.). Zugleich muss er für Israel den Untergang verkünden: „Weh uns: Schon neigt sich der Tag, die Abendschatten strecken sich" (Jer 6,4). Gleichwohl vertraut Jeremia auf die „ewige Liebe" Gottes zu seinem Volk, dem er schon so lange die Treue bewahrt hat (Jer 31,3). Daran konnten die nachexilischen Heilsworte, die das Buch Jeremia enthält, anknüpfen (Jer 32–33).

Ausführlicher als die Berufungsvision Jesajas schildert jene des Exilspropheten Ezechiel die Herrlichkeit Gottes (Ez 1,4–28). Die Theophanie, die Ezechiel außerhalb Jerusalems im Exil erlebt, erinnert an die Exodustheophanien (Ex 19,14–20; 24,15–18). Doch anders als die Theophanien am Gottesberg kommt die von Ezechiel gesehene Herrlichkeit Gottes zum Gericht: „Ein Sturmwind kam von Norden, eine große Wolke mit flackerndem Feuer" (Ez 1,4). In einer späteren Vision sieht Ezechiel die Herrlichkeit Gottes auf Jerusalem herabschweben, das dem Gericht entgegengeht (Jer 9,3.9; 10,18). Der Heilige sendet Ezechiel zu den „abtrünnigen Söhnen Israels" (Ez 2,3). Ezechiel wird zum Wächter über Israel bestellt, um Israel zu warnen und zur Umkehr aufzurufen (Ez 3,16–21; 33,1–20). Auch Ezechiel ist ein Werkzeug Gottes. Er ist von Gottes Sendung so sehr in Beschlag genommen, dass gesagt wird, er habe die Buchrolle, die das Wort Gottes enthält, als Speise zu sich genommen (Ez 3,1–4). Stärker wird die Personifizierung eines Propheten mit Gottes Wort im Alten Testament nirgendwo ausgedrückt. Ezechiel

Fern in der Wüste, fern von Jerusalem im Exil, kann Israel zu Gott zurückkehren: „Ich bringe euch in die Wüste der Völker; dort trete ich euch von Angesicht zu Angesicht als Richter gegenüber" (Ez 20,35). Die Wüste, von der Ezechiel spricht, ist der Nullpunkt, bei dem Israel angelangt ist (Balthasar/345: 255). Die Wendung, die Israels Schicksal nehmen wird, beschreibt das Ezechielbuch mit dem Bild des Herzens, das Gott den Söhnen Israels einpflanzen wird. Israel wird wieder Gottes Volk sein, und der Heilige der Gott Israels (Ez 36,26–28). Dem von innen her erneuerten Gottesverhältnis Israels entspricht, dass Gottes Herrlichkeit, die Ezechiel bei seiner Berufung auf Jerusalem herabschweben sah zum Gericht, in einer Vision des Propheten nun nach Jerusalem zurückkehrt und den wiedererrichteten Tempel erfüllt (Ez 43,1–5).

Die Erfahrung der Nähe Gottes bei seinem Volk ist nach dem Exil stark vom gläubigen Vertrauen darauf geprägt, dass Gottes Weisheit wie der Name Gottes in Israel Wohnung nimmt (Sir 24,23–29; Neh 1,9). Die Nähe Gottes bei seinem Volk wird aber dort in Frage gestellt, wo Israels religiös-nationale Existenz und damit sein Heiligtum bedroht sind. So entfaltet sich Israels Glaube in hellenistisch-römischer Zeit zur apokalyptischen Hoffnung, dass Gott einen neuen Äon heraufführt, ein Reich des immerwährenden Friedens, und die Toten, die im Staube ruhen, auferwecken wird (Dan 7–12; Jes 24–27). Zeugen dieser Hoffnung sind die Armen Gottes, die ihre ganze Zuversicht auf den Heiligen Israels setzen. die Entwicklung apokalyptischer Hoffnung

c) Messianische Erwartungen und Gestalten

Das christliche Bekenntnis zu Jesus Christus ist unlösbar verbunden mit den „messianischen" Hoffnungen Israels. So ist Jesus von den ersten Christen als der Messias des Gottes Israels proklamiert worden. Auch wenn sich Jesus wegen möglicher politischer Missverständnisse anfänglich wohl nicht als Messias bezeichnet hat, lebte doch seine Verkündigung wie das spätere Christusbekenntnis von den „messianischen Erwartungen" seines Volkes (Moltmann/29: 18–21).

Messianismus   „Der Messianismus ist die Idee, die Israel der Welt geschenkt hat" (Scholem/383: 73). Beim jüdische Messianismus handelt es sich um ein sehr komplexes Phänomen (Charlesworth/110; Breuning/102; Fabry-Scholtissek/118). „Messianismus" ist ein Sammelbegriff eschatologischer und apokalyptischer Vorstellungen mit je eigenen Ursprüngen und Funktionen. Eine einheitliche Messiaserwartung Israels gibt es nicht (Fabry-Scholtissek/118: 13), auch nicht im Frühjudentum, dem Judentum der hellenistischen und römischen Zeit, ebenso wenig im späteren rabbinischen Judentum. Der urchristliche Messiasglaube stellt im Kern eine bestimmte Form des frühjüdischen Messianismus dar (Thoma/393: 113f. 134).

Obschon die hebräische Bibel selbst keine explizite Messiaserwartung kennt – die Bezeichnung מָשִׁיחַ (maš⁀aḥ) wurde erst im 1. Jh. v.Chr. im engeren Sinne „messianisch" verwendet (Fabry-Scholtissek/118: 53) –, kann man mit Blick auf die Septuaginta und die Interpretation der „Schriften" durch die ersten Christen von „messianischen" Erwartungen im weiteren Sinne (Reich der Gerechtigkeit und des Friedens) sprechen, sowie von verschiedenen „messianischen" Gestalten (davidischer Königssohn, Messiasprophet, der wiederkehrende Prophet, Menschensohn, endzeitlicher König und Hoherpriester, Knecht Gottes, Fürst, Hirt). Zusammen mit den damit verbundenen Heilserwartungen gehören sie zu den Voraussetzungen der Christologien des Neuen Testaments. Die jüdische Messiaserwartung hat eine Entwicklung durchgemacht, in der sie sich zu einer eschatologischen Hoffnung wandelte, die jede vorstellbare geschichtliche Zukunft transzendiert. Mit dem Kommen des Messias, der immer stärker als der geisterfüllte, universalen שָׁלוֹם (šālôm), das heißt Frieden bringende Messias erscheint, kündigt sich Gottes Kommen selbst an (vgl. Jes 35,4).

Die dem hebräischen Wort מָשִׁיחַ (maš⁀aḥ) zugrunde liegende Bedeutung hat neben der Königstheologie Israels auch priesterliche und prophetische Wurzeln, da nicht nur die Könige Israels, sondern auch die Hohenpriester und zum Teil auch Propheten für ihr Amt gesalbt wurden. Der historische Ursprung des Messianismus in Israel liegt in der Einrichtung und dem geschichtlichen Niedergang des erblichen Königtums (Buber/104; Becker/97). Galt noch Saul, der erste König, aufgrund seiner Verfehlungen als verworfen, so verbindet sich mit David, der die Bundeslade nach Zion bringt und dadurch Gott eine bleibende Wohnstätte bereitet, die Hoffnung auf ein nicht untergehendes Königreich.

die Bedeutung des davidischen Königtums   Schon die Weissagung Natans an David (2 Sam 7,3–16) verheißt mit dem Bau eines Tempels auf dem Zion dem Davidsgeschlecht „ewigen Bestand" (2 Sam 7,12–14). Die „letzten Worte" Davids (2 Sam 23,2–7), des „Gesalbten des Gottes Jakobs" (2 Sam 23,1), sind durch und durch messianisch gestimmt: „Der Geist des Herrn" sprach durch David; er ist „das Licht am Morgen, wenn die Sonne aufgeht"; ihm hat Gott „einen ewigen Bund gewährt". Beim hebräischen Wort מָשִׁיחַ handelt es sich ursprünglich also um Königstitulatur. Der wahre Herr auf dem Zion ist seit der Überführung der Lade der Gott Israels. Mit der göttlichen Erwählung des Zion aber ist die Erwählung des Davidsgeschlechtes zum Königtum verbunden. So wird Israels König, der vom Zion aus regiert, in der Königstheologie zum „Sohn Gottes" erklärt (Ps 2,7; 89,27f.). Das davidische Königtum hat den Auftrag, das Königtum Gottes zu repräsentieren. So heißt es Ps 110,1–3: „So spricht der Herr zu meinem Herrn: Setze dich mir zur Rechten, und ich lege dir deine Feinde als Schemel unter die Füße. Vom Zion strecke der Herr das Zepter deiner Macht aus: ‚Herrsche inmitten deiner Feinde!' Dein ist die Herrschaft am Tage deiner Macht, (wenn du erscheinst) in heiligem Schmuck; ich habe dich gezeugt noch vor dem Morgenstern, wie den Tau in der Frühe" (Vers 3 teilweise nach LXX).

Seit der Überführung der Lade zum Zion und der Einrichtung des Kultzentrums ist das davidische Königtum zugleich Priestertum. Der gesalbte König ist Israels eigentlicher Priester (Ps 110,4: „Der Herr hat geschworen und nie wird's ihn reuen: ‚Du bist Priester auf ewig nach der Ordnung Melchisedeks'"). Durch die Salbung wird der König zum Priesterkönig. Der König organisiert den Kult, opfert und segnet das Volk, auch wenn dies in seinem Auftrag für gewöhnlich beamtete Priester übernehmen. Die Diskrepanz zwischen dem göttlichen Auftrag des Königtums und dem Geschick Israels halten die Propheten den Königen Israels vor Augen. Dies führt zur messianischen Hoffnung auf eine endzeitliche Gestalt, welche die Salbung erfüllen wird (Buber/104: 913). Mit dem Niedergang des Königtums in Israel wandelt sich das Königsbild zum Messiasbild, zur Hoffnung auf einen „theopolitischen Messias".

In der Geschichte Israels, die geprägt ist von Gottes Zuwendung zu seinem Volk trotz dessen Untreue, gewinnt die Heilsprophetie in der exilisch-nachexilischen Zeit zunehmend an Bedeutung. Bei Ezechiel, dem Propheten der frühen Exilszeit, findet sich die Gestalt des „David redivivus", der in der Mitte Israels Fürst sein wird (vgl. Ez 34,24). Zunächst heißt es, dass sich Gott selbst im Unterschied zu den „Hirten Israels, die nur sich selbst weiden" (Ez 34,2), nun wie ein Hirt um die Tiere seiner Herde kümmern will (Ez 34,12): „Ich werde meine Schafe auf die Weide führen, ich werde sie ruhen lassen – Spruch des Herrn. Die verloren gegangenen Tiere will ich suchen, die vertriebenen zurückbringen, die verletzten verbinden, die schwachen kräftigen, die fetten und starken behüten" (Ez 34,15f.). Doch dann wird angekündigt, dass Gott für sie „einen einzigen Hirten" einsetzen wird, „meinen Knecht David" (Ez 34,23). „Er wird sie weiden, und er wird ihr Hirt sein" (Ez 34,23). Dann wird Gott mit Israel einen Friedensbund schließen (Ez 34,25), der Freiheit bietet vor dem Joch der Sklaverei und Schutz und Sicherheit vor allen Angriffen (Ez 34,27f.).

Die Ankündigung einer Wiedererrichtung des Hauses Davids in Am 9,11, die eine Restauration nach dem Exil im Blick hat, ist in der späteren Erwartung eines davidischen Messias zu einem zentralen Motiv geworden. In der messianischen Verheißung Mi 5,1–5, ein Text, der in die Zeit des Exils und der beginnenden Rückkehr der Exilierten datiert wird (Ober-

exilisch-
nachexilische
Heilsprophetie

der messianische
Friedensfürst

forcher/139: 90), kommt der erwartete Messias, der als Friedensfürst „über Israel herrschen" wird (Mi 5,1), nicht aus der Königsstadt Jerusalem, sondern aus Betlehem, der Stadt Isais, des Vaters Davids. Die zukünftige Herrschergestalt wird Israels „Hirt sein, in der Kraft des Herrn" (Mi 5,3), im Namen des Gottes Israels. Mt 2,6 wird später in der Geburt Jesu in Betlehem, „wo David lebte" (Joh 7,42), diese Verheißung in Erfüllung gehen sehen. Die Heilsprophetie Mi 4,1–5 schildert die Völkerwallfahrt zum Zion „am Ende der Tage". Mit der Völkerwallfahrt, durch die alle Nationen Gottes Gerichtsurteil unterworfen werden (Mi 4,3), ist ein Friede unter allen Völkern verbunden. „Dann schmieden sie Pflugscharen aus ihren Schwertern und Winzermesser aus ihren Lanzen. Man zieht nicht mehr das Schwert Volk gegen Volk, und übt nicht mehr für den Krieg. Jeder sitzt unter seinem Weinstock und unter seinem Feigenbaum und niemand schreckt ihn auf" (Mi 4,3f.).

Immanuelzeichen   Die Entwicklung der „Messiasgestalt" zeigt sich an den Texten des „messianischen Triptychon" (Zenger/324: 45) der Texte Jes 7,10–17, Jes 9,1–6 und Jes 11,1–9 (Irsigler/130/131). Auch wenn der Ausdruck מָשִׁיחַ (maš^aḥ) hier nicht gebraucht wird, sprechen die Texte doch in der Gesamtkomposition von Jes 7–11 von einer königlichen Herrschergestalt, durch die Gott ein Reich der Gerechtigkeit und des Friedens heraufführen wird. Das Immanuelzeichen des Propheten Jesaja an König Ahas reicht mit seiner Symbolsprache (göttliches Schutzzeichen, Immanuel = „Gott mit uns") und der messianischen Neuinterpretation von Jes 7,15 weit über die historische Situation hinaus, in der sich das Immanuelorakel auf die Geburt eines Sohnes des Königs bezieht (Jes 7,14). Die spätere Relecture in der Jesaja-Septuaginta hat in Jes 7,14 die wunderbare Geburt des Immanuel aus einer Jungfrau (παρθένος) gesehen (Jes 7,14; LXX). Eine messianische Deutung in der Patristik erfuhr Gen 3,15, das als „erste frohe Botschaft" (Protoevangelium) bezeichnet wird: „Feindschaft setze ich zwischen dich und die Frau, zwischen deinen Nachwuchs und ihren Nachwuchs. Er trifft dich am Kopf und du triffst ihn an der Ferse." Eine messianische Deutung des „Nachwuchses der Frau" auf den Messias könnte auch hinter Röm 16,2, Hebr 2,14 und Offb 12 stehen (Fabry-Scholtissek/118: 34).

Der frühnachexilische Text Jes 9,1–6 entfaltet das Hoffnungsbild des Immanuel mit der Geburtsproklamation des wahren Davidsohnes (Irsigler/ 131: 18–20). In ihm sieht „das Volk, das im Dunkel lebt, ein helles Licht" (Jes 9,1). „Ein Kind ist uns geboren, ein Sohn ist uns geschenkt. Die Herrschaft liegt auf seiner Schulter; man nennt ihn: Wunderbarer Ratgeber, Starker Gott, Vater in Ewigkeit, Fürst des Friedens" (Jes 9,5). Er „zerbricht das drückende Joch", zerstört die Kriegsrüstungen und bringt den Frieden, der kein Ende hat (Jes 9,3f.6). Der Daviddynastie wird mit dem messianischen König ewiger Bestand in Frieden, Recht und Gerechtigkeit verheißen. Ähnlich zeichnen Jes 31,1–5.15–20 und Jes 55,1–5 das Bild eines idealen Königtums davidischer Prägung. Der König regiert in Recht und Gerechtigkeit, in einem Reich ohne Not und Armut.

der verheißene   Im ebenfalls nachexilischen Text Jes 11,1–9 findet sich die Ankündigung
Spross Isais   eines Reiches des universalen Friedens, das eine zukünftige Herrschergestalt, die aus dem „Baumstumpf" des Davidvaters Isais hervorgeht, bringen wird. Auch hier trägt der Friedensfürst deutlich messianische Züge.

Nicht die Davidsherkunft legitimiert ihn, sondern die Gerechtigkeit, mit der er gegürtet ist (Jes 11,5). Auf dem verheißenen Spross Isais „lässt sich der Geist des Herrn nieder, der Geist der Weisheit und der Einsicht, der Geist des Rates und der Stärke, der Geist der Erkenntnis und der Gottesfurcht" (Jes 11,2). Seine einzige Waffe ist das wirkmächtige Wort (Jes 11,4). Heil und Friede werden so umfassend sein, dass davon auch die außermenschliche Natur erfasst wird: „Man tut nichts Böses mehr und begeht kein Verbrechen"; das ganze Land „ist erfüllt von der Erkenntnis des Herrn" (Jes 11,9) „Dann wohnt der Wolf beim Lamm, der Panther liegt beim Böcklein … Der Säugling spielt vor dem Schlupfloch der Natter, das Kind streckt seine Hand in die Höhle der Schlange" (Jes 11,6.8).

Deuterojesaja, ein Unbekannter aus der Schule Jesajas, erwartet das Heil allein vom Gott Israels. Der „Heilige Israels" ist Israels „Retter" (Jes 43,3), er allein kann helfen. Dies ist der Trost Gottes, den Deuterojesaja Israel verkündet: „Fürchte dich nicht, denn ich bin mit dir, hab keine Angst, denn ich bin dein Gott … Ich der Herr, will sie erhören, ich, der Gott Israels, verlasse sie nicht." (Jes 41,10.17). Gott bedient sich zur Rettung Israels eines fremden Herrschers (Kyros), der deshalb als der „Gesalbte" Gottes bezeichnet wird (Jes 45,1). Doch nicht auf ihm ruht Gottes Geist, sondern auf Israel (Jes 44,3), dem auserwählten Volk.

Die Gottesknechtslieder (Jes 42,1–9; 49,1–9; 50,4–9; 52,13–53,12) gehören zwar nicht zu den messianischen Texten im engeren Sinne (die Vorstellung eines leidenden Messias ist bis in das Frühjudentum hinein nicht belegt), doch wurden sie aus der Retrospektive von Apg 8,32 f., 1 Kor 15,3 und 1 Petr 2,22–24 messianisch-christologisch gedeutet (Fabry-Scholtissek/ 118: 33). Nach dem Vorbild des Mose, des Propheten und „Knechtes Gottes" (Ex 14,31), werden die Propheten allgemein als „Knechte Gottes" verstanden (Jes 44,26; Am 3,7 u. ö.). Auf den Gottesknecht, der in DtJes begegnet, hat Gott seinen Geist gelegt (Jes 42,1). Gott macht ihn zum „Licht für die Völker", damit sein „Heil bis an die Enden der Erde reicht" (Jes 49,6). Ihm hat Gott das Ohr geöffnet, um sein Wort zu hören und zu verkünden für das gebrochene, geknickte und ermüdete Volk im Exil (Jes 50,4 f.; 42,3; 49,2).

Doch der „Knecht Gottes" findet kein Gehör. Er wird geschmäht, geschlagen, misshandelt und entstellt (Jes 42,4a; 49,4; 50,5 f.; 52,14; 53,2b.3). Obschon gewaltlos und ohne Schuld, wird er getötet und wie ein gemeiner Verbrecher in der Erde verscharrt (Jes 53,9). Doch nach seinem Tod erscheint sein Sterben in einem anderen Licht. Es war ein stellvertretendes Leiden und Sterben. Nicht er war schuldig, sondern wir, weil „ein jeder nur seinen eigenen Weg ging" (Jes 53,6). „Er wurde durchbohrt wegen unserer Verbrechen, wegen unserer Sünden zermalmt. Zu unserem Heil lag die Strafe auf ihm, durch seine Wunden sind wir geheilt. … Mein Knecht, der gerechte, macht die vielen gerecht; er lädt ihre Schuld auf sich" (Jes 53,5.11). Er stirbt eines gewaltsamen Todes „für uns" und „für viele" (Jes 53,6.12). Der geschlagene Gottesknecht aber wird leben (Jes 53, 10 f.).

Da dem Gottesknecht eine heilsmittlerische Sendung für Israel und darüber hinaus zukommt (vgl. Jes 42,6; 49,5 f.8 f.; 53,5–12), ist mit ihm wohl kaum Israel selbst gemeint, sondern eine prophetische Gestalt. Denn repräsentiert der Gottesknecht das Volk Israel, wer leidet dann für Israels Er-

Gottesknechtslieder

lösung? Der neue „Gottesknecht" sprengt die Prophetie Israels (Janowski/ 133; Schenker/145: 86–91). Der Gedanke, dass „einer die Sünden von vielen trägt und für die Schuldigen eintritt", dass einer auf priesterliche Weise stellvertretend sein Leben dem Tod preisgibt, als „schuldtilgende Gabe" bzw. „Versöhnungsopfer" für die Schuldigen, wird im AT sonst abgelehnt (vgl. Dtn 24,16f.; Jer 31,10; Ez 3,18f.; 18,4–13). So stehen die Verheißung des leidenden Gottesknechtes und die Messiaserwartung im Alten Testament unverbunden nebeneinander. Von einem Sühneleiden des Messias ist nirgendwo die Rede. Doch im Neuen Testament begegnet der Gedanke des stellvertretenden Sühnetodes des Messias als zentrales Interpretament zur Deutung des Todes Jesu. Verschiedentlich wird deshalb vermutet, dass eine messianische Deutung des leidenden Gottesknechtes der Deutung des Todes Jesu vorausgegangen ist (Moltmann/29: 38).

der Gesalbte bei den Geschlagenen Bei Tritojesaja erscheint der Gott Israels voll Erbarmen wie eine Mutter gegenüber ihrem leiblichen Kind (Jes 66,13.15) und als väterlicher Erlöser (Jes 59,20; 60,16; 63,16). Gott ist bei den Zerschlagenen (Jes 57,15). Die künftige Herrlichkeit Zions wird vom Propheten in Aussicht gestellt (Jes 60,1–62,12). Jes 61,1–11 enthält die frohe Botschaft des „Gesalbten" Gottes: „Der Geist Gottes, des Herrn, ruht auf mir; denn der Herr hat mich gesalbt. Er hat mich gesandt, damit ich den Armen eine frohe Botschaft bringe und alle heile, deren Herz zerbrochen ist, damit ich den Gefangenen die Entlassung verkünde und den Gefesselten die Befreiung, damit ich ein Gnadenjahr des Herrn ausrufe" (Jes 61,1).

die beiden „Ölsöhne" Die Prophetie Haggais und Sacharjas sieht in der Wiedererrichtung des Tempelheiligtums die Voraussetzung für Gottes Kommen und den Anbruch der Heilszeit. Die Erwartung richtet sich auf den aus dem Königsgeschlecht stammenden Serubbabel. Dieser „Knecht Gottes" und „Spross" Davids (Hag 2,23; Sach 3,8; 6,12) soll den Tempel wiederaufbauen lassen als Wohnung für den Gott Israels. Die heilsmittlerische Tätigkeit des Priesteramts gewinnt in dieser Zeit an Bedeutung. Serubbabel steht deshalb in Verbindung mit dem Oberpriester Jehoschua/Jeschua (Hag 1,1.14; 2,2.4). Sach 4 sieht in Jeschua und Serubbabel die „beiden Ölsöhne", die im Sinne einer Dyarchie (Doppelmonarchie) Träger der zweifachen messianischen Salbung sind. Obschon zunächst gleichberechtigt, verschwindet Serubbabel auf geheimnisvolle Weise (Sach 4,11–14), und der priesterliche Gesalbte aus dem Hause Aaron erhält den Vorrang (vgl. auch TestLev 17). Seit dieser Zeit ist das Priesteramt die exklusive sakrale Institution, die Israel vor seinem Gott vertritt, vor allem im Opferkult des Tempels.

Friedenskönig Bei Deuterosacharja findet sich die Vision vom kommenden Friedenskönig (Sach 9,9–17). Als demütiger Messias der Armen, der selbst durch das Gericht gegangen ist, zieht er in Jerusalem ein. Als ein Armer reitet er „auf einem Esel, auf einem Fohlen, dem Jungen einer Eselin" (Sach 9,9) und wird zur Identifikationsfigur für die Armen Israels. In der LXX erscheint der König als „Rettender", der die Initiative ergreift (im MT נוֹשָׁע *nôšā‘* „einer, dem geholfen worden ist"; vgl. Jes 53). Er vernichtet alles Kriegsgerät und „verkündet für die Völker den Frieden; seine Herrschaft reicht von Meer zu Meer und vom Eufrat bis an die Enden der Erde" (Sach 9,10). Die Evangelisten sehen im Einzug Jesu in Jerusalem diese Verheißung Wirklichkeit werden (vgl. Mt 21,1–11 par.).

Neben dem vierten Gottesknechtslied finden wir bei Tritosacharja einen weiteren Prophetentext, den das NT als messianische Verheißung des gekreuzigten Messias interpretiert. Doch ursprünglich dürfte er nicht auf eine messianische Heilsgestalt bezogen gewesen sein. Der Text steht in Verbindung mit der Verheißung einer inneren Erneuerung des Hauses Davids: „Über das Haus Davids werde ich den Geist des Mitleids und des Gebets ausgießen. Und sie werden auf den blicken, den sie durchbohrt haben. Sie werden um ihn klagen, wie man um den einzigen Sohn klagt; sie werden bitter um ihn weinen, wie man um den Erstgeborenen weint. ... An jenem Tag wird für das Haus David und für die Einwohner Jerusalems eine Quelle fließen zur Reinigung von Sünde und Unreinheit" (Sach 12,10; 13,1). Joh 19,37 und Offb 1,7 sehen in dem „Durchbohrten" (vgl. Jes 53,5) eine messianische Weissagung und beziehen den rätselhaften Text auf den Gekreuzigten, dessen durchbohrte Seite eine Quelle neuen Lebens geworden ist (vgl. Joh 19,34; 1 Joh 5,6). Mk 14,26f. sieht in dem „geschlagenen Hirten" (vgl. Sach 13,7) das Sterben des Messias Jesus angedeutet: „Nach dem Lobgesang gingen sie zum Ölberg hinaus. Da sagte Jesus zu ihnen: ihr werdet alle (an mir) Anstoß nehmen und zu Fall kommen; denn in der Schrift steht: ich werde den Hirten erschlagen, dann werden sich die Schafe zerstreuen."

die Gestalt des Durchbohrten

Eine Heilserwartung, die mit einem Ende des bisherigen Äons rechnet, begegnet in der frühjüdischen Apokalyptik und ihrem Messianismus. Sie stellt eine Antwort auf die kulturell-religiöse Hegemonie der Seleukidenherrschaft dar, die zur Schändung des Tempels, zur Abschaffung der Tora und zu zahlreichen Fällen von Apostasie führte, bis hinein in das Priestertum. Von einem irdischen Messias-König verspricht sich die torafromme Minderheit Israels nun keine Rettung mehr. Man hofft, Gott selbst werde in naher Zukunft einen radikalen Neuanfang setzen. Im Buch Daniel erscheint, nachdem Gott die verschiedenen Weltreiche besiegt hat, die rätselhafte Gestalt des Menschensohns, mit dem für die „Heiligen des Höchsten" (Dan 7,18.22.27) ein Königreich kommen wird, das niemals untergeht: „Da kam mit den Wolken des Himmels einer wie ein Menschensohn. Er gelangte bis zu dem Hochbetagten und wurde vor ihn geführt. Ihm wurden Herrschaft, Würde und Königtum gegeben. Alle Völker, Nationen und Sprachen müssen ihm dienen. Seine Herrschaft ist eine ewige, unvergängliche Herrschaft. Sein Reich geht niemals unter" (Dan 7,13 f.). Das Reich ist nicht das Reich des Messias vom Zion, sondern das Königreich des Menschensohnes.

die apokalyptische Gestalt des Menschensohns

In Dan 7,18.26 treten die „Heiligen des Höchsten" an die Stelle des „Menschensohns", um zu richten und zu herrschen. Es ist deshalb unsicher und bis heute strittig, wer dieser Menschensohn ist, eine himmlische bzw. erhöhte Einzelgestalt mit heilsmittlerischer Funktion oder eine Kollektivgestalt, als Bild für das wahre Volk Israel. Möglicherweise ist der Menschensohn eine im Himmel geschaute Gestalt, die von Gott, nachdem er die Mächte des Bösen besiegt hat, am Ende als Herrscher eingesetzt wird und das „menschliche Reich" repräsentiert, durch das die Menschen zu ihrer eigentlichen Bestimmung befreit werden (Moltmann/29: 31). Der Menschensohn kann nicht ohne sein Reich, das alle Menschen aller Völker umfasst, verstanden werden.

Messiaserwartungen
im Frühjudentum

In der LXX-Übersetzung der Psalmen werden vor allem die Königs-psalmen (Ps 2, 45, 72, 110) messianisch interpretiert. So spricht Ps 2 dem König nicht nur die Gottessohnschaft, sondern auch Weltherrschaft und kriegerische Überlegenheit über alle Feinde zu (Ps 2,8f.; vgl. Ps 110,1f. 5–7). In Ps 110 findet sich eine starke messianische Interpretation, die an den Menschensohn denken lässt und seine Präexistenz betont (Ps 110,3): „Ich habe dich gezeugt noch vor dem Morgenstern, wie den Tau in der Frühe" (vgl. 1 Hen 48,3). TestLev 18 (220–164 v. Chr.) zufolge wird Gott einen neuen Priester ohne Nachfolger erwecken, der ein „Gericht der Wahrheit" auf Erden abhalten und den ewigen Frieden bringen wird. Dem-gegenüber steht der in TestJud 24 erwähnte königliche Messias deutlich in nachgeordneter Stellung. An anderen Stellen begegnet die Erwartung eines dreifachen Messias aus dem Hause Davids, dem Geschlecht Aarons und eines Vorläufer-Propheten (TestRub 6,7.10; 1 Mak 14,41).

In den Bilderreden des äthiopischen Henochbuches drücken sich mes-sianische Erwartungen rund um die Zeitenwende aus (äthHen 37–71). Hier verschmelzen die königlichen, priesterlichen und prophetischen Züge der Messiasgestalt. Zudem begegnet die Vorstellung vom Menschensohn (vgl. Dan 7) sowie die aus der Weisheitstradition stammende Vorstellung seiner ideellen Präexistenz (äthHen 48,4). Der Menschensohn wird mit dem „Ge-salbten", dem eschatologischen Messias, identifiziert (äthHen 48,10; 52,4; vgl. 4 Esra 7,28f.). Dem Menschensohn, der wie der Messias in Jes 11 mit dem Geist Gottes ausgerüstet ist, wird beim Weltgericht, das dem Kommen des endzeitlichen Königreiches vorangeht, von Gott die Funktion eines Richters zugewiesen (äthHen 69,26–29). In der Baruchapokalypse begeg-net die Erwartung einer Ankunft des Messias, mit dem die Zeit der Herr-lichkeit kommt (Bar 29,3; 30,1; 39,7).

Der Messias wird vor dem urchristlichen Messiasglauben noch nicht als „Sohn Gottes" angesprochen. Die dafür herangezogenen Stellen sind ent-weder jüngeren Datums (äthHen 105,2) oder in ihrer Echtheit zweifelhaft (4 Esra 7,28; 13,32–37; 14,9), etwa 4 Esra 13,32, wo der Menschensohn, der vom Zion her erscheint (4 Esra 13,35f.) und vom „Geist der Weisheit" erfüllt ist, „mein Sohn" genannt, also mit dem davidischen Königstitel an-gesprochen wird. Es ist also davon auszugehen, dass „Sohn Gottes" zur Zeit Jesu kein geläufiger messianischer Titel gewesen ist. Unwahrscheinlich ist es, dass sich die apokalyptische Heilsfigur des Menschensohnes aus der Messiaserwartung Israels entwickelt hat. Vielmehr dürfte hier eine eigen-ständige Überlieferung vorliegen. Umstritten ist, ob die Verbindung bzw. Identifizierung von Menschensohn und Messias schon im Rahmen der frühjüdischen Apokalyptik oder erst in neutestamentlicher Zeit erfolgt ist (Koch/134: 84). In den Psalmen Salomos (ca. 50 v. Chr.) begegnet der da-vidische Gesalbte. Der erwartete Messiaskönig, der „Gesalbte des Herrn" (PsSal 17,36; 18,6.8), wird ein „Sohn Davids" (PsSal 17,23) sein. Er ist der Heilskönig der Endzeit, der Jerusalem reinigt, das geheiligte, reine Volk Is-rael sammeln und regieren (PsSal 17,23–51) und die Feinde Judas nieder-schlagen wird (PsSal 18).

Messiaserwartungen
in den
Qumranschriften

Die beiden königlichen und priesterlichen Träger der messianischen Sal-bung (Sach 4) wurden in den Schriften aus Qumran zum Vorbild einer Zwei-Messias-Erwartung (Fabry-Scholtissek/118: 46f.) mit einer Vorordnung des priesterlichen Gesalbten (1QS5,1–9,29). In der voressenischen Zeit finden wir die Erwartung eines priesterlichen Messias, vor allem in einer messianischen Relecture von Jes 53 (4Q541). Die Damaskusschrift (um 100 v. Chr.) spricht zusammenfassend vom „Messias aus Aaron und Israel" und deutet auf eine Fusion der messianischen Doppelgestalt hin. Im „Sohn Gottes"-Text findet sich die Erwartung eines messianischen Kollektivs (4Q246). Vielfach wird eine Identität des „Menschensohnes" von Dan 7 mit dem „Sohn Gottes" bzw. „Sohn des Höchsten" (4Q246 II 1) angenommen (Zimmermann/162: 166).

In der Gemeinde in Qumran erfolgt eine Davidisierung des königlichen Messias, die gegen die Machtansprüche der Hasmonäer gerichtet ist. So erscheint in der qumranischen Psalmenrolle (11QPs) und anderen Texten (4Q174; 4Q252) das Bild eines davidischen Messiaskönigs. Der Melchisedek-Midrasch (11Q13[Melch]) erwartet einen prophetischen Messias, der als „Gesalbter des Geistes" bezeichnet wird und die Aufgabe hat, die Unterdrückten Zions zu trösten, und sie über die „Epochen der Weltzeit lehren soll". Der prophetische Messias assistiert auf Erden dem als „göttliches Wesen" vorgestellten Melchisedek, der als Priester im Himmel am eschatologischen Versöhnungstag die Sühneriten vollzieht. Daneben ist in Qumran auch die Erwartung eines „neuen Mose", eines endzeitlichen Propheten am „Ende der Tage", lebendig gewesen, der dem zweifachen Messias aus Aaron und Israel vorausgeht (1QS 9,11). Die Erwartung eines endzeitlichen Propheten bleibt allerdings ein „Seitenzweig der Messianologie" (Hartmut Gese).

Die Erwartung eines endzeitlichen Propheten entzündete sich an der Verheißung, dass es Israel an prophetischer Verkündigung des Gotteswillens auch in Zukunft nicht mangeln wird: „Einen Propheten wie mich wird der Herr, dein Gott, aus deiner Mitte, unter deinen Brüdern, erstehen lassen. Auf ihn sollt ihr hören" (Dtn 18,15). In seiner Rede auf dem Tempelplatz identifiziert Petrus den zum Himmel aufgefahrenen Christus mit dem „neuen Mose" (Apg 22). Demgegenüber hat der endzeitliche Prophet in Johannes dem Täufer die Funktion eines Vorläufers (Mk 6,15; Lk 9,8.19; Joh 1,21.25), der dem Messias den Weg bereitet (Jes 40,3; Joh 1,23; vgl. 1QS 8,13f.).

Im jüdischen Messianismus vor der neutestamentlichen Zeit ist dagegen die Vorstellung eines leidenden Messias unbekannt. Sie begegnet in der jüdischen Literatur erst in nachneutestamentlicher Zeit in der Gestalt des Messias ben Josef (Fabry-Scholtissek/118: 39f.). Im Messiasbild des Neuen Testaments zeigt sich dagegen eine Spannung zwischen dem triumphierenden Christus und dem leidenden und hingerichteten Gottesknecht. Das Neue Testament erkennt in Jesus nicht nur den Messiaskönig (Mk 8,29f.; 15,2f.9.32), sondern zugleich den leidenden Menschensohn (Mk 8,31–33; 9,30–32; 10,32–34 parr.) und den leidenden Messias (Lk 24,26). Die frühchristliche Interpretation von Ps 110,3 LXX (Präexistenz des Messias) hat die Einsetzung des davidischen Königs auf Christus bezogen und so die Präexistenz des Messias nicht nur als eine ideelle, sondern als personale Präexistenz verstanden.

der leidende Messias

d) Gottes endgültige Nähe in Verkündigung und Praxis Jesu

monotheistisches Bekenntnis

Der Gott Jesu ist kein anderer als der Gott Israels, der Gott Abrahams, Isaaks und Jakobs (Mk 12,26f.). So zitiert Jesus auf die Frage nach dem ersten Gebot das שְׁמַע יִשְׂרָאֵל ($š^e ma\ jiśrā\ el$): „Höre Israel, der Herr, unser Gott, ist der einzige Herr. Darum sollst du den Herrn, deinen Gott lieben, mit ganzem Herzen und ganzer Seele, mit deinen Gedanken und all deiner Kraft" (Mk 12,19f.; vgl. Dtn 6,4f.). Der Gott Jesu ist der eine und einzige Gott, der die Welt geschaffen hat und den Menschen als Mann und Frau ins Dasein rief (Mk 13,19; Mt 19,4). Im Jubelruf preist Jesus Gott als den „Herrn des Himmels und der Erde" (Mt 11,25). Nur diesen einen Gott darf der Mensch anbeten und ihm allein darf er dienen (Mt 4,10; Lk 4,8; vgl. Dtn 6,13). Entsprechend heißt es Mk 10,18b: „Niemand ist gut außer Gott, dem Einen" (vgl. Joh 5,44). Grundlage der Verkündigung und Praxis Jesu ist das monotheistische Bekenntnis und der Schöpfungsglaube seines Volkes. In der Verkündigung und Praxis Jesu ist der Gott Israels aber in neuer, bislang ungeahnter Weise bei seinem Volk.

Anbruch der Gottesherrschaft

Im Zentrum der Botschaft Jesu steht nach dem Zeugnis der Synoptiker die Proklamation der hereinbrechenden Gottesherrschaft. Nach Mk 1,14f. lautet das Summarium der Verkündigung Jesu: „Nachdem man Johannes ins Gefängnis geworfen hatte, ging Jesus wieder nach Galiläa; er verkündete das Evangelium Gottes und sprach: Die Zeit ist erfüllt, das Reich Gottes ist nahe. Kehrt um, und glaubt an das Evangelium." Die in und mit Jesus hereinbrechende Gottesherrschaft bedeutet eine endgültige Nähe Gottes bei seinem Volk, die es rechtfertigt, davon zu sprechen, dass die Zeit „erfüllt" ist (vgl. Mk 1,15). „Viele Propheten und Gerechte haben sich danach gesehnt, zu sehen, was ihr seht, und haben es nicht gesehen, und zu hören, was ihr hört, und haben es nicht gehört" (Mt 13,18). „Blinde sehen wieder, und Lahme gehen; Aussätzige werden rein, und Taube hören; Tote stehen auf, und den Armen wird das Evangelium verkündet. Selig, wer an mir keinen Anstoß nimmt" (Mt 11,5f.).

Die „messianischen" Weissagungen des Propheten Jesaja gehen in der Sendung Jesu in Erfüllung (Lk 4,16–21). Durch die hereinbrechende Gottesherrschaft wird die Zeit zur „eschatologischen Erfüllungszeit" (Kümmel/ 136: 105). Die anbrechende Gottesherrschaft bleibt ein Geheimnis (Mk 4,11), da ihre Vollendung noch aussteht (Mk 9,1; Mt 6,10; Lk 22,16.18). Es handelt sich um eine eschatologische Nähe Gottes bei seinem Volk, die die Zeit erfüllt, aber nicht aufhebt. „Erfüllte Zeit" bedeutet nicht das „Ende der Geschichte". Denn trotz der endgültigen Nähe Gottes bei seinem Volk steht die Wiederkunft des Messias noch bevor.

wirkmächtige Zeichen

Die Herrschaft Gottes ereignet sich in Jesu Verkündigung und Praxis, in seinem wirkmächtigen Wort und seinem heilstiftenden Handeln. Die Gleichnisse Jesu sind Manifestationen der Nähe Gottes, die Heilstaten Jesu sind wirkmächtige Zeichen, in denen Gottes Herrschaft anbricht. So antwortet Jesus auf seine Gegner, die ihm vorwerfen, mit Belzebul die Dämonen auszutreiben: „Wenn ich aber die Dämonen durch den Finger Gottes austreibe, dann ist das Reich Gottes schon zu euch gekommen" (Lk 11,20). Auch durch das heilswirksame Handeln der von Jesus gesandten Jünger kommt das Reich Gottes auf die Menschen zu. So beauftragt Jesus seine

Jünger: „Heilt die Kranken, die dort sind, und sagt den Leuten: Das Reich Gottes ist euch nahe" (Lk 19,9).

Die Reich-Gottes-Gleichnisse zeigen, dass Gottes Herrschaft in seiner uneingeschränkten und unbedingten Zuwendung zum Menschen besteht. Gott kommt den Menschen vorbehaltlos entgegen und vergibt ihnen ihre Schuld. In besonders augenfälliger Weise illustrieren die Gleichnisse vom verlorenen Schaf, der verlorenen Drachme und dem verlorenen Sohn (Lk 15) Gottes unbedingte Versöhnungsbereitschaft. Wenn schließlich das Reich Gottes immer wieder im Bild des Mahles veranschaulicht wird, wie beim lukanischen Gleichnis vom Gastmahl (Lk 14,15–24), dann unterstreicht dieses Bild, dass es bei der hereinbrechenden Gottesherrschaft, modern gesprochen, um ein „kommunikatives" Handeln Gottes geht, das im antwortenden Mitvollzug des Menschen sein Ziel findet. „Die Gottesherrschaft ist eine Heilssphäre, die sich im Geschehen ereignet" (Becker/ 96: 207) und in die der Mensch eintreten kann und soll. Das Gleichnis vom anvertrauten Geld zeigt, wie man den Zutritt gewinnt bzw. verspielt (Mt 25,14–30).

Gleichnisreden

Obwohl das Reich Gottes mit Macht hereinbricht, ist es vorerst nur ein kleiner, scheinbar winziger Anfang. Am Ende aber wird das Reich Gottes umfassend sein. So fragt Jesus: „Wem ist das Reich Gottes ähnlich, womit soll ich es vergleichen? Es ist wie ein Senfkorn, das ein Mann in seinem Garten in die Erde steckte; es wuchs und wurde zu einem Baum, und die Vögel des Himmels nisteten in seinen Zweigen. ... Womit soll ich das Reich Gottes vergleichen? Es ist wie der Sauerteig, den eine Frau unter einen großen Trog Mehl mischte, bis das Ganze durchsäuert war" (Lk 13,18–21).

In der Verkündigung und Praxis Jesu kommt Gott als grenzenlos barmherziger Vater zur Gegenwart, dessen Güte jede väterliche Güte menschlicher Art unendlich übersteigt. So verkündet Jesus Gott als „Vater im Himmel", der „seine Sonne aufgehen lässt über Böse und Gute, und regnen lässt über Gerechte und Ungerechte" (Mt 5,45). Als Vater liebt Gott alle Menschen, die Guten und Gerechten wie die Bösen und Ungerechten. Gott ist auch „gütig gegen die Undankbaren und Bösen" (Lk 16,35). Seine Barmherzigkeit schließt jeden Menschen ein. Wie fürsorgende Eltern für ihre Kinder, so will Gott nur das Beste für die Menschen. Der himmlische Vater ist ein fürsorgender Gott: „Wenn schon ihr, die ihr böse seid, euren Kindern gebt, was gut ist, wieviel mehr wird euer Vater im Himmel denen Gutes geben, die ihn bitten" (Mt 7,11). Da Gott Himmel und Erde geschaffen hat und als fürsorgender Vater für uns da sein will, fordert Jesus ein unbedingtes, auf Gott gerichtetes Vertrauen und warnt davor, kleingläubig und ängstlich zu sein: „Macht euch also keine Sorgen und fragt nicht: Was sollen wir essen? Was sollen wir trinken? Was sollen wir anziehen? Denn um all das geht es den Heiden. Euer himmlischer Vater weiß, dass ihr das alles braucht. Euch aber muss es zuerst um sein Reich und um seine Gerechtigkeit gehen; dann wird euch alles andere dazugegeben" (Mt 6,31–33).

Gottes
väterliche Güte

Denen, die Gott als Vater anrufen, ist er in unbedingter Weise zugetan: „Bittet, dann wird euch gegeben; sucht, dann werdet ihr finden; klopft an, dann wird euch geöffnet. Denn wer bittet, der empfängt; wer sucht, der findet; und wer anklopft, dem wird geöffnet. Oder ist unter euch ein Vater, der seinem Sohn einen Stein gibt, wenn er um Brot bittet, oder eine Schlange, wenn er um einen Fisch bittet?" (Mt 7,7–10). Das von Jesus geforderte Vertrauen auf die väterliche Fürsorge Gottes bestimmt auch das Bittgebet des „Vaterunser" (Mt 6,9–13; Lk 11,2–4). Das „Vaterunser" macht deutlich, dass die Vateranrede Jesu einen inneren Bezug zu seiner eschatologischen Botschaft besitzt. So ist mit der Bitte um die Heiligung des Namens Gottes die Bitte um das (endgültige) Kommen der Herrschaft Gottes verbunden (Lk 11,2). „Jesus verkündet *Gott*" als Vater, „aber gerade damit verkündet er Gott als den *eschatologisch handelnden Gott*, dessen Herrschaft er als bereits gegenwärtiges Geschehen proklamiert" (Merklein/138: 104).

Aus der von Jesus verkündeten Barmherzigkeit Gottes resultiert als Forderung an den Menschen, wie Gott barmherzig und gütig zu sein (Lk 6,36). Die Barmherzigkeit konkretisiert sich in der Hilfe gegenüber Notleidenden, im Nachlassen der Schuld (Lk 6,37) und in der Feindesliebe. Dabei ist der himmlische Vater, dessen vollkommene Liebe sich auf alle Menschen erstreckt, auch auf die Bösen und Ungerechten, das Vorbild der Feindesliebe: „Liebt eure Feinde und betet für die, die euch verfolgen, damit ihr Söhne eures Vaters im Himmel werdet. … Ihr sollt vollkommen sein, wie es auch euer himmlischer Vater ist" (Mt 5,44f.48).

die Stellung Jesu zur Tora

Jesus war ein torafrommer Jude, dem es nicht darum ging, das Gesetz aufzuheben, sondern es zu erfüllen (vgl. Mt 5,17; Lk 16,17), was durch die in den Evangelien herausgestellte strikte Opposition zwischen Jesus und den Pharisäern nicht immer deutlich wird. Die Tora ist Gottes Weisung für Israel, Gnade und Geschenk Gottes an das auserwählte Volk. Sie hat nicht den Charakter eines äußeren Gesetzes, auch nicht des Zeremonialgesetzes, von dem Jesus sich mit keinem einzigen Wort absetzt. So richtet sich Jesus auch nicht gegen die dem öffentlichen Kult zugrunde liegende Unterscheidung zwischen dem heiligen Bezirk (τέμενος) und dem Profanen. Ganz selbstverständlich sieht Jesus im Tempel den Ort der Gegenwart Gottes (Mk 11,17), das Haus bzw. die Wohnung seines Vaters (Lk 2,40), doch im Zentrum seiner Verkündigung steht nicht der Tempel, sondern der Anbruch der Herrschaft Gottes.

Die Tora bedeutet nicht Unfreiheit, sondern Orientierung für das Leben. Jesus hat die Tora nicht abgelehnt, sondern darin die Äußerung des Gotteswillens erkannt. Bei seinen Stellungnahmen zur Tora ging es Jesus um die „Konfrontation Israels mit dem eschatologisch handelnden Gott" (Merklein/138: 112). Dabei beruft er sich auf den ursprünglichen Schöpferwillen Gottes, vor allem bei seiner Stellungnahme zum Sabbatgebot (Mk 2,23–27). So zeigt der ursprüngliche Schöpferwille Gottes (Gen 1–2) gegenüber den strengen Regelungen der Sabbatruhe (vor allem der essenischen und pharisäischen Sabbattora), dass der Sabbat für den Menschen da ist und nicht der Mensch für den Sabbat (Mk 2,27; vgl. Lk 14,5). Jesus hatte nicht die Absicht, den Sabbat abzuschaffen, sondern wollte ihm seine der Schöpfungsordnung (vgl. Ex 20,11) gemäße Bestimmung zurückgeben (Schaller/144). Der Sabbat ist auf das Heil des Menschen ausgerichtet. Am Sabbat kranke Menschen zu heilen (Mk 3,1–5), war deshalb für Jesus nicht nur bei Todesgefahr erlaubt und geboten.

Jesus wendet sich gegen eine ausschließlich schrift- und traditionsgebundene Auslegung des Gotteswillens. Jesus hat sich nicht als Schriftgelehrter verstanden; der Gruppe der Schriftgelehrten wurde er auch nicht zugerechnet (Mk 1,22). Ohne in den Gelehrtenstreit um die Stellung und rechte Auslegung der Tora direkt einzugreifen, beansprucht Jesus, den Willen Gottes offenzulegen. Die Freiheit und Eigenständigkeit Jesu gegenüber der Tora hängt mit seiner besonderen eschatologischen Sendung zusammen. So geht es in den so genannten „Antithesen" (Mt 5,21–48) nicht um unterschiedliche Auslegungen der Tora. Vielmehr bestreitet Jesus darin eine exklusive Bindung des Gotteswillens an die schriftlich fixierte Tora. Die jesuanischen „Antithesen", von denen die ersten beiden (Mt 5,21f.: Mord – Zorn, vgl. Ex 20,13; Mt 5,27f.: Ehebruch – begehrlicher Blick, vgl. Dtn 5,17f.) vielfach auf Jesus selbst zurückgeführt werden (Gnilka/124: 215), sind unmittelbarer Ausdruck des Gotteswillens. Gott beansprucht den Menschen ganz und gar, bis hinein in sein eigenes Herz, nicht nur in seinem äußeren Verhalten.

Jesus hat die Heilsfunktion der Tora nicht bestritten. Doch es fällt auf, dass die Verkündigung Jesu keine Umkehrpredigt kennt, die Israel zur Rückkehr zur Tora aufruft. So sieht er in der von den Pharisäern propagierten Toraobservanz auch keine ausreichende Möglichkeit, auf das eschatologische Heilshandeln Gottes zu antworten. Deutlich wird dies an der kritischen Distanz Jesu gegenüber dem pharisäischen Reinheitsideal (Mk 7,15), ohne die seine Mahlgemeinschaft mit den Sündern nicht erklärbar wäre. Die Tora bleibt Gottes Weisung an Israel, doch entscheidend sind die innere Umkehr des Menschen und die Reinheit des Herzens.

Ins Zentrum der Torafrömmigkeit rückt Jesus das Doppelgebot der Gottes- und Nächstenliebe (Mk 12,28–34 parr.; vgl. Dtn 6,5; Lev 19,18), das die von Gott gegebene Weisung der beiden Tafeln in einem Hauptgebot zusammenfasst. Darin unterscheidet sich das jesuanische Doppelgebot der Gottes- und Nächstenliebe von ähnlichen Gebotszusammenstellungen (TestIss 5,2) im Frühjudentum (Gnilka/124: 244). Entscheidend ist für Jesus, dass der Bezug zu Gott vom Bezug zum Menschen nicht zu trennen ist. Gottesdienst und Nächstenliebe gehören innerlich zusammen. So setzt das von Menschen Gott dargebrachte Opfer voraus, dass die Menschen untereinander versöhnt sind. „Wenn du deine Opfergabe zum Altar bringst und dir dabei einfällt, dass dein Bruder etwas gegen dich hat, so lass deine Gabe dort vor dem Altar liegen; geh und versöhne dich zuerst mit deinem Bruder, dann komm und opfere deine Gabe" (Mt 5,23). Gottes- und Nächstenliebe sind die Summe der Weisung Jesu. Es geht Jesus nicht einfach um „Toraverschärfung", wie der Gemeinde von Qumran. Treffend hat man deshalb die sittliche Botschaft Jesu als „eschatologisch qualifizierte Weisung" (Merklein/138: 115) charakterisiert. Sie gehört in den Kontext der anbrechenden Herrschaft Gottes, ist aber nicht im Sinne einer „Interimsethik" (Albert Schweitzer) zu verstehen.

So gehören zur Weisung Jesu auch nicht nur das Doppelgebot der Gottes- und Nächstenliebe, sondern ebenso Einzelweisungen, wie die Weisung gegen die Ehescheidung, die sich gegen das vom jüdischen Ehe- und Scheidungsrecht (Dtn 24,1) unter bestimmten Bedingungen zugestandene Recht der Ehescheidung wendet (Mk 10,11f.; Lk 16,18; Mt 5,32 ohne die

das jesuanische Doppelgebot

sekundäre Unzuchtsklausel: vgl. Mt 19,9;). Die Ehe stiftet eine Einheit, die der Mensch nicht antasten darf, weil Gott selbst Mann und Frau zur Ehe verbindet (Mk 10,9; Mt 19,6). Jesus gibt dafür keine Begründung, sondern beansprucht, Gottes ureigenen Willen unmittelbar zum Ausdruck zu bringen.

Gerichtspredigt

Jesu Botschaft von der Gottesherrschaft wäre um ein wichtiges Moment verkürzt, würde man nicht auch von der Gerichtspredigt Jesu sprechen (Reiser/143): Von den Wehrufen der lukanischen Feldrede (Lk 6,24–26), den Wehrufen über die galiläischen Städte (Lk 10,13–15), den einzelnen Gerichtsgleichnissen (Lk 13,25–30; 14,15–24; Mt 13,36–43) und dem großen Weltgerichtsgleichnis (Mt 24,1–25,46). Wer unversöhnlich und unbarmherzig die Herrschaft Gottes ablehnt, sich auf Gottes unbedingtes Versöhnungsangebot nicht einlässt, zieht sich Gottes Zorn und Gericht zu. Dass Gottes Zorn und Gericht den erwartet, der unversöhnlich und unbarmherzig ist, macht vor allem das Gleichnis vom unbarmherzigen Gläubiger deutlich. Darin droht Jesus mit Gottes Zorn und Gericht jenen, die nicht, wie der himmlische Vater, barmherzig und versöhnungsbereit sind (Mt 18,23–35). Zorn und Gericht Gottes zeigen seine „Eiferheiligkeit" (Jürgen Werbick) und Gerechtigkeit. Trotz der prophetischen Bedeutung der Gerichtspredigt nimmt die Verkündigung der Barmherzigkeit und heilbringenden Zuwendung Gottes zum Menschen den zentralen Platz in der Botschaft Jesu ein. Gott sucht die Verlorenen und freut sich über jeden, der umkehrt, mehr als über tausend Gerechte. In der Verkündigung Jesu erscheint der Gott Israels deshalb vor allem als barmherziger und gütiger Vater.

das Sohnesverhältnis Jesu

Zu dem gütigen und barmherzigen Gott steht Jesus in einer einzigartigen Beziehung. In der anbrechenden Gottesherrschaft erscheint der Heilige Israels deshalb als der Vater Jesu. Aus seiner Beziehung zum göttlichen Vater heraus lehrt Jesus seine Jünger, Gott als Vater anzurufen (Lk 11,2; Mt 6,9). Dem entspricht die Tatsache, dass Jesus bei der Anrede Gottes als „Vater" zwischen „mein Vater" und „euer Vater" unterscheidet. Nirgendwo im Neuen Testament findet sich eine Stelle, wo Jesus sich zusammen mit seinen Jüngern in ein „unser Vater" einschließt. Daraus kann man freilich kein Sohnesbewusstsein Jesu ableiten, dass sich direkt im Gebrauch des christologischen Titels „Sohn Gottes" artikuliert. Denn es ist umstritten, ob Jesus sich selbst als „den Sohn" des Vaters bezeichnet hat (vgl. Mk 13,32; Mt 11,27; Lk 10,22). Im Unterschied zur Selbstbezeichnung Jesu als „Sohn Gottes" wird die Identifizierung Jesu mit dem „Menschensohn" und dem leidenden Gerechten dagegen allgemein für wahrscheinlich gehalten. Vermutlich hat sich Jesus den Titel „Menschensohn" zuerkannt als „Chiffre für seine noch nicht offenbare Messianität" (Hampel/181: 98).

Ob nun Jesus sich in seinem besonderen Verhältnis zu Gott, seinem Vater, ihm gegenüber selbst als Sohn bezeichnet hat (Jeremias/132: 47–54) oder ob die Sohnesbezeichnung nachösterlich ist (Merklein/138: 102), unstrittig ist, dass Jesus in einem bisher nicht gekannten Gottesverhältnis steht, das sich in der Anrede Gottes als „mein Vater" oder „mein himmlischer Vater" ausdrückt und das mit der eschatologischen Herrschaft Gottes zu tun hat, die in der Verkündigung und Praxis Jesu anbricht. Jesus wusste sich aufs Engste mit dem Wirken seines himmlischen Vaters verbunden, so dass dem Selbstverständnis Jesu entsprechend Gott nicht anders zu verstehen ist, als er in der Botschaft von der hereinbrechenden Gottesherrschaft erscheint.

Um die Bedeutung der Anrede Gottes als „Vater" für das Gottesverhältnis Jesu ermessen zu können, ist darauf hinzuweisen, dass sie im AT noch relativ selten ist (Vanoni/159). In der Verheißung Natans an David (2 Sam 7,14; Ps 89,27f.) erklärt sich der Gott Israels durch die Erwählung Davids und seines Hauses zum Vater des von ihm als Sohn adoptierten Königs (vgl. Ps 2,7; 1 Chr 22,10). In den prophetischen Texten erscheint Gott als Vater des Volkes Israels (Jer 31,9.20; vgl. Dtn 32,6). In der Weisheitsliteratur begegnet Gott als Vater der einzelnen Frommen (Weish 11,10; Sir 23,1; 51,10). Bei Tritojesaja (Jes 63,16; 64,8f.) findet sich der Vatername in der Gebetsanrede an Gott. Gleiches gilt für das Judentum zur Zeit Jesu. Vor allem in der pharisäischen Bewegung scheint der Vatername in der Gebetsanrede eine gewisse Verbreitung gefunden zu haben. Für das Gottesverhältnis Jesu ist die Anrede Gottes mit „Abba" kennzeichnend. Wie ungewöhnlich die Anrede Gottes mit „Abba" war, zeigt sich daran, dass das aramäische Wort „Abba" an einigen Stellen im Neuen Testament vom griechischen Text wie der ebenfalls aramäische Ruf „Maranatha" (1 Kor 16,22; vgl. Did 10,6) übernommen wurde (Mk 14,36; Röm 8,15; Gal 4,6). Als Gebetsanrede ist Abba im Judentum zur Zeit Jesu nicht nachweisbar, wohl aber als Gottesbezeichnung (Merklein/138: 96). In der Gebets- und Verkündigungssprache Jesu wird die Bezeichnung Gottes als „Vater" zum Eigennamen (Pannenberg/32: 286).

Der Vatername bezeichnet das göttliche Gegenüber, von dem her Jesus sich und sein Leben verstanden und vollzogen hat. Zugleich erschließt dieser Name wegen seines inneren Bezugs zur eschatologischen Botschaft Jesu das Gottesverständnis Jesu und deckt den vollen Sinn des Gottesnamens auf, der Israel zu Beginn seiner Glaubensgeschichte gegeben wird. Jesus ist die Offenbarung des Namens Gottes. So kann Johannes, der Evangelist, Jesus zu Recht sagen lassen: „Ich habe deinen Namen den Menschen offenbart" (Joh 17,6). Seit der Verkündigung Jesu ist die Anrede Gottes als „Vater" nicht mehr nur einer der vielen Gottesnamen. Die Vateranrede ist *der* Name für den Gott Jesu, der kein anderer ist als der Gott Israels. Die Anrede Gottes als „Vater" kann deshalb durch die Anrede Gottes als Mutter nicht ersetzt werden, auch wenn unstrittig ist, dass der Gott Jesu ebenso mütterliche Züge trägt (Mt 23,37; vgl. auch Hos 11,1–4).

In seinem öffentlichen Auftreten wird sich Jesus wegen möglicher politischer Missverständnisse wohl zumindest anfänglich nicht als Messias bezeichnet haben. Da der Grund für die Festnahme Jesu durch die Priesterschaft in der Zeichenhandlung der Tempelreinigung (Mk 11,15–17) und dem Tempellogion (Mk 13,1f.; 14,58; Mt 24,1f.; Lk 21,5f.) zu suchen ist, mit der Tempelbauverheißung aber nach 2 Sam 7,13 die Ankunft des Messias verbunden ist, dürfte es nicht unwahrscheinlich sein, dass Jesus gegenüber Mitgliedern des Synedriums bzw. im Verhör vor Pilatus (Mk 15,2) sich am Ende als Messias bekannt hat, indem er die Frage des Hohenpriesters „Bist du der Christus, der Sohn des Hochgelobten" (Mk 14,61) mit „Ich bin es" (Mk 14,62) beantwortete (Betz/99: 633–637; Moltmann/29: 183f.).

Vateranrede

e) Die letzten Tage Jesu und sein Todesverständnis

der Prozess Jesu Von der endgültigen Nähe Gottes in der Verkündigung und Praxis Jesu, seinem besonderen Verhältnis zum Gott seiner Väter sowie seiner messianischen Sendung kann angemessen nur ausgehend vom biblischen Glaubenszeugnis gesprochen werden. Bei der Beschäftigung mit dem Ende des Lebens Jesu soll zunächst stärker historisch danach gefragt werden, wie die letzten Tage Jesu ausgesehen haben. Als gesichert kann gelten, dass Jesus noch in derselben Nacht, in der er mit seinen Jüngern das Abendmahl feierte, verhaftet und am nächsten Tage zum Tode verurteilt und hingerichtet wurde. Doch warum ist Jesus hingerichtet worden, wer war daran beteiligt und wer trägt dafür die Verantwortung?

Ausgeschlossen ist ein förmliches Todesurteil durch das Synedrium, da es zu einem solchen Urteil während der römischen Besatzungszeit nicht befugt war. Ob es ein Verhör Jesu im Rahmen einer offiziellen Sitzung des gesamten Synedriums gegeben hat, ist unsicher. Doch kann nicht bestritten werden, dass maßgebliche sadduzäische Mitglieder des Synedriums um den Hohenpriester Kajaphas Jesus verhaften ließen (Mk 14,43) und ihn nach einer Anhörung noch in derselben Nacht (Mk 14,53–65) an Pilatus auslieferten (Mk 15,1). Nach Mk 14,64 kamen die Mitglieder des Synedriums zu dem Urteil, dass Jesus wegen Gotteslästerung des Todes schuldig sei, doch handelte es sich dabei nicht um ein formelles Todesurteil im juristischen Sinne. Die anderen Evangelien gehen davon aus, dass die Hohenpriester und die Ältesten bzw. Schriftgelehrten Jesus verhaften ließen, um ihn durch Pilatus töten bzw. hinrichten zu lassen (Mt 26,59; 27,1; Lk 22,2; Joh 18,14.28). Die Evangelien zeigen die Tendenz, den Römer Pilatus zu entlasten – so schon im markinischen Passionsbericht (Mk 15, 1–15) – und die jüdische Seite zu belasten (Gnilka/124: 301).

Der Prozess Jesu ist in der modernen Forschung auf jüdischer wie christlicher Seite Gegenstand eingehender Untersuchungen geworden (Blinzler/100; Strobel/156; Betz/99; Cohn/113; Lapide/137; Crossan/114; Egger/117). Nach Meinung des jüdischen Rechtsgelehrten Chaim Cohn hatte die Anhörung vor Mitgliedern des Synedriums den Zweck, Jesus von seinem Anspruch, der Messias Israels zu sein, abzubringen, um ihn zu retten. Doch wird diese These dem offensichtlichen religiösen Konflikt zwischen Jesus und der jüdischen Obrigkeit nicht gerecht (Egger/117: 132–188). Andere Autoren meinen, Jesus sei wegen politischen Aufruhrs, der mit seinem Auftreten verbunden war, von Mitgliedern des Synedriums im Interesse des jüdischen Volkes ausgeliefert worden (Stegemann/385: 37–41): „Es ist besser, dass ein einziger Mensch für das Volk stirbt" (Joh 18,14). Dies hätte freilich zur Konsequenz, dass Mitglieder des Synedriums Jesus aus reinem machtpolitischen Kalkül geopfert haben. Wahrscheinlicher ist, dass der religiöse Konflikt Jesu mit dem Synedrium um das Gottesverständnis ging und somit eine Verbindung von ordnungspolitischen und theologischen Motiven zur Verhaftung und Auslieferung Jesu durch Mitglieder des Synedriums geführt haben (Oberlinner/313; Häfner/125: 139–151).

Die so genannte Tempelreinigung (Mk 11,15–19 par) dürfte der unmittelbare Anlass zur Verhaftung gewesen sein (vgl. auch das Tempellogion Mk

14,58). Obschon Jesus, wie andere torafromme Juden, zu den Wallfahrtsfesten zum Jerusalemer Kultheiligtum gepilgert sein dürfte, den Tempelkult also nicht abgelehnt hat, stand er der damaligen Kultpraxis doch kritisch gegenüber. Zwar versteht Joh 2,14f. die Tempelreinigung als Abschaffung des Tempelkultes, doch ist dabei zu berücksichtigen, dass dieser Text in die Zeit nach der Zerstörung des Jerusalemer Tempels (70 n. Chr.) zu datieren ist. Nicht den Opferkult als gottgesetzte Ordnung hat Jesus zurückgewiesen, sondern die exklusive Heilsbedeutung, die für ihn beansprucht wurde. Das Tempellogion, das in den Überlieferungszusammenhang der Tempelreinigung gehört, ist erkennbar auf die Auferstehung Jesu bezogen und deshalb in der uns überlieferten Form kaum ursprünglich.

Dass Jesus durch Kreuzigung starb, macht deutlich, dass die Hinrichtung Jesu im weiteren Sinne politisch motiviert gewesen sein muss. Die überlieferte Kreuzinschrift „Der König der Juden" (Mk 15,26) gibt den offiziellen Grund der Hinrichtung an. Jesus wurde gekreuzigt, weil man ihm vorwarf, sich das Königtum angemaßt zu haben (Gnilka/124: 305). Auf die Tempelreinigung bzw. das Tempellogion konnte sich der Vorwurf, das Königtum der Juden zu beanspruchen, allein aber nicht stützen. Entscheidend ist hier der religiöse Konflikt, der im Tempelprotest Jesu kulminierte und der durch seine Kritik an der Frömmigkeits- und Gesetzespraxis sowie seinen Sendungsanspruch, den seine Anhänger wie Gegner als „messianisch" verstanden, ausgelöst wurde.

Warum musste Jesus sterben?

Ein Messiasanspruch Jesu, der für das Ende seines Lebens angenommen werden kann (vgl. oben S. 57), würde auch erklären, warum die politische Herrschaft in Jesus eine Bedrohung sehen musste. Denn der Messias Israels war dazu berufen, als von Gott eingesetzter König das Volk zu heiligen und zu sammeln (Ps Sal 17,3f.32). Der Anspruch auf das Königtum stellte aber nach römischem Gesetz ein todeswürdiges Verbrechen (*crimen laesae maiestatis populi romani*) dar (Betz/99: 642f.). So ist davon auszugehen, dass Pilatus Jesus aufgrund „messianischer Anschuldigungen" hat hinrichten lassen, weil er im Messias Jesus eine Bedrohung der staatlichen Ordnung sah (Merklein/138: 151).

Der Prozess gegen Jesus war ein römisches Gerichtsverfahren. Nicht eine jüdische Instanz, sondern der römische Statthalter Pilatus hat Jesus von Nazaret zum Tode verurteilt und hinrichten lassen. Das Todesurteil erging im Namen des „Imperium Romanum", nicht im Namen des jüdischen Volkes. Auch wenn Teile des Synedriums bei der Beseitigung Jesu aktiv beteiligt gewesen sind, hat es also kein jüdisches Todesurteil gegen Jesus gegeben. Der verhängnisvolle Vorwurf des „Gottesmordes" an die Adresse der Juden entstammt der Neigung der Evangelien, das jüdische Volk für den Tod Jesu verantwortlich zu machen (Mt 27,24f.) und die Verantwortung des römischen Statthalters herunterzuspielen, ihn vielmehr als Vollstrecker eines jüdisches Urteils über Jesus erscheinen zu lassen (Mk 15,1–15). Es ist nicht das Volk der Juden, das Jesus zu Tode brachte. Jesus wurde ein Opfer der Hohenpriester, die ihn auslieferten, und des römischen Statthalters Pilatus, der ihn verurteilte und hinrichten ließ. Bei der Auslieferung Jesu an Pilatus hat vielleicht auch Herodes eine Rolle gespielt (Lk 23,6–12). Die „Machthaber dieser Welt" also haben den „Herrn der Herrlichkeit" gekreuzigt (1 Kor 2, 8), nicht das jüdische Volk.

kein jüdisches Todesurteil

der Tod Jesu

Zum Tode verurteilt, wurde Jesus von römischen Soldaten, die mit seiner Hinrichtung betraut waren, zunächst gegeißelt und dann außerhalb der Stadt auf Golgata, der „Schädelstätte", gekreuzigt (Mk 15,20–32). Nicht mehr entscheidbar ist, was die letzten Worte Jesu am Kreuz waren. Mk und Mt überliefern einen Verlassenheitsschrei, bevor er seinen Geist aushauchte (Mk 15,34.37; Mt 27,46.50), der allerdings Teil eines vertrauensvollen Gebets ist (Ps 22,2). Nach Lk spricht Jesus ein jüdisches Abendgebet (Ps 31,6), bevor er stirbt (Lk 23,46). Nach Joh sieht Jesus in seinem Tod die Vollendung seiner Sendung (Joh 19,30). Nach übereinstimmenden Aussagen der Evangelien ist Jesus an einem Freitag gestorben. Umstritten ist, ob die Kreuzigung, wovon die Synoptiker ausgehen, am ersten Tag des Passafestes (15. Nisan) erfolgte, das im Todesjahr Jesu dann auf einen Sabbat gefallen wäre, oder ob Jesus, wie das Johannesevangelium überliefert, am Vortag (14. Nisan) des ersten Tages des Passafestes, also am Rüsttag, an dem am Nachmittag die Passalämmer geschlachtet wurden, gestorben ist.

Die Chronologie des Johannesevangeliums wird heute von vielen Exegeten für historisch zutreffender gehalten (Theißen-Merz/158: 152): Die von Pilatus für Barabbas gewährte Passa-Amnestie, die von den Synoptikern erwähnt wird (Mk 15,6–15 parr.; vgl. Joh 18,39f.), macht nur Sinn, wenn der Freigelassene die Gelegenheit hatte, am Passamahl teilzunehmen. Am Anfang der markinischen Passionserzählung scheinen sich Reste der vom Johannesevangelium überlieferten Chronologie erhalten zu haben. So wird in Mk 14,1f. berichtet, dass die Hohenpriester und Schriftgelehrten Jesus, um einen Aufstand zu verhindern, „nicht beim Fest" ergreifen und töten wollten. Eine Hinrichtung am Passafest hätte wahrscheinlich auch die Aufrechterhaltung der öffentlichen Ruhe gefährdet, so dass für Pilatus, der Jesus verurteilte und hinrichten ließ, eine Kreuzigung am ersten Tag des Passafestes kaum in Betracht kam. Geht man von der Chronologie des Johannesevangeliums aus, ergibt sich als wahrscheinliches Todesjahr das Jahr 30, in dem der Rüsttag ein Freitag war.

Mit den Chronologien bei den Synoptikern und im Johannesevangelium sind theologische Aussagen bzw. Deutungen verbunden. Die synoptische Chronologie sieht im Abendmahl, im Gedächtnismahl des (neuen) Bundes, gleichsam das neue Passa*mahl*. Dem vierten Evangelium zufolge wird Jesus dadurch, dass er am Rüsttag stirbt, als das wahre Passa*lamm* erwiesen (vgl. auch 1 Kor 5,7). In der Tatsache, dass dem bereits gestorbenen Jesus von den Soldaten nicht die Beine zerschlagen werden, wird eine Erfüllung des Schriftwortes über das Passalamm gesehen, das fordert: „ihr sollt ihm kein Bein zerbrechen" (Joh 19,36; vgl. Ex 12,46.10 LXX). Nach Joh 1,29, das auf Joh 19,36 vorausweist, ist Jesus das Lamm, das die Sünde der Welt trägt (Gnilka/124: 282).

das Todesverständnis Jesu

Wie immer die letzten Tage Jesu in Jerusalem im Einzelnen ausgesehen haben, die Gewissheit seines Todes dürfte ihm doch am Ende deutlich vor Augen gestanden haben (Oberlinner/312: 134f.; Merklein/138: 159). Dafür spricht nicht nur das Schicksal des Täufers, sondern auch die Todesankündigung Mk 14,25, die mit der Erzählung des letzten Mahles Jesu mit seinen Jüngern überliefert ist: „Amen, ich sage euch: Ich werde nicht mehr von der Frucht des Weinstocks trinken, bis zu dem Tag, an dem ich von neuem

davon trinken werde im Reich Gottes" (vgl. Lk 22,18). Dass Jesus vor seinem Tod mit seinen Jüngern ein Abschiedsmahl gefeiert hat, gilt als gesichert. Umstritten ist, ob es sich um ein Passamahl oder ein gewöhnliches
jüdisches Festmahl gehandelt hat.

Die Abendmahlsüberlieferungen (Mk 14,17–25; Mt 26,20–29; Lk 22,
14–23; 1 Kor 11,23–25) deuten den Tod Jesu als Sühnegeschehen und
Bundesstiftung. Obschon es sich dabei um liturgisch geprägte Texte handelt, geht die Abendmahlstradition doch unzweifelhaft auf das letzte Mahl
Jesu mit seinen Jüngern zurück. Es ist deshalb durchaus wahrscheinlich,
dass Jesus selbst seinem Tod eine Heilsbedeutung zugemessen hat, was vor
allem für die Deutung des eigenen Sterbens mit Hilfe der Vorstellung vom
stellvertretenden Sühnetod unter Bezugnahme auf Jes 53 für möglich gehalten wird (Merklein/306: 63f.). Dies setzt freilich voraus, dass diese Vorstellung mit der vorausgehenden öffentlichen Verkündigung Jesu vereinbar
ist, was verschiedentlich bezweifelt wurde (Fiedler/119: 277–281; Vögtle/
160: 141–167).

Beim stellvertretenden Sühnetod Jesu handelt es sich nicht, wie immer
wieder behauptet wird, um eine zusätzliche „Bedingung", an die Jesus am
Ende Gottes unbedingte Heilszuwendung zum Sünder gebunden hätte. Da
Jesus in Jerusalem mit der Möglichkeit seines gewaltsamen Todes rechnen
musste, stellte sich für ihn das Problem, ob dieser Tod nicht die Gültigkeit
seiner Verkündigung in Frage stellte. Zwar kann nicht ausgeschlossen werden, dass Jesus von der Wirksamkeit Gottes auch noch in seinem Sterben
überzeugt war (vgl. Mk 14,25), ohne deshalb seinem Tod eine spezifische
Heilsbedeutung zugemessen zu haben (Oberlinner/312: 133). Doch wahrscheinlicher ist es wohl, dass Jesus seinen Tod im Rahmen des letzten Mahles zeichenhaft gedeutet hat (anders Kessler/303: 235).

Als Möglichkeit kommt hier der mit dem Becherwort verknüpfte
Bundesgedanke in Betracht (Gnilka/124: 287f.). Berücksichtigt man die
Ablehnung der Person Jesu und seiner Botschaft durch die Priesterschaft
sowie seine Kritik an der heilsexklusiven Stellung des Tempelkultes, dürfte die Annahme, Jesus habe beim letzten Mahl in Verbindung mit dem
Brotgestus seinen bevorstehenden Tod als Konsequenz seiner Proexistenz
mit Hilfe der Vorstellung vom stellvertretenden Sühnetod zeichenhaft gedeutet und so in das Geschehen der anbrechenden Gottesherrschaft eingeordnet, die größere Plausibilität besitzen (Schürmann/315: 46–63/316:
185–223; Merklein/138: 160–167; Hengel/291: 145f.; Stuhlmacher/152:
9f.32).

Jedenfalls könnte man nicht mehr ernsthaft an der vom Neuen Testament
bezeugten Heilsbedeutung des Todes Jesu festhalten, wenn der Tod Jesu im
Sinne Rudolf Bultmanns nur die Folge eines religiös-politischen Konflikts
gewesen und Jesus am Kreuz innerlich zerbrochen wäre: „Schwerlich kann
die Hinrichtung [Jesu] als die innerlich notwendige Konsequenz seines
Wirkens verstanden werden; sie geschah vielmehr aufgrund eines Mißver-
ständnisses seines Wirkens als eines politischen. Sie wäre dann – historisch
gesprochen – ein sinnloses Schicksal. Ob oder wie Jesus in ihm einen Sinn
gefunden hat, können wir nicht wissen. Die Möglichkeit, daß er zusam-
mengebrochen ist, darf man sich nicht verschleiern" (Bultmann/105: 12).

Nach christlichem Verständnis ereignet sich in Jesus von Nazaret Gottes endgültige Nähe bei seinem Volk, bis hinein in das Sterben Jesu, bekräftigt durch seine Auferweckung von den Toten. Durch sie gelangten die Jünger und Jüngerinnen Jesu zur vollen Erkenntnis des Geheimnisses seiner Person. Von daher muss sich eine Christologie ausführlich mit der Frage der Auferweckung Jesu auseinandersetzen. Was sagt das Neue Testament zu diesem Heilsereignis. Wie ist es zu verstehen und welche theologische Bedeutung kommt ihm für die Erkenntnis der Person Jesu zu?

2. Auferweckt von den Toten

Nach biblischem Zeugnis ist Jesus nicht im Tod geblieben, sondern „am ersten Tag der Woche" (Mk 16,9) auferweckt worden von den Toten. Das Grab, in das der Gekreuzigte gelegt worden war, fanden die Frauen, die es aufsuchten, leer vor (Mk 16,1–8 par). Dem sekundären Markusschluss zufolge erschien der Auferstandene zunächst Maria von Magdala, dann den anderen beiden Frauen, die das leere Grab fanden, und schließlich den Aposteln, die den Frauen zunächst keinen Glauben schenken wollten und für ihren Unglauben vom Auferstandenen getadelt werden (Mk 16,9–14). Nach dem Zeugnis der übrigen Evangelien zeigte sich der Auferstandene nicht nur den Frauen und den Aposteln, sondern auch anderen Jüngern (Mt 28,9f.; Lk 24,13–35.36–53; Joh 20,11–18.19–29; 21,1–23). Nach dem ältesten Erscheinungsbericht 1 Kor 15,5–7 erschien der Auferstandene zunächst dem Petrus, dann den „Zwölf", danach „mehr als fünfhundert Brüdern zugleich", Jakobus und allen Aposteln und schließlich Paulus.

die theologische Bedeutung der Auferweckung Jesu — Das Neue Testament nennt Jesus den „Ersten der Entschlafenen" (1 Kor 15,20), den „Erstgeborenen unter vielen Brüdern" (Röm 8,29), den „Erstgeborenen von den Toten" (Kol 1,18; Offb 1,5). Jesus ist „als erster von den Toten auferstanden" (Apg 26,23). Die Auferweckung Jesu ist der Grund des Glaubens. Ohne die Auferweckung des Gekreuzigten wäre der Glaube nichtig (1 Kor 15,17). Eng verbunden mit der Auferweckung Jesu ist seine Einsetzung zum „Sohn Gottes in Macht" (Röm 1,3f.). Die Auferweckung Jesu erschließt die Bedeutung seiner Sohnschaft. Doch besteht diese nicht erst seit der Auferweckung Jesu, sondern ist in seinem besonderen Verhältnis zu Gott seinem Vater begründet, wie es sich im öffentlichen Wirken Jesu manifestiert. Hier gilt es den Ereignis- und Begründungszusammenhang zu berücksichtigen, der zwischen Verkündigung, Tod und Auferweckung Jesu besteht, das heißt die Einheit der Geschichte Jesu, in der sich für uns Gottes endgültige Selbstoffenbarung erschließt (Pröpper/429: 7f.43.47). Im Sinne einer am kanonischen Text oreintierten biblischen Theologie wird deshalb das Christusbekenntnis der Schrift im Anschluss an die Darstellung der Zeugnisse von der Auferweckung Jesu behandelt.

a) Todesgeschick und frühjüdische Auferstehungshoffnung

der Tod des Menschen — Der Tod galt in der frühen Religionsgeschichte Israels nicht nur als das Ende des Lebens, sondern auch des Gottesverhältnisses. Allerdings bedrohte der Tod den Menschen nicht mit vollständiger Vernichtung. In der שְׁאוֹל

($\check{s}^e{}^{\jmath}\hat{o}l$), der Unterwelt, besitzen die Toten eine Schattenexistenz, doch sind sie dort dem Vergessen preisgegeben (Ps 88,6.13), ohne Erkenntnis (Koh 9,10) und ohne Gottesbezug. Gott führt den Menschen in die Unterwelt, wo er nicht mehr gepriesen wird: „Denn bei den Toten denkt niemand mehr an dich. Wer wird dich in der Unterwelt preisen" (Ps 6,6; vgl. Ps 88,6; Jes 38,10f. 18f.). Das Buch Ijob nennt die Unterwelt den Ort „ohne Wiederkehr, das Land der Finsternis und des Dunkels, das Land so düster wie die schwarze Nacht, das Dunkel, wo kein Mittag ist" (Ijob 10,21).

Es scheint, als ob der Tod zunächst ohne Problematisierung des Todesgeschicks hingenommen wurde (Gen 25,8; Ri 8,32). Im Zuge der fortschreitenden Individualisierung des Gottesverhältnisses konnte allerdings die Negativität des Todes, der vom Einzelnen als bitteres Geschick (1 Sam 15,32), ja im Unterschied zum gottgeschenkten Leben als Unglück und Fluch (Dtn 30,15.19) erlebt wurde, bald nur noch ertragen werden, indem man das Todesgeschick zugleich transzendierte (Kellermann/236: 281–282). Zunächst geschah dies durch den Glauben, in der Nachkommenschaft oder im Ruhm des eigenen Namens weiterzuleben, später dann auch in der nicht näher bestimmten apokalyptischen Hoffnung, Gott werde den Tod für immer beseitigen: „Er beseitigt den Tod für immer. Gott, der Herr, wischt die Tränen ab von jedem Gesicht" (Jes 25,8).

In Israel wurde vor allem der Tod des Gerechten bzw. der Märtyrertod zunehmend als ein Problem für den Glauben an die Treue Gottes zu seinem Bund empfunden. Die Hoffnung auf eine leibliche Auferstehung der Toten begegnet im Alten Testament erst spät und nur am Rande (Dan 12,1–13; 2 Mak 7,1–42; 12,43–45). Zur Vorgeschichte dieser Zeugnisse gehören einzelne Texte aus der Zeit vor, während und nach dem Exil (Stemberger/256: 444). In Hos 6,1–3 wird das neue Leben, das Gott schenkt, mit dem Wiederaufleben der Natur im Frühjahr verglichen, wobei als Bild die Krankenheilung gebraucht wird: „Kommt, wir kehren zum Herrn zurück! Denn er hat (Wunden) gerissen, er wird uns auch heilen; er hat verwundet, er wird auch verbinden. Nach zwei Tagen gibt er uns das Leben zurück, am dritten Tag richtet er uns wieder auf, und wir leben vor seinem Angesicht. Lass uns streben nach Erkenntnis, nach der Erkenntnis des Herrn. Er kommt so sicher wie das Morgenrot; er kommt zu uns wie der Regen, wie der Frühjahrsregen, der die Erde tränkt."

Beim Exilspropheten Ezechiel begegnet die Vision von dem Wiedererstehen Israels im Bild der Auferweckung, das voller Realismus ist und die Vorstellung von der Überwindung der Unterwelt voraussetzt: Die Gräber werden geöffnet, der Geist Gottes kommt auf die Gebeine Israels herab und erfüllt sie mit neuem Leben. So wird das Volk aus dem Schatten des Todes herausgeholt und von Gott zurückgebracht in das Land (Ez 37). Als Hoffnungsbild für Israel ist auch Jes 26,19 (um 300 v. Chr.) zu verstehen: „Deine Toten werden leben, die Leichen stehen wieder auf; wer in der Erde liegt, wird erwachen und jubeln."

Im Frühjudentum entwickelte sich die Erwartung, dass die Väter, Prototypen der Gerechten, von Gott auferweckt, himmlischer Existenz teilhaftig werden (TestBenj 10,6f.; TestJud 2,1f.). Im Alten Testament findet sich die Hoffnung auf individuelle Auferstehung der Toten erstmals im Buch Daniel (168–164 v. Chr.). Hier wird für die Endzeit eine leibliche Auferweckung

Hoffnung
auf leibliche
Auferstehung

Daniel

der Toten erwartet: „Doch dein Volk wird in jener Zeit gerettet, jeder, der im Buch verzeichnet ist. Von denen, die im Land des Staubes schlafen, werden viele erwachen, die einen zum ewigen Leben, die anderen zur Schmach, zur ewigen Abscheu" (Dan 12,1f.). Bedeutsam für die schnelle Verbreitung des Auferstehungsglaubens war es, dass dieser noch im 2. Jh. v. Chr. in das Achtzehnbittengebet (*Sch'mone Esre, Amida*), das als תְּפִלָּה (*tefillāh*), als das Gebet schlechthin gilt, aufgenommen und damit in der Liturgie fest verankert wurde (Stemberger/256: 445).

2 Makk   Wie realistisch die frühjüdische Auferstehungshoffnung ist, zeigen die Reden der sieben Märtyrerbrüder und ihrer Mutter 2 Makk 7,1–42 (ca. 130–124 v. Chr.). Angesichts der grausamen Folterung (2 Makk 7,7f.) und der grässlichen Verstümmelung ihrer Körper (2 Makk 7,5) enthalten diese Reden die Hoffnung, die Märtyrer würden am Ende „diese" Hände, Eingeweide usw. (2 Makk 7,10f.), also ihren „Leib" und ihr „Leben", das sie für Gott hingegeben haben (2 Makk 7,37), wiedererhalten. Dabei geht es nicht um die Wiederbelebung des materiellen, irdischen Körpers im Sinne einer Reanimation, wohl aber um eine leibliche Auferweckung, die neben der Erschaffung der Welt aus Nichtseiendem und dem Werden des Kindes im Mutterschoß (2 Makk 7,2f.27–29) als drittes Wunder verstanden wird (Thoma/392: 408). Gott, der „König der Welt", wird die Märtyrer „zu einem neuen, ewigen Leben auferwecken", weil sie „für seine Gesetze gestorben sind" (2 Makk 7,9). Mit der göttlichen Zusicherung ewigen Lebens gehen die sieben Märtyrerbrüder und ihre Mutter in den Tod. Die Gottlosen können dagegen keine Auferweckung zum Leben erwarten.

Apokalyptik, Qumran, rabbinische Literatur   Die klarsten jüdischen Auferstehungszeugnisse sind Texte aus der äthiopischen Henoch-Apokalypse, der 4. Esra-Apokalypse und der syrischen Baruch-Apokalypse, die in das Ende des 1. Jh. n. Chr. datiert werden. In ÄthHen 51,1 heißt es: „In jenen Tagen wird die Erde das herausgeben, was ihr anvertraut ist, und die Scheol wird herausgeben, was sie empfangen hat, und die Hölle wird, was sie schuldet, herausgeben" (vgl. 4 Esra 7,29–32; syrBar 21,23f.; 42,7; 50,2; hier findet sich die Erwartung nicht nur einer Auferstehung der Gerechten, sondern auch der Ungerechten). Wenn gelegentlich in der frühjüdischen Literatur von einer Auferweckung der Seelen der Gerechten die Rede ist, so ist damit nicht eine rein geistige Seinsweise als Alternative zur leiblichen Auferweckung gemeint, da sich Seele und Leib im Rahmen der jüdischen Anthropologie nicht trennen lassen (Stemberger/256: 115; Wilckens/262: 91).

Unter den jüdischen Gruppen zur Zeit Jesu waren es die Sadduzäer, die eine Auferstehung leugneten, während die Pharisäer sie vehement vertraten. Obschon in den Texten von Qumran die Auferstehungsvorstellung nicht eindeutig belegt ist (1QH 6,29f.34; 7,31; 11,12–14; 1Q 4,7–7. 12–14), wird doch allgemein davon ausgegangen, dass die Essener an eine leibliche Auferstehung der Toten glaubten, also nicht nur von einer Seelenunsterblichkeit ausgingen. Doch dürfte die Auferstehungshoffnung aufgrund des Glaubens an das schon gegenwärtige Heil nicht im Vordergrund gestanden haben (Stemberger/256: 445). In der rabbinischen Literatur nach der Zerstörung des Tempels gewinnt die Auferstehungslehre den Charakter eines „Dogmas" (Thoma/392: 409; vgl. mSan 10,1), wobei die Rabbinen nicht mit einer Auferstehung aller, sondern nur Israels oder der Gerechten rechnen.

Die urchristliche Erwartung einer endzeitlichen Auferstehung der Toten ist durch und durch jüdisch geprägt. Mit der frühjüdischen Apokalyptik teilt die Jesusüberlieferung die Erwartung einer endzeitlichen Auferstehung und versteht sie als leibliche Auferweckung (Mk 12,18–27 par; Mk 9, 43–48; Mt 10,28 f.). Die frühjüdische Auferstehungshoffnung kennt allerdings keine leibliche Auferweckung eines Einzelnen vor der endzeitlichen Auferweckung. Marta erwartet die Auferstehung des Lazarus am „letzten Tag" (Joh 11,24; vgl. 6,39). Die Auferweckung Jesu, die als Auferweckung des gekreuzigten Messias geglaubt wurde (1 Kor 15,3 f.), durchbricht die Auferstehungshoffnung der damaligen Zeit. In den Auferstehungstexten der frühjüdischen Apokalyptik findet sich zwar die Erwartung, dass die Auferweckung der Gerechten erfolgt, wenn der Messias erscheint, doch hängt das endzeitliche Heil der Gerechten nicht von ihrer Zugehörigkeit zu einem Messias ab, der „von den Toten auferweckt worden ist als der Erste der Entschlafenen" (1 Kor 15,20).

Wahrscheinlich bildete die Vorstellung einer Entrückung und endzeitlichen Wiederkunft der Propheten Henoch, Mose, Elija bzw. Johannes des Täufers (vgl. Gen 5,24; Mal 3,23; Offb 11,3–14; Mk 9,11–13; äthHen 70–71) einen gewissen Ansatzpunkt für den urchristlichen Auferstehungsglauben. Doch lässt er sich aus den Glaubenstraditionen Israels nicht einfach ableiten. Zum einen ist die Vorstellung einer Entrückung und der Wiederverkörperung eines Toten in einem anderen Menschen inhaltlich verschieden von der Erwartung einer leiblichen Auferweckung der Toten. Zum anderen ist bei der apokalyptischen Erwartung einer endzeitlichen Totenauferweckung zu berücksichtigen, dass sich diese Erwartung vornehmlich auf eine „neue Erde" bezog, auf der die Auferweckten frei von Leid und Sünde leben werden (Stemberger/256: 115). Die leibliche Auferweckung und Erhöhung des Gekreuzigten führte demgegenüber dazu, dass sich der urchristliche Auferstehungsglaube stärker auf den göttlichen Raum des „Himmels" als den Ort des Auferstehungslebens richtete.

Auferweckung Jesu – Beginn der endzeitlichen Totenauferweckung

b) Auferstehungsformeln und Erscheinungserzählungen

Die neutestamentliche Osterbotschaft umfasst neben den Überlieferungen vom leeren Grab formelhafte Osterbekenntnisse und Erzählungen von Erscheinungen des Auferstandenen. Bei den formelhaften Osterbekenntnissen, die in ihrem Kern bis in die Zeit kurz nach Jesu Tod zurückreichen, sind eingliedrige Auferweckungsformeln, Erhöhungsaussagen und ausgestalte Formeln zu unterscheiden. In den eingliedrigen Auferweckungsformeln, die wie Röm 4,24 („Gott hat Jesus auferweckt [ἐγείραντος] von den Toten [ἐκ νεκρῶν]; vgl. auch Röm 8,11; 10,9; 1 Kor 6,14; 15,15; 2 Kor 4,14; Gal 1,1; Kol 2,12) von einem Handeln Gottes am Gekreuzigten sprechen, wird heute im Allgemeinen der älteste Kern der Auferstehungsüberlieferung gesehen.

Von den eingliedrigen Auferweckungsformeln zu unterscheiden sind davon abhängige zwei- bzw. mehrgliedrige Formeln, in denen verschiede-

Auferstehungsformeln

ne Aussagen über die Geschichte Jesu (Hingabe, Sterben, Auferstehung, Erhöhung etc.) und unsere Verbundenheit mit dem Auferweckten aufgrund der Taufe gemacht werden (Apg 3,15; Röm 4,25; 6,4; 8,34; 1 Kor 15,3–5; Eph 1,20; 2,6; Kol 3,1; 2,12; 1 Petr 1,21). Dabei wird als Objekt der Aussage Christus statt Jesus bevorzugt. Daneben gibt es eine Reihe eingliedriger Wendungen, die vom Sterben Jesu und seinem Leben bzw. seiner Auferweckung sprechen und keinen Bezug zu eingliedrigen Auferstehungsformeln erkennen lassen (Röm 6,10; 14,9; 2 Kor 13,4; 1 Thess 4,14; 1 Petr 3,18; Offb 1,18; 2,8). Eine wohl eigenständige Überlieferung liegt in den drei Passionssummarien vor, in denen Leiden und Tod des Menschensohnes sowie seine Auferstehung am dritten Tag angekündigt werden (Mk 8,31; 9,31; 10,33f parr).

Eine Nähe der ältesten Überlieferung zu alttestamentlich-jüdischen Gebets- und Bekenntnisaussagen ist unübersehbar, etwa zum Bekenntnis zu Gott, „der Himmel und Erde gemacht hat" (Ps 115,15) und „der euch aus Ägypten geführt hat" (Ex 16,6), oder zur Bitte des Achtzehngebets: „Gepriesen bist du Herr, der die Toten lebendig macht" (Bill. 4,211). Die christliche Auferweckungsformel versteht und deutet Gottes Handeln am Gekreuzigten Jesus in der Perspektive des Glaubens Israels an Gottes Macht über Leben und Tod (vgl. Dtn 32,29), die in der apokalyptischen Erwartung der endzeitlichen Auferweckung der Toten ihren zentralen, für die Zeit Jesu bestimmenden Ausdruck gefunden hat (Hoffmann/129: 486).

Erscheinungen des Auferstandenen

Die Osterbekenntnisse geben keine Auskunft darüber, wie sie zustande gekommen sind. Doch ist es unwahrscheinlich, dass die Jünger Jesu nach seinem schändlichen Tod verkündeten, er sei von den Toten auferweckt worden, ohne dass ein einschneidendes Geschehen die Osterbotschaft ausgelöst hätte. Wenn man nach diesem Geschehen fragt, ist man auf die Erscheinungen des Auferstandenen gegenüber seinen Jüngern verwiesen. In der von Paulus überlieferten Zusammenfassung des „Evangeliums" 1 Kor 15,3–5 stehen Auferstehungsbotschaft („er ist auferweckt worden") und Erscheinung des Auferstandenen („er erschien dem Kephas, dann den Zwölfen") in unmittelbarer Verbindung. Es ist der älteste Text, in dem eine Erscheinung des Auferstandenen bezeugt wird.

Wahrscheinlich ist der Auferstandene Petrus in Galiläa erschienen, wohin dieser mit den anderen Jüngern nach dem Tode Jesu zurückgekehrt ist (Mk 16,7; Mt 28,10; Lk 24,34; vgl. Joh 21,1). Erscheinungen des Auferstandenen in Galiläa erwähnt auch die Apostelgeschichte (Apg 10,40f.; 13,31). In 1 Kor 15,5 wird die Erscheinung des Auferstandenen gegenüber Petrus mit dem Zwölferkreis verbunden. Die älteste Überlieferung vom leeren Grab (Mk 16,1–8) verweist auf eine Erscheinung des Auferstandenen vor Petrus und den Jüngern in Galiläa, wodurch die Grabeserzählung mit den Erzählungen von Erscheinungen in Galiläa verbunden wird (vgl. auch Mt 28,16f., wo eine Erscheinung vor den Elfen erwähnt wird). 1 Kor 15,6–11 verweist zusätzlich auf Erscheinungen des Auferstandenen vor Jakobus, den übrigen Aposteln sowie fünfhundert Brüdern. Zwar handelt es sich bei 1 Kor 15,3–11 ohne Zweifel um „Legitimationsnachweise" für die Autorität der erwähnten Apostel und Jünger, doch besteht kein vernünftiger Grund, darin nicht zugleich auch „Auferstehungszeugnisse" zu sehen (Kremer/240: 1179f.).

Zu den Erscheinungen des Auferstandenen zählt Paulus auch sein Damaskuserlebnis, in dem er sein Apostelamt begründet sieht (1 Kor 15,9). Paulus spricht als einziger neutestamentlicher Autor von einer Erscheinung des Auferstandenen aus eigener Erfahrung (1 Kor 9,1; 15,8–10, Gal 1,15f.). Bei der Erscheinung des Auferstandenen gegenüber Paulus handelt es sich um eine Offenbarung des erhöhten Christus vom Himmel her in der Gestalt einer Lichterscheinung (vgl. Apg 9,3) – ähnlich den Manifestationen der Heilsgegenwart Gottes (vgl. Gen 12,7; 17,1; 18,1f.; Ex 3,2). Da Auferweckung und Erhöhung nach den älteren Zeugnissen des Neuen Testaments zusammengehören, könnte man in der Begegnung des Paulus mit dem Auferstandenen „die Urgestalt auch der übrigen Erscheinungsberichte" sehen, so dass die Erscheinungen als „Selbstbekundungen des Auferstandenen … aus der Verborgenheit des Himmels heraus" (Pannenberg/428: 397) aufzufassen wären.

Damaskuserlebnis des Paulus

Die Erscheinungserzählungen in den Evangelien (Mk 16,9–20; Mt 28,9f.16–20; Lk 24,13–35.36–53; Joh 20,11–18.19–23.24–28; 21,1–14. 15–23) sprechen von Erscheinungen des Auferweckten, verbunden mit der davon wohl unabhängigen Überlieferung vom leeren Grab, wobei es sich bei Mk 16,9–20 um eine im 2. Jahrhundert entstandene Zusammenfassung der in den anderen Evangelien stehenden Erscheinungserzählungen handelt. Vielfach wird auch in Mk 9,2–8 (Verklärung Jesu) eine den Erscheinungserzählungen vergleichbare Ostererzählung vermutet (Verwandlung Jesu, Erhöhung und Einsetzung zum Sohn Gottes), gelegentlich auch in Mk 6,47–51 (Seewandel Jesu). Die Erscheinungserzählungen der Evangelien sind gegenüber 1 Kor 15,3–5 literarisch ausgestaltet, was nicht bedeutet, dass sie ohne jeden geschichtlichen Wert sind. Dies dürfte vor allem für die gut bezeugte Erscheinung des Auferstandenen gegenüber Maria von Magdala (Joh 20,11–18; vgl. Mk 16,9–20; Mt 28,9f.) zutreffen (Gnilka/124: 319f.; Kremer/240: 1180).

Erscheinungen in den Evangelien

Zu unterscheiden sind bei den Erscheinungserzählungen die Erzählungen, in denen es um das Wiedererkennen des in unbekannter Gestalt erscheinenden Jesus geht (Lk 24,13–35; Joh 20,11–18), und jene, die ein Erscheinen Jesu in grundsätzlich erkennbarer Gestalt (Joh 20,19–23) voraussetzen (Hoffmann/129: 501; Kessler/237: 129–135). Entscheidend ist bei allen Erscheinungserzählungen die unverfügbare Begegnung mit dem Auferstandenen. Neben dem Wiedererkennungsmotiv begegnet das Motiv der Beauftragung (Mt 28,16–20; Joh 20,19–23) und das die Identität des Gekreuzigten und Auferstandenen unterstreichende Motiv der konkret erfahrbaren Realität des Auferstehungsleibes Christi, der von seinem Leiden gekennzeichnet ist (Lk 24,39f.; Joh 20,20.27). Bei dem Auferstehungsleib handelt es sich aber nicht um einen vergänglichen physischen Körper (vgl. Joh 20,17), heißt es doch vom Auferstandenen, er stand plötzlich mitten unter den Jüngern (Lk 24,36) und kam zu ihnen selbst durch verschlossene Türen (Joh 20,19.26).

Die Erscheinungserzählungen, in denen die Jünger den Auferweckten durch das Brechen des Brotes erkennen (Lk 24,13–31; vgl. Joh 21,4.9.12f.) und in denen er den Jüngern die Schrift auslegt (Lk 24,13–35), sind schon liturgisch geprägt und setzen die Begegnung mit dem lebendigen Herrn in der Gemeinde voraus. Lk 24,36–43 und Joh 20,19–20 betonen die leiblich verklärte Existenz des Auferweckten und weisen ein spirituell-doketisches Auferstehungsverständnis zurück. Der Auferstandene in seiner leiblich-himmlischen Existenz trägt die Spuren seines Leidens an sich und bleibt so für immer der Gekreuzigte. Das Nachtragskapitel Joh 21 greift ältere Überlieferungen von Erscheinungen des Auferstandenen in Galiläa auf. Gegenüber dem Verlangen des Thomas, dem Auferstandenen leibhaftig zu begegnen (Joh 20,25), antwortet der Makarismus Joh 20,29 auf das Problem des Glaubens in „nachapostolischer Zeit": „Selig, die nicht sehen, und doch glauben". Im Unterschied zu Matthäus und zum Nachtrag zum Evangelium des Johannes (Joh 21), wo von Erscheinungen des Auferstandenen in Galiläa die Rede ist, binden Markus, Lukas und Joh 20 die Erscheinungen ganz an Jerusalem, wobei Mk 16,9 und Joh 20,19 von einer Erscheinung des Auferstandenen vor seinen Jüngern am „ersten Tag der Woche", also am Ostermorgen, ausgehen. Dieser redaktionell bedingten örtlichen und zeitlichen Zusammenlegung der Erscheinungen können durchaus Erscheinungen des Auferstandenen in Jerusalem zugrunde liegen.

Vielfach geht man davon aus, dass es sich bei den Erscheinungen um visionäre, zum Teil mit Auditionen verbundene Erlebnisse gehandelt hat. Das spricht nicht gegen die Realität der Erscheinungen (Pannenberg/428: 396), außer man führt sie auf krankhafte Halluzinationen oder wie Gerd Lüdemann auf psychische Projektionen zurück, die ihren Grund in einem Christuskomplex (Paulus) oder in einer nach dem Tod Jesu einsetzenden Konfliktverarbeitung bzw. Trauerarbeit (Petrus) haben (Lüdemann/242: 63–116/243: 13–46). Doch Versuche, die Botschaft von der Auferweckung des Gekreuzigten durch Verarbeitungsprozesse psychischer oder auch reflexiver Art rationalistisch zu erklären, wirken letztlich konstruiert.

Die Entstehung des Glaubens an die Auferstehung Jesu kann auch nicht durch die apokalyptische Erwartung einer endzeitlichen Totenauferweckung und des durch Jesus begründeten Glaubens der Jünger erklärt werden (so noch Pesch/248: 226f.). Die vorpaulinische Überlieferung (1 Kor 15,5) von Erscheinungen des Auferstandenen vor Petrus und den Zwölf sowie das Damaskuserlebnis des Paulus (1 Kor 15,8–11) weisen vielmehr darauf hin, dass der Osterbotschaft außergewöhnliche Erlebnisse zugrunde liegen, in denen sich der Auferweckte in seiner Hoheitsstellung als Sohn bzw. Menschensohn offenbarte (Pesch/250: 88–97).

c) Die neutestamentlichen Überlieferungen vom leeren Grab

die Erzählung vom leeren Grab als hellenistische Legende?

Die Berichte von der Auffindung des leeren Grabes (Mk 16,1–8; Mt 28,1–8; Lk 24,1–12; Joh 20,1–13) galten in der Exegese lange Zeit als phantastische Erzählungen ohne historischen Wert. So sah Rudolf Bultmann darin hellenistische Legenden, in denen die Auferstehung Jesu als ein „beglaubigendes Mirakel" dargestellt wird (Bultmann/108: 58f.). Bultmann bestritt im Rahmen seines Entmythologisierungsprogramms, dass es sich bei der Auferweckung Jesu um ein vom Leben und Sterben Jesu unterschiedenes Handeln Gottes am Gekreuzigten und Begrabenen handelt. Die Auferweckung Jesu sei „Ausdruck der Bedeutsamkeit des Kreuzes"

(58), der christliche Osterglaube „nichts anderes als der Glaube an das Kreuz als Heilsereignis" (61).

Nicht wenige Exegeten vertreten heute die Meinung, dass die Überlieferung vom leeren Grab Mk 16,1–8 zur markinischen Endredaktion gehört und von daher relativ jungen Datums sei (Broer/103: 282). Paul Hoffmann sieht in Mk 16,1–8 eine spätere „Veranschaulichung der Auferweckungsbotschaft im Kontext antiker Entrückungslegenden" (Hoffmann/129: 499) und steht damit in Nähe zur Position Bultmanns (vgl. auch Kessler/27: 287/238: 120). Eine Reihe namhafter Exegeten (Wilckens/262: 110/263: 47f.; Kremer/135: 48; Pesch/142: 519–541/249) spricht der Überlieferung vom Grab Mk 16,1–8 ein sehr hohes Alter zu und erkennt in ihr eine Jerusalemer Lokaltradition, die ursprünglicher Bestandteil der Passionsgeschichte war. Gleichwohl sieht etwa Pesch im Bericht von der Auffindung des leeren Grabes eine „konstruierte Erzählung", die den Glauben an die leibliche Auferweckung Jesu voraussetze und eine „Inszenierung" der geglaubten Wahrheit bezwecke (Pesch/249: 15/142: 521). Die These, bei Mk 16,1–8 handle es sich um eine spätere Kultätiologie, die einen an bzw. in der Grabstätte gefeierten Kult begründen soll (Schenke/252; Mußner/244), wird heute weitgehend skeptisch beurteilt.

Auch wenn nicht bestritten werden kann, dass die Auffindung des leeren Grabes in den Überlieferungen der Evangelien erzählerisch ausgestaltet ist, unterschiedliche theologische Akzente gesetzt werden (vor allem Mt 27, 62–66 und 28,2–4.11–15: Grabwache, Graböffnungswunder, Betrug der Hohenpriester) und nicht alle Angaben (etwa was die Namen der Frauen betrifft: Mk 16,2; Mt 18,1; Lk 24,1; Joh 20,1) übereinstimmen, ist es wenig überzeugend, in der Überlieferung Mk 16,1–8 nur eine „Inszenierung" der geglaubten Auferweckung Jesu zu sehen. Noch am Abend der Kreuzigung wurde der Leichnam Jesu, so die einhellige Auskunft aller vier Evangelien, von Josef von Arimathäa beerdigt (Mk 15,42–47 parr.). Das Grab Jesu war demnach bekannt und konnte so von seinen Jüngerinnen und Jüngern am Ostermorgen leer vorgefunden werden (Thiede-Lüdemann/258: 38–41). Bestattungen von Gekreuzigten waren im jüdischen Bereich auch keineswegs ungewöhnlich (Gnilka/124: 313–316). Es gibt also keinen triftigen Grund, die Bestattung des Leichnams Jesu durch Josef von Arimathäa mit Verweis auf Apg 13,29 (vgl. Joh 19,31) für eine historisch unzuverlässige Überlieferung zu halten (Broer/103: 294).

Weder im Neuen Testament noch anderswo findet sich ein Hinweis darauf, dass man den Christen vorgeworfen hätte, der Leichnam Jesu befinde sich noch im Grab. Wie der Betrugsvorwurf zeigt, wurde nicht über die „Tatsache", sondern über die „Deutung" des leeren Grabes gestritten. Der Streitpunkt war „nicht, *ob* es leer war, sondern *warum* – entweder weil, wie die Apostel behaupteten, Jesus von den Toten auferstanden war oder weil sie, wie sie beschuldigt wurden, den Körper gestohlen hatten, um einen Betrug zu begehen" (Dummet/116: 278). Für die Evangelien beinhaltet die Auferweckung Jesu das leere Grab. Da die jüdische Auferstehungshoffnung auf eine leibliche Auferweckung zielt, erscheint es auch unwahrscheinlich, dass sich die Jünger Jesu, aus Galiläa nach Jerusalem zurückgekehrt, für das Grab Jesu überhaupt nicht interessiert hätten (Vögtle/261: 97f.; Oberlinner/245: 175). Die Osterbotschaft wäre auch sofort widerlegt

Grablegung Jesu

das leere Grab

gewesen, wenn der Leichnam Jesu noch im Grab gelegen hätte. Der Grund für das Aufsuchen des Grabes durch die Frauen dürfte aber wohl nicht eine Salbung des schon Begrabenen (Mk 16,1; vgl. Lk 24,1) gewesen sein, sondern die Wiederaufnahme der Totenklage (vgl. die erwähnte Totenklage im Rahmen der Lazarusgeschichte: Joh 11,32).

Zeichen
der leiblichen
Auferweckung Jesu

Nun kann und muss man sachlich sicherlich zwischen einem Grab, das leer ist, und der Auffindung eines geöffneten und leer vorgefundenen Grabes unterscheiden (Oberlinner/245: 161). Alle uns historisch zugänglichen Informationen sprechen aber dafür, dass das Grab leer war und als solches auch vorgefunden wurde. Seit von Campenhausen (1952) wird deshalb von zahlreichen Exegeten die Historizität des leer vorgefundenen Grabes vertreten (vgl. den Überblick bei Kremer/135: 49f./240: 1181; anders u. a. Oberlinner/245: 182, der davon ausgeht, dass das Grab nicht geöffnet wurde, aber damit nicht die Bestreitung des leeren Grabes verbindet). Da das leere Grab mehrere Deutungen zulässt, beweist es allerdings nicht die Auferweckung Jesu. Vielmehr kann es nur in Verbindung mit den Erscheinungen des Auferstandenen als Zeichen der leiblichen Auferweckung des Gekreuzigten verstanden werden (Kremer/239: 159/240: 1181; Lohfink/ 241: 172; Mußner/244: 133).

Man hat gemeint, unter Hinweis auf alternative eschatologische Hoffnungen im Judentum, die sich auf ein Leben nach dem Tod beziehen, das Interesse am Grab Jesu bestreiten zu können (Kessler/238: 488–491). Doch ist der Verständnisrahmen für die biblische Osterbotschaft ganz unzweifelhaft die frühjüdische Hoffnung einer leiblichen Auferweckung der Toten, wobei diese schon zur Zeit Jesu mit den Vorstellungen von Abrahams Schoß bzw. vom Paradies (Lk 16,23; vgl. TestAbr 20; Lk 23,43; vgl. 2 Kor 12,2–4) verbunden waren, also der Annahme eines Zwischenzustandes für die Gerechten, die den Tod gefunden haben. Warum sollten die Auferstehungszeugen ihre Osterbotschaft auch mit der handfesten und irritierenden Realität des leeren Grabes in Verbindung gebracht haben, wenn für die Zeugen die Auferweckung Jesu nicht das leere Grab beinhalten würde?

Mk

Der Kern der ältesten Überlieferung vom leeren Grab Mk 16,1–8, das die drei Frauen auffinden, die nach Mk 15,49 Zeugen des Todes Jesu sind, ist die Aussage des Engels: „Erschreckt nicht! Ihr sucht Jesus von Nazaret, den Gekreuzigten. Er ist auferstanden [auferweckt: ἠγέρθη; vgl. 1 Kor 15,4]; er ist nicht hier" (Mk 16,6). Nicht das an sich vieldeutige leere Grab führt die Frauen zum Glauben. Die Botschaft des Engels löst vielmehr „Schrecken" und „Entsetzen" (Mk 16,8) aus; die Frauen fliehen und sagen niemandem etwas, weil sie sich fürchten. Was in der ältesten Überlieferung vom leeren Grab die Botschaft von der Auferweckung des Gekreuzigten vermittelt, ist das deutende Wort des himmlischen Boten. Der Hinweis auf die Erscheinungen des Auferstandenen in Galiläa (Mk 16,7) wird allgemein für sekundär gehalten.

Mt

Charakteristisch für die Überlieferung vom leeren Grab bei Matthäus, die von Mk 16,1–8 abhängig ist, sind die beiden „Maria" (Mt 28,1), die Ausgestaltung des Wunders der Graböffnung (Mt 28,2f.), die Erzählung von der Grabwache (Mt 27,62–66; vgl. 28,4) und die Erzählung vom Betrug der Hohenpriester (Mt 28,11–15). Sie sollen bekräftigen, dass Jesus wahrhaft auferstanden ist und sich darin das Zeichen des Jona (Mt 12,39f.;

Lk 11,39) erfüllte. Mit den beiden Erzählungen nimmt Matthäus auf den Vorwurf Bezug, die Jünger hätten den Leichnam Jesu gestohlen (vgl. Justin, Dial. 108,2; EvPetr VIII,28–XI,49). Die leibliche Auferweckung Jesu wird durch die Besichtigung der „Stelle" (Mt 28,6), wo sein Leichnam lag, verdeutlicht.

Lk 24,1–12 – ebenfalls von Mk 16,1–8 abhängig – versteht die Auferweckung des Gekreuzigten als Wiedervereinigung von Leib und Seele (Hoffmann/129: 505; anders Kremer/240: 1177). Der „Leib (σῶμα) des Kyrios Jesus", den die Frauen, die das Grab aufsuchen, nicht finden, wird mit dem Leichnam Jesu identifiziert (Lk 24,3f.; vgl. Lk 24,22; Apg 2,27). Sein Geist (πνεῦμα), den der sterbende Jesus dem Vater übergibt (Lk 23,46), geht in das Paradies, „den himmlischen Aufenthaltsort der Gerechten" (Hoffmann/129: 505), ein (vgl. Lk 23,43). Lukas geht es – dies zeigen auch seine beiden Erscheinungserzählungen (Lk 24,13–35.36–53) – um die leibhafte himmlische Existenz des Auferweckten. Der von den Toten Auferweckte ist kein „Geist", sondern erscheint seinen Jüngern leibhaftig. Er ist mit den Jüngern unterwegs, legt ihnen die Schrift aus und isst mit ihnen. Lk

Auch der Überlieferung vom leeren Grab bei Johannes (20,1–10), die wahrscheinlich indirekt, durch eine vormarkinische Vorlage (Mk 16,1–8) beeinflusst ist, geht es darum zu zeigen, dass Jesus wahrhaft von den Toten auferweckt wurde, vor allem durch die in die Erzählung von der Auffindung des leeren Grabes durch Maria von Magdala eingefügte Erzählung vom Wettlauf zwischen dem Lieblingsjünger Jesu und Petrus (Joh 20,3–10), die einer nachjohanneischen Redaktion zugewiesen wird. Das Finden des Schweißtuches und der Leinenbinden soll den Vorwurf des Leichenraubes widerlegen (Joh 20,5–7; vgl. 19, 40). Das wiederholt erwähnte „sehen" (Joh 20,2.5f.8), das anders als bei Petrus beim Lieblingsjünger Jesu zum Glauben führt, will zeigen, dass zur Wirklichkeit der Auferweckung Jesu das leere Grab gehört. Joh

Paulus erwähnt das leere Grab zwar nicht, doch geht er wie die Evangelien davon aus, dass der Gekreuzigte begraben wurde (1 Kor 15,4; vgl. Apg 13,29), so dass sich bei ihm als Abfolge der Aussagen über Jesus ergibt: „gestorben …, begraben … auferweckt". „Den Gestorbenen und Begrabenen hat Gott zum Leben aus Tod und Grab erweckt" (Wilckens/263: 36). Auch wenn man aus 1 Kor 15,4 nicht ableiten kann, dass das Grab leer war (Craig/230: 57), so ist es doch ganz unwahrscheinlich, dass Paulus, „ein Sohn von Pharisäern" (Apg 23,6; vgl. Phil 3,5), der in seiner Jugend in Jerusalem zum pharisäischen Schriftgelehrten ausgebildet wurde (Gnilka/124: 21–33), an eine Auferweckung des Gekreuzigten hätte glauben können, ohne dass davon auch Jesu Leib betroffen wäre. Ganz auf der Linie der frühjüdischen Apokalyptik spricht Paulus davon, dass der irdische Leib jener Jünger Christi, die der Auferstandene bei seiner Wiederkunft lebend antrifft, im Sinne einer Transformation verwandelt werden wird (1 Kor 15,35–58). Paulus

Dies zeigt, wie realistisch Paulus dachte und sich die Auferweckung Jesu von den Toten vorgestellt haben muss (Wilckens/263: 74–82). Im Kontext der jüdischen Anthropologie und Auferstehungshoffnung wäre „eine Verkündigung der Auferstehung Jesu bei einem gleichzeitigen Verbleiben des Leichnams Jesu im Grab … undenkbar gewesen" (Schenke/252: 102; vgl.

auch Oberlinner/245: 165). Deshalb hätte sich „die Auferstehungsbotschaft der nach Jerusalem zurückkehrenden Jünger … in der Stadt kaum eine Stunde halten können, wenn man den Leichnam Jesu im Grabe hätte nachweisen können" (Moltmann/29: 244; vgl. auch Kremer/135: 50; Pannenberg/428: 400).

d) Die Auferweckung Jesu als geschichtliches Ereignis

Wie die Erwartung der unmittelbar bevorstehenden Wiederkunft, der Parusie Christi (Phil 4,5 f.; 1 Thes 5,1–11) zeigt, ist die Auferweckung des Gekreuzigten von Paulus und den ersten Christen als Beginn der Endzeit betrachtet worden. Zwar blieb die Wiederkunft aus, die Auferweckung Jesu blieb aber das eschatologische Ereignis, das die zukünftige Auferweckung der Toten eröffnet. Der Glaube an die Auferweckung Jesu begründete und bewährte zugleich die Hoffnung auf die allgemeine Auferweckung der Toten. „Wenn aber verkündigt wird, dass Christus von den Toten auferweckt worden ist, wie können dann einige von euch sagen: Eine Auferstehung gibt es nicht? Wenn es keine Auferstehung der Toten gibt, dann ist auch Christus nicht auferweckt worden. Ist aber Christus nicht auferweckt worden, dann ist unsere Verkündigung leer und euer Glaube sinnlos" (1 Kor 15,12–14; vgl. 15–19).

die aktuelle Diskussion um die Auferweckung Jesu

Wie ist die Auferweckung des Gekreuzigten zu verstehen? Die Auferweckung Jesu bedeutet nicht, wie die Auferweckung des Lazarus (Joh 11,17–44), eine Rückkehr in das irdische, sterbliche Fleisch (Joh 11,39). Der auferweckte Gekreuzigte ist definitiv dem Tode entrissen. „Wir wissen, dass Christus, von den Toten auferweckt, nicht mehr stirbt; der Tod hat keine Macht mehr über ihn" (Röm 6,9; vgl. Offb 1,17 f.). Gott hat Jesus auferweckt, „um ihn nicht mehr zur Verwesung zurückkehren zu lassen" (Apg 13,34). Von verschiedener Seite ist nun bestritten worden, dass die Auferweckung Jesu ein Handeln Gottes am Gekreuzigten impliziert. Gerd Lüdemann will in der Osterbotschaft nicht mehr sehen als das Vertrauen des Glaubens, dass die in Jesus erfahrene Einheit mit Gott über den Tod hinaus Bestand hat (Lüdemann/243: 202). Ähnlich erkennt Karl-Heinz Ohlig in der Osterbotschaft einen symbolischen Ausdruck der allgemeinen Menschheitshoffnung über den Tod hinaus (Ohlig/246: 93–100).

Hansjürgen Verweyen teilt zwar nicht die rationalistische Position Lüdemanns, verwirft allerdings den mit dem Bild von der Auferweckung der Toten verbundenen Jenseitsglauben unter Berufung auf die moderne Religionskritik als Projektion, Vertröstung und zu spät kommende Versöhnung. Im Bild von der „Auferweckung" sieht Verweyen eine triumphalistische und zugleich „gefährliche" Metapher. Die österlichen „Widerfahrnisse" interpretiert Verweyen als „Durchbruch" bzw. die nach dem Tode Jesu aufgehende „Konsequenz" einer Erfahrung, die den Jüngerinnen und Jüngern Jesu im Grunde schon während des Lebens Jesu, spätestens aber angesichts seines Sterbens gegeben war, von ihnen aber nicht angemessen wahrgenommen wurde, so dass die österlichen Widerfahrnisse gegenüber der Wahrheit des Sterbens Christi sachlich nichts Neues offenbaren (Verweyen/91: 135–144/259/439: 52–95/440: 338–362).

Die Grundlage des Osterglaubens liegt für Verweyen im Leben und Sterben Jesu. Im irdischen Leben und Sterben Christi erkennt der Glaube in der Perspektive der sittlich-praktischen Vernunft, einer Liebe, die vorbehaltlos ist und sich deshalb mit dem Tod des anderen nicht abfinden kann, Gottes Bild und fleischgewordenes Wort (Verweyen/440: 359f.). Er nimmt darin jene Liebe wahr, die stärker ist als der Tod, Gottes „letztgültige Selbstmitteilung" (260: 130). Dazu braucht es kein neues Handeln Gottes am Gekreuzigten. Entscheidend ist „das durch den Tod unanfechtbare Leben Jesu in Gott" (115), dass also „dem Tod bereits in der Selbsthingabe des Gerechten seine Macht entrissen wurde, das neue Leben daher nicht gleichsam nachgeliefert werden muß" (130). Bei der Rede von der Auferweckung vom Tode handelt es sich um eine apokalyptische Metapher für den Glauben, dass Jesus endgültig in und aus Gott lebt.

Doch kann die Lebenshingabe Jesu die todüberwindende Macht der Liebe Gottes allein nicht verbürgen und den Glauben begründen, dass der Gekreuzigte lebt. Denn der gewaltsame Tod Jesu stellt die Treue der Liebe Gottes in Frage. Die Unbedingtheit und Entschiedenheit der Liebe Gottes bis hinein in das Sterben seines Sohnes konnte sich für die Jünger nicht ohne seine Auferweckung erschließen. In der Auferweckung Jesu offenbart sich Gott als derjenige, der im Leiden und im Kreuz seines Gesalbten mit seiner vergebenden Liebe präsent ist. Das setzt ein Handeln Gottes am Gekreuzigten voraus. Wenn die Auferweckung Jesu kein Handeln Gottes am Gekreuzigten darstellt, dann erhebt sich die Frage, was dann die Hoffnung, unsere Gemeinschaft mit Gott habe über den Tod hinaus Bestand, begründet. Doch ist dieses Handeln ein Handeln Gottes *im* Tod Jesu *am* Kreuz (so Kessler/238: 452.449f.) oder am Gekreuzigten und Begrabenen?

Von der biblischen Osterbotschaft wird die Auferweckung Jesu als ein Handeln Gottes an der Person des Gekreuzigten und Begrabenen verstanden, das ihn aus der irdischen Welt ins unvergängliche Leben führt. Die biblische Osterbotschaft sieht in der Auferweckung ein wirkliches „Geschehen". Will man die Erscheinungen des Auferstandenen von Fiktionen, Projektionen oder krankhaften Halluzinationen unterscheiden, muss ihnen die Wirklichkeit der Auferweckung des Gekreuzigten entsprechen. Doch kann, ja muss man sagen, dass es sich bei der Auferweckung Jesu um ein geschichtliches Ereignis handelt? Hier hat Wolfhart Pannenberg zu bedenken gegeben, dass eine Aussage, die „ein Ereignis als in der Vergangenheit tatsächlich geschehen behauptet", einen „historischen Anspruch" impliziert und „sich damit auch historischer Prüfung" aussetzt (Pannenberg/428: 403). Von der Auferweckung Jesu sei deshalb als einem historischen bzw. geschichtlichen Ereignis zu sprechen, wobei „geschichtlich" bzw. „historisch" nicht heißt „historisch beweisbar", sondern „tatsächlich stattgefunden" (428: 404).

die Auferweckung Jesu als geschichtliches Ereignis?

Man hat gefragt, ob die Kategorie des „geschichtlichen", „historischen" Ereignisses angemessen ist. Bestritten wurde dies in jüngster Zeit vor allem von Georg Essen (Essen/232), und zwar unter Rekurs auf einen Begriff des Historischen, der am Grundsatz des einheitlichen und gleichartigen Geschehens, der Analogie innerweltlichen Geschehens, orientiert ist. Dabei hält Essen die Überlieferung vom leeren Grab mit Anton Vögtle für historisch nicht zuverlässig. Da für alles Historische nach dem Prinzip der „empirischen Triftigkeit" aber ein in Raum und Zeit ausweisbares Datum gefordert ist (232: 379), kommen als „geschichtliches" Ereignis für Essen nur die Erscheinungen des Auferstandenen in Frage. Doch weiß die Historie davon ebenso wenig wie von der Auferweckung Jesu. Historisch, zumindest im Sinne Essens, können allein die Berichte von den Erscheinungen des Auferstandenen sein (vgl. dazu auch Hoping/235).

Auch Ingolf U. Dalferth bezeichnet die „Ostererfahrung der Jünger" gelegentlich als „historischen Sachverhalt" (Dalferth/231: 389), obschon er die Auferweckung Jesu selbst nicht als historisches Ereignis (231: 386), sondern mit Bultmann (108: 62f.) ein „eschatologisches Geschehen" nennt, „das ein für allemal geschehen ist ..., weil Jesus nicht in dieses geschichtliche Leben, sondern in das ewige Leben Gottes auferweckt wurde" (Dalferth/231: 404). Soll sich die Auferweckung Jesu am Ende aber nicht in die Subjektivität der „Auferstehungszeugen" auflösen, will man also mit der Schrift an der Wirklichkeit der Auferweckung Jesu als etwas festhalten, was dem Gekreuzigten von Gott her tatsächlich widerfahren ist, also an einer „perfektischen Realität", wie Kessler (Kessler/27: 283) sehr richtig sagt, dann muss man die Auferweckung Jesu selbst, analog zur Inkarnation, die ja als solche wie die Auferweckung kein Gegenstand der Historie ist, ein geschichtliches Ereignis nennen (Pannenberg/31: 417; Hoping/235: 328f.).

Friedrich-Wilhelm Marquardt hat dies treffend so formuliert: „Ostern ist ein *Ereignis, das in der Zeit geschieht*, aber in seiner Einzigartigkeit zugleich ein Ereignis, das *ihr widerfährt* und an ihr geschieht." Die Herausholung Jesu „aus der Nacht des Todes, die Auferweckung seines Leibes, ist nicht als etwas Überzeitliches gemeint, sondern ist ein Zeitereignis und insofern wirklich ein ‚Ereignis‘ (denn was sich nicht in der Zeit ereignet, ereignet sich für biblische Begriffe nicht wirklich)" (Marquardt/28: Bd. 2 284). Noch ganz unabhängig von der Frage des leeren Grabes setzen die Erscheinungen des Auferstandenen und die Osterbekenntnisformeln die Identität des Gekreuzigten mit dem Auferstandenen voraus, also dass derselbe Jesus, der gekreuzigt wurde, nun für immer bei Gott lebt.

leibliche
Auferweckung
Doch impliziert ein solches Handeln Gottes am Gekreuzigten das leere Grab? Die Auferweckung Jesu kann nicht ausgehend von dem an sich vieldeutigen leeren Grab als Handeln am Gekreuzigten und Begrabenen begründet werden (Pannenberg/31: 95). Nach biblischem Zeugnis gehört zur Auferstehung Jesu das leere Grab als „Zeichen", nicht als Beweis, seiner leiblichen Auferweckung, in Verbindung mit den Erscheinungen des Auferstandenen. Im Neuen Testament finden wir den Glauben, dass der Leib Jesu die Verwesung nicht geschaut hat (Apg 2,31; 13,33.36). Eine Deutung des leeren Grabes hängt letztlich entscheidend davon ab, von welchem Gottes- und Wirklichkeitsverständnis man ausgeht.

Wer eine leibliche Auferstehung im Sinne der jüdischen Auferstehungshoffnung von vornherein als mit unserem modernen Weltbild nicht mehr vereinbar ausschließt, der muss in der Verwesung des Leichnams Jesu, das heißt im „vollen Grab", eine historische Tatsache sehen (Lüdemann/242: 198/243: 26f.; Kessler/238: 491). Für die Wirklichkeit der Auferstehung Christi spielt dann die Frage des Grabes und des Schicksals des Leichnams Jesu keinerlei Rolle (Kessler/237: 1185–1190). Wer dagegen den Heiligen Israels, der „Himmel und Erde" gemacht hat, nicht auf ein bestimmtes

Weltbild festlegen will, in dem seine Schöpfermacht am Leichnam Jesu ihre Grenze findet, der kann der gut bezeugten Überlieferung vom leeren Grab trauen und darin ein Zeichen der leiblichen Auferweckung Jesu sehen (Wilckens/263: 26.61; Pannenberg/31: 97/428: 402; Scheffczyk/251: 197; Spaemann/343: 235 f.241; Schwager/255 u. a.). Wer diese Position, die hier auf der Grundlage des biblischen Zeugnisses vertreten wird, als „fundamentalistisch" diffamiert (so Lüdemann/242: 227/243: 17; Kessler/ 238: 486–488), den wird man fragen dürfen, ob die gegenteilige Position nicht von einer rationalistischen Hermeneutik des Verdachts bestimmt ist.

e) Der auferweckte Gekreuzigte als Messias und Gottes Sohn

Das neutestamentliche Christusbekenntnis hat seine Grundlage in den Osterwiderfahrnissen und ihrer Verbindung mit der geschichtlichen Person Jesu, seiner Verkündigung, seinem Leiden und seinem Sterben. Die Christologien des Neuen Testaments erwachsen aus der Erfahrung mit dem irdischen Jesus und dem im Geist gegenwärtigen auferweckten Gekreuzigten. Die Auferweckung Jesu bestätigte seine Botschaft und sein besonderes Sohnesverhältnis im Sinne einer göttlichen Rechtfertigung (1 Tim 3,16). Im Licht der Auferweckung wurde Jesus als die endgültige Offenbarung des Vaters verkündet: als Name und Antlitz Gottes, als sein Gesalbter (χριστός), Menschensohn (υἱὸς ἀνθρώπου), Herr (κύριος) und Sohn Gottes (υἱὸς θεοῦ). Der Christustitel ist wegen seiner Verbindung mit dem Sohnestitel geradezu zum Beinamen Jesu geworden.

> Ursprung der Christologie

Die Christologie der Synoptiker ist vor allem am irdischen Weg des messianischen Gottessohnes interessiert. Sie will zeigen, dass Jesus der erwartete Messias Gottes ist, zu dessen Identität seine Empfängnis, seine Geburt, sein Leben, seine Verkündigung, sein Leiden und Sterben und seine Auferweckung gehören. Was Rudolf Pesch mit Blick auf das Evangelium des Markus sagt, gilt auch für die Evangelien von Matthäus und Lukas: „Wer Jesus Christus ist, sagt seine Geschichte" (Pesch/142: 43). Neben dem Bekenntnis zu Jesus als Messias ist die Gottesohnschaft Jesu die „tragende Säule des urchristlichen Christusbekenntnisses" (Schnackenburg/147: 342).

Die Bezeichnung Jesu als „Sohn Gottes" gehört zur urchristlichen Tradition, deren Entstehungsgeschichte aber im Einzelnen umstritten ist (Hahn/ 127: 280–338; Hengel/128: 90–130; Schnackenburg/147: 58). War im Alten Testament „Sohn Gottes" eine Bezeichnung vor allem für den „theokratischen" König (2 Sam 7,12–14; Ps 2,7; 110,3; 1 Chr 17,13; 22,10), aber auch für Israel (Ex 4,22 f.; Jer 31,9.20; Hos 11,1) – konnte also individuell wie kollektiv verwendet werden – so betrachten die Synoptiker Jesus exklusiv als den geliebten Sohn des Vaters (Mk 12,6), der zu Gott in einem besonderen Sohnesverhältnis steht, der den Vater kennt, wie ihn der Vater kennt (Mt 11,27par). Die neutestamentliche Sohneschristologie durchbricht die alttestamentlichen Sohnesaussagen, wo sie den messianischen Sohn Gottes mit dem gekreuzigten und von Gott auferweckten Jesus von Nazaret identifiziert.

Die apokalyptische Menschensohnvorstellung dient dazu, die Bedeutung Jesu als Heilsgestalt und endzeitlichen Richter zum Ausdruck zu bringen. Belege für eine Menschensohnchristologie finden sich vor allem in der Logienquelle und der vormarkinischen Überlieferung (Lk 11,30; Mk 8,38, 13,27f. u.a.). Obschon sich bei den Synoptikern noch nicht explizit der Gedanke der Präexistenz Christi findet, wird doch die Sohnschaft im Leben Jesu begründet und über ihre öffentliche Proklamation bei der Taufe im Jordan (Mk 1,9–11 parr.) hinaus auf den Anfang der irdischen Existenz Jesu zurückgeführt (Mt 1,18–25; Lk 1,32.35). Auch die Kyrios-Anrede, die in der LXX Gottesprädikation ist, wird bei den Synoptikern an einigen zentralen Stellen auf Jesus bezogen (Mk 16,19; Lk 2,9; 24,3.34).

Hoheitstitel bei Mk: Sohn Gottes

Schon bei *Markus* finden sich fast alle zentralen christologischen Hoheitstitel: Gottessohn, Menschensohn, Messias/Christus, daneben auch der „Heilige Gottes", aber – abgesehen vom sekundären Markusschluss – noch nicht der Kyrios-Titel (Mk 7,28 und 11,3 ist κύριος wohl nicht christologisch verwendet). Die Aussage, dass Jesus der Sohn Gottes ist, rahmt den Erzählzusammenhang des Evangeliums, vom Anfang (1,1: „Evangelium Jesu Christi" mit dem [späteren] Zusatz „des Sohnes Gottes"), über die Taufe Jesu (1,11) und die Verklärung (9,7) bis zum Bekenntnis des Hauptmanns unter dem Kreuz am Ende des Passionsberichtes (15,39). Von den Besessenen, die Jesus heilt, wird er als Sohn Gottes (3,11; 5,7) bzw. der „Heilige Gottes" (1,24) erkannt. In indirekter Gleichnisrede bezeichnet sich Jesus als den letztgesandten, eschatologischen Boten und „geliebten Sohn", der – getötet und verworfen – zum „Eckstein" wird (Mk 12,6.10; vgl. Ps 118,32).

Im Hintergrund der göttlichen Deklaration der Gottessohnschaft Jesu bei seiner Taufe (Mk 1,11: „Du ist mein geliebter Sohn, an dir habe ich Gefallen gefunden") steht Ps 2,7b, wo es über den königlichen Gesalbten Gottes heißt: „Mein Sohn bist du. Heute habe ich dich gezeugt." Wenn bei der Taufe Jesu sich der Himmel öffnet und der Geist wie eine Taube auf Jesus herabkommt, erinnert dies an Jes 63,19, wo Israel um das Erscheinen Gottes bittet: „Reiß doch den Himmel auf, und komm herab." Ebenso schwingt der Anfang des ersten Gottesknechtslieds mit: „Seht, das ist mein Knecht, den ich stütze; das ist mein Erwählter, an ihm finde ich Gefallen" (Jes 42,1). Schließlich könnte ein Anklang an die Bindung Isaaks gegeben sein. So nennt Gott Isaak den „einzigen Sohn" (Gen 22,2), den sein Vater Abraham liebt. Damit würde die Taufszene auf das Lebensopfer Jesu am Kreuz vorausweisen, angesichts dessen der heidnische Hauptmann Jesus als „Sohn Gottes" bekennt (Mk 15,39).

Menschensohn

Häufiger als die Bezeichnung Jesu als Sohn Gottes ist das Wort vom Menschensohn. Jesus ist der Menschensohn, der die Vollmacht hat, Sünden zu vergeben, der Dämonen austreibt, Kranke heilt und Herr des Sabbats ist (Mk 2,10.28; 3,10; 5,1–20). Jesus ist der mit den Zügen des leidenden Gerechten gezeichnete Menschensohn, der nach göttlichem Ratschluss „verworfen" wird (8,31; 9,12; 14,21), sein Leben als Lösegeld hingibt für die Vielen (10,45), der „ausgeliefert" und getötet wird (9,31; 10,33; 14,21.41), durch Gott aber zur Auferstehung gelangt (9,9). Als der Auferweckte ist Jesus zugleich der endzeitlich erscheinende Menschensohn, der zur Rechten der göttlichen Macht sitzt und mit Macht und Herrlichkeit in der Hoheit seines Vaters kommen wird (Mk 8,38; 13,26; 14,21; vgl. Ps 34,20). Bei dieser Bekenntnisaussage wird auf Dan 7,14 zurückgegriffen, wo von der endzeitlichen Gestalt des Menschensohnes, der Repräsentant der eschatologischen Königsherrschaft ist, gesagt wird, dass ihm Gott „Herrschaft, Würde und Königtum" gibt. Mit dem Titel „Menschensohn" wird Jesu heilsames Wirken, sein Weg in den Tod und seine Verherrlichung durch die Auferweckung bezeichnet.

Neben der Bezeichnung als Menschensohn wird Jesus auch der Gesalbte Gottes, der Messias, genannt (Mk 8,29; 13,21; 14,61; 15,32), wobei die „Davidsohnschaft" (12,35–37) des Messias nur eine Nebenrolle spielt. Die Messianität Jesu bleibt zunächst wegen möglicher Missverständnisse (10,42; 11,10) ein Geheimnis (8,27–30). Dass der Messias der leidende, sterbende und auferstehende Menschensohn ist (8,31; 9,9.31; 10,33 f.45), wird von den Jüngern nicht verstanden (8,32 f.; 9,10.32; 10,32). Der Messias Gottes ist kein anderer als der Gekreuzigte und Auferstandene, Jesus, der „Sohn des Hochgelobten" (14, 61 f.). Obschon der Messias schon in der jüdischen Tradition als „Sohn Gottes" bezeichnet werden konnte (vgl. 2 Sam 7,14; Ps 2,7; 4Qflor 1,11; 4Q 243), ist es doch möglich, dass die Bezeichnung des Messias als „Sohn des Hochgelobten" christlichen Ursprungs ist.

Wie der Christustitel bezieht sich die Sohnesaussage, die noch keine Präexistenz umfasst, auf die Sendung Jesu als des eschatologischen Boten der Gottesherrschaft. Dies gilt auch für den Menschensohntitel, mit dem zugleich zum Ausdruck gebracht wird, dass der gekreuzigte und auferweckte Messias als „Sohn Gottes" vom Himmel her erscheinen wird, um das endgültige Heil zu vollenden. Von Kreuz und Auferweckung her erschließt sich, dass Jesus der messianische Gottessohn ist. Bei der endzeitlichen Gestalt des Messias und des Menschensohnes handelt es sich um ein und dieselbe Person.

Auch bei *Matthäus* steht das Bekenntnis zur Gottessohnschaft Jesu und zu ihm als Menschensohn im Zentrum. Daneben begegnen weitere christologische Bezeichnungen wie „Sohn Davids" und der „Sohn Abrahams" (Mt 1,1), der „Immanuel, Gott mit uns" (1,23) und der „Knecht Gottes" (12,18). Doch auch bei Matthäus kulminieren die unterschiedlichen christologischen Prädikationen im Bekenntnis zu Jesus als Sohn Gottes (Schnackenburg/147: 115). Als Gottes Sohn erscheint Jesus in allen Phasen der Erzählung seines Lebens, vom Kindheitsevangelium (Mt 1,21) über den Taufbericht (3,17b), die Versuchungsgeschichte (4,4b. 10b), die Erzählung vom Gang Jesu über das Wasser (14,33: Bekenntnis zu Jesus als „Sohn Gottes" mit Proskynese), das Verhör vor dem Hohen Rat (26,63 f.), bis hin zum Bekenntnis des Hauptmanns unter dem Kreuz (27,54) und zum Taufbefehl des Auferstandenen (28,16–20). Jesus ist von Gott als Sohn erwählt, um von den Sünden zu retten – so die Deutung des Namens *Jehoschua* (1,21) – und die Menschen so in ein neues Verhältnis zu Gott zu bringen. Diese Sendung Jesu wird besiegelt durch die Hingabe des eigenen Lebens für die vielen (20,28; 26,28).

Der aus Maria Geborene (Mt 1,16) ist aus dem Heiligen Geist gezeugt (1,20), er hat seinen Ursprung in Gott; er ist der „Gott mit uns" (1,23). Die Bezeichnung Jesu als Kind, dem Anbetung gebührt (2,11), ist in engster Beziehung zum Bekenntnis zur Gottessohnschaft Jesu zu sehen. Die Taufe Jesu stellt die öffentlich stattfindende göttliche Deklaration seiner Gottes-

Gesalbter Gottes

Hoheitstitel bei Mt: Sohn Gottes und Davids Sohn

sohnschaft dar (3,13–17). Vom Geist Gottes, der auf Jesus herabkommt, wird dieser in die Wüste geführt und widersteht dort als „Sohn Gottes" (3,3.6) der Versuchung des Teufels. Bei der Verklärung findet erneut eine göttliche Deklaration der Gottessohnschaft Jesu statt (17,5). Die Christophanie am Ende des Matthäusevangeliums bestätigt wie das Wort des heidnischen Hauptmanns unter dem Kreuz, dass Jesus der Sohn Gottes war (28,16–20).

Auch bei Matthäus kennen die von Jesus geheilten Besessenen das Geheimnis seiner Person. Jesus ist der Sohn Gottes, den die Dämonen fürchten (8,29). Für Matthäus weiß auch der engere Jüngerkreis um die Identität Jesu. Nach dem Gang Jesu auf dem Wasser werfen sie sich vor ihm nieder und bekennen: „Wahrhaftig, du bist Gottes Sohn" (14,33). Im Namen der Jünger wird dieses Bekenntnis von Petrus wiederholt, wobei Sohn Gottes und Messias gleichgesetzt werden: „Du bist der Messias, der Sohn des lebendigen Gottes" (16,16).

Das einzigartige Verhältnis, in dem der Sohn zu seinem göttlichen Vater und der Vater zu seinem Sohn steht, bringt der „Jubelruf" zum Ausdruck, den Jesus anstimmt, nachdem er seinen Vater im Himmel gepriesen hat. „Mir ist von meinem Vater alles übergeben worden, niemand kennt den Sohn, nur der Vater, und niemand kennt den Vater, nur der Sohn und der, dem es der Sohn offenbaren will" (11,25–27). Sohn und Vater erkennen sich gegenseitig; für den Sohn erwächst daraus die Offenbarungsvollmacht sowie die Fähigkeit zur Vermittlung göttlichen Lebens (vgl. Joh 17,2).

Beim Verhör vor dem Hohenpriester bekennt sich Jesus nur indirekt dazu, Sohn Gottes zu sein (Mt 26,63). Am Kreuz wird Jesus als der „Sohn Gottes" verspottet (27,40.43). Das Sterben des Sohnes am Kreuz wird von Ereignissen begleitet, die als kosmische Zeichen zu lesen sind: Der Vorhang im Tempel zerreißt, die Erde bebt, die Gräber öffnen sich und die Toten werden auferweckt (27,51–53). „Jesus ist auf dem Weg zur Weltherrschaft und Weltvollendung" (Schnackenburg/147: 118). Dies bestätigen die Worte des Sendungsauftrags des Auferstandenen in der grandiosen Schlussszene des Evangeliums: „Mir ist alle Macht gegeben im Himmel und auf der Erde … Seid gewiss: Ich bin bei euch alle Tage bis zum Ende der Welt" (Mt 28,18.20).

Sohn und Knecht Gottes An vier Stellen wird der Sohn Gottes im Evangelium des Matthäus durch Anspielungen bzw. Zitate aus dem ersten und vierten Gottesknechtslied (Jes 42,1–4; 53,4) als „Knecht Gottes" charakterisiert: bei der Taufszene (Mt 3,17), bei der Verklärung (17,5) und im Zusammenhang mit zwei Krankenheilungen (8,17; 12,18–21). Der Sohn (υἱός), an dem Gott sein Gefallen gefunden hat, nimmt die Leiden und Krankheiten der Menschen auf sich; er ist der mit heiligem Geist ausgerüstete Knecht (παῖς), der sich der Kranken und Gebeugten erbarmt und die Sache Gottes zum Sieg führt.

Leiden und Auferweckung des Menschensohnes Leiden, Sterben und Auferstehung Jesu sind auch bei Matthäus mit dem Bekenntnis zu Jesus als Menschensohn verbunden (12,40; 17,9.12.22; 20,18.28; 26,24). Mit dem Sterben des Menschensohnes und seiner Rettung aus dem Tod wird Israel das Zeichen des Jona gegeben: „Wie Jona drei Tage und drei Nächte im Bauch des Fisches war, so wird auch der Menschensohn drei Tage und drei Nächte im Inneren der Erde sein" (12,38f.). Wenn es von Jesus, dem Menschensohn heißt, „hier ist einer, der ist mehr als Jona" (12,40f.), dann wird damit die besondere Stellung Jesu gegenüber den Propheten herausgestellt, wie im Wort Jesu über die Propheten und die Gerechten: „Amen, ich sage euch: Viele Propheten und Gerechte haben sich danach gesehnt zu sehen, was ihr seht, und haben es nicht gesehen, und zu hören, was ihr hört, und haben es nicht gehört" (13,17).

Auch bei Matthäus erscheint der Menschensohn nicht nur als jener, der gekommen ist, um zu dienen und sein Leben hinzugeben (20,28), sondern der die Vollmacht hat, Sünden zu vergeben (9,6), der Anstoß erregt, weil er mit Zöllnern und Dirnen isst und trinkt (11,19), und Herr über den Sabbat ist (12,8). Besonderer Nachdruck aber wird auf das machtvolle Erscheinen des zur Rechten Gottes sitzenden Menschensohns und sein Kommen zum Gericht gelegt (10,23; 12,32; 13,41; 16,27f.; 24,27.29–31.39.44; 25,31–46; 26,64). Der Menschensohn ist nicht nur der leidende Gerechte, sondern der erwartete Heilskönig, der Gericht hält und dem alle Völker unterworfen sind. Als Auferstandener wird der Menschensohn zum Richter der Welt (25,31–33) und erscheint als der kosmische Parusiechristus (24,29–31).

Neben den Bezeichnungen Jesu als Gottes Sohn, Knecht Gottes und Menschensohn erhält die Messiasfrage bei Matthäus besonderes Gewicht (1,16–18; 2,4; 11,2 u.ö.). Dass Jesus der Messias Israels ist, zeigt die an zentralen Stellen begegnende Bezeichnung „der Sohn Davids". Die Genealogie zu Beginn des Matthäusevangeliums macht deutlich, dass die Geschichte Gottes mit Israel auf Jesus von Nazaret, den Sohn Davids (1,1.6), zuläuft. Jesus ist die Erfüllung der messianischen Hoffnungen und Erwartungen Israels. Er ist der verheißene Messiaskönig aus dem Geschlechte Davids (9,27; 12,23; 15,22; 20,30f.; 21,9), der als der Gesalbte Gottes, der Messias (1,16; 16,16.20; 22,42), zugleich der Herr Davids ist (22,42–45). Er ist der gewaltlose Friedenskönig, den der Prophet Jesaja verheißen hat (21,5; vgl. Sach 9,9–11). Durch den aus Israel kommenden Messiaskönig, dem nach der Genealogie die Abrahamssohnschaft zukommt (Mt 1,1; vgl. 3,9; 8,11), finden alle Völker das Heil (vgl. Gen 12,3; 22,18; 26,4). Am Ende werden deshalb die Jünger zu allen Völkern gesandt (Mt 28,19). Adressat des Evangeliums sind Israel und die Völker.

Matthäus sieht in Jesus den vollmächtigen und abschließenden Interpreten des Willens Gottes (5,21–48). In seiner Verkündigung und Praxis „geschieht" Gottes Wille (vgl. 6,20; 26,39.42; 5,18). In seinem Leben ereignet sich zugleich das Wirken der Weisheit Gottes. Die „Taten Christi" (11,2) sind „Taten der Weisheit" (11,19). Man hat deshalb von Jesus als der „Weisheit Gottes in Person" (Schweizer/149: 57) gesprochen. Ohne sich direkt auf die Vorstellung von der präexistenten Weisheit zu beziehen, wird damit zum Ausdruck gebracht, dass Jesus der „Immanuel", der „Gott mit uns", ist (Mt 1,23).

In der Christologie des *Lukas* wird Jesus in die umfassende Geschichte Gottes mit seinem Volk eingeordnet. Im Vordergrund der Aussagen über Gott und seinen Messias steht die Begabung Jesu mit dem Geist Gottes und seine Stellung als von Gott gesandter Retter (σωτήρ), eine Bezeichnung, die im lukanischen Doppelwerk gleich mehrmals begegnet (Lk 2,11; Apg 5,31, 13,23; vgl. Lk 1,47), bei den anderen Synoptikern aber nicht anzu-

Messiasfrage

Hoheitstitel bei Lukas: der geistbegabte Retter

treffen ist (Schnackenburg/147: 167.334). Wenn Jesus im lukanischen Doppelwerk „Retter" genannt wird, dann ist dies nicht unspezifisch gemeint (Jesus – ein Retter), sondern ist – wie der Zusatz χριστὸς κύριος zeigt – im titularen Sinne zu verstehen. Lukas kannte das Wort σωτήρ aus dem Gebrauch im Hellenismus seiner Zeit. Ihm waren auch die Psalmverse der LXX vertraut, in denen Gott als Retter angerufen wird (Ps 23,5; 24,5; 26,1.9; 61,26). Ebenso wusste er um Jes 45,15, wo es vom Gott Israels heißt: „Wahrhaftig, du bist ein verborgener Gott, Israels Gott ist der Retter" (vgl. 1 Makk 4,30). In und durch seinen geistbegabten Gesandten, Jesus von Nazaret, bewirkt Gott die Rettung (σωτηρία) und das Heil.

Schon bei seiner Geburt wird Jesus vom Engel des Herrn als Retter aus der Stadt Davids proklamiert: „Heute ist euch in der Stadt Davids der Retter geboren; er ist der Messias, der Herr" (Lk 2,11). Mit dem Messiastitel wird hier der jüdische Gedanke von dem „Gesalbten", dem kommenden Heilskönig, aufgenommen. Jesus ist der in der Schrift vorhergesagte Christus (Apg 18,23). In Jesus und durch ihn hebt Gottes endgültiges Heil für die Menschen an. So heißt es im Lobgesang des Simeon, der am Ende seines Lebens den Messias schaut: „Nun lässt du, Herr, deinen Knecht, wie du gesagt hast, in Frieden scheiden. Denn meine Augen haben das Heil gesehen, das du vor allen Völkern bereitet hast, ein Licht, das die Heiden erleuchtet, und Herrlichkeit für dein Volk Israel" (Lk 2,29–32). Jesus ist nicht nur Heiland für Israel (Apg 5,31), sondern zugleich das Licht für die Völker (Lk 13,47f.).

der geisterfüllte Messias

In Jesus erfüllt sich die prophetische Verheißung vom Geistbesitz des Messias (Jes 11,2–4; 61,1f.; vgl. Ps Sal 17,37; aeth. Hen 49,3; 62,2). Der Heilige Geist wird als schöpferische Kraft gesehen, mit der Gott in Maria die Empfängnis dessen bewirkt, der Sohn Gottes genannt werden wird (Lk 1,32.35). Bei der Taufe, die den Anfang des öffentlichen Auftretens Jesu markiert, wird in bildhafter Sprache von Gott im Himmel, seinem Geist in der Gestalt der Taube und vom Sohn, an dem Gott sein Gefallen gefunden hat, gesprochen (3,21f.). Vom Heiligen Geist erfüllt, bereitet sich Jesus in der Wüste, in der er vom Teufel versucht wird, auf seine öffentliche Verkündigung vor (4,1–12), die in Galiläa ihren Anfang nimmt (4,14), aber in Jerusalem, wo sich das Prophetenschicksal Jesu erfüllen wird (13,33; 18,31), ihr Ziel findet (9,51; 13,22; 17,22; 19,11.22).

Der Schlüssel für das lukanische Verständnis der Nähe Gottes in der Person Jesu ist die Nazaretperikope (4,16–30). Sie erzählt davon, wie Jesus, Sohn Gottes und Menschensohn (1,35; 4,41; 22,67.69; 9,20–22), in der Synagoge in Kapharnaum aus dem Buch Jesaja vorliest und die Verheißung des gelesenen Schriftwortes in seiner eigenen Person in Erfüllung gehen sieht: „Der Geist des Herrn ruht auf mir, denn der Herr hat mich gesalbt. Er hat mich gesandt, damit ich den Armen eine gute Nachricht bringe; damit ich den Gefangenen die Entlassung verkünde und den Blinden das Augenlicht; damit ich die Zerschlagenen in Freiheit setze und ein Gnadenjahr des Herrn ausrufe. … Heute hat sich das Schriftwort, das ihr eben gehört habt, erfüllt" (4,18.21; vgl. Jes 61,1f.; 29,18; 58,6).

Jesus wird von Lukas zugleich als der Gesandte Gottes charakterisiert, der das Evangelium, das Gnadenjahr des Herrn, zu verkünden hat (Lk 4,43) und kraft des Geistes Gottes Kranke heilt (4,38–41; 5,12–16.17–26).

Als Heiland, als Retter der Menschen, ist Jesus die Einlösung der göttlichen Verheißungen. Mit dem Auftreten Jesu (*Jehoschua* = יְהֹוָה [JHWH] rettet) sieht Lukas die Weissagungen Jes 7,14 und Jes 9,5 in Erfüllung gehen. Das Heil, das Jesus den Menschen bringt, gilt vor allem den Armen, Kranken und Verlorenen. Jesus hat sich der Sünder angenommen und ihnen Gottes Vergebung geschenkt (Lk 5,32; 7,47–49; 15; 19,8–10; 23,41–43). Für Lukas hat die ganze Geschichte Jesu, nicht nur sein Leiden und Kreuz, erlösende Wirkung. Doch durch Leiden, Tod und Auferweckung ist Jesus zum „Urheber des Lebens" geworden (Apg 3,15). Das durch den auferweckten Gekreuzigten eröffnete Heil ist universal bedeutsam: „In keinem anderen ist das Heil zu finden" (Apg 4,12).

Die Einsetzung Jesu zum Sohn Gottes sieht Lukas schon mit der Geburt Jesu gegeben. Vom Beginn seiner Existenz an erscheint Jesus als Gottessohn (Lk 1,30–35). Der Gottessohntitel drückt auch in der Christologie des Lukas die enge Verbundenheit Jesu mit dem Vater aus. So macht der Jubelruf Jesu nicht nur deutlich, dass Jesus vom Heiligen Geist erfüllt ist, sondern ebenso, dass er in einem inneren Verhältnis zu Gott seinem Vater steht: „In dieser Stunde rief Jesus, vom Heiligen Geist erfüllt, voll Freude aus: Ich preise dich Vater, Herr des Himmels und der Erde, weil du all das den Weisen und Klugen verborgen, den Unmündigen aber offenbart hast. Ja, Vater, so hat es dir gefallen. Mir ist von meinem Vater alles übergeben worden; niemand weiß, wer der Sohn ist, nur der Vater, und niemand weiß, wer der Vater ist, nur der Sohn und der, dem es der Sohn offenbaren will" (10,21f.). Der Sohn, der den Willen des Vaters offenbart, ist kein anderer als der Menschensohn, der Herr ist über den Sabbat (6,5), der Leben retten will (6,9) und Tote auferweckt (7,11–17; 8,49–56).

Der Christustitel ist im Lukasevangelium, das am stärksten in der vom Alten Testament her entfalteten „Messiaserwartung" steht (Schnackenburg/ 147: 176), eng mit der königlichen, von Gott verliehenen Würde verbunden. Gott hat Jesus zu seinem Gesalbten gemacht (Lk 4,18), er ist der Messias des Herrn (2,26), der Messias Gottes (9,20), in dem Gottes Macht und Stärke anwesend ist. Gegen ihn haben sich die Könige dieser Welt verbündet (Apg 4,26), doch können sie gegen den Gesalbten Gottes nichts ausrichten. Obschon Jesus der erwartete Heilskönig ist, bestimmt auch die lukanische Christologie der Gedanke des leidenden und sterbenden Messias (Lk 24,26), der im Frühjudentum unbekannt ist. Jesus der Messias ist der Knecht Gottes (Apg 3,13.26; 4,27.30), der „Heilige" und „Gerechte Gottes" (Apg 3,14), der durch Leiden und Tod zur Auferstehung und Erhöhung bei Gott gelangt (Apg 3,18; 17,3; 26,23).

In Verbindung mit dem Messiastitel (Lk 2,11) begegnet bei Lukas auch an zentraler Stelle die Bezeichnung Jesu als „Herr" (κύριος), die sonst, wie in der LXX, Name für den Gott Israels ist (Lk 2,9; 2,15 u.ö.). In Verbindung mit dem Messiastitel ist die Bezeichnung Jesu als „Herr" ebenso eine Hoheitsbezeichnung, die auf seine göttliche Würde verweist, wie im Osterkerygma: „Der Herr ist wahrhaft auferstanden" (24,34; vgl. Apg 2,36). Die Ostererfahrung bestätigt die messianische Stellung Jesu (Lk 24, 25–27. 45–47). Bei Lukas bleibt aber Jesus Christus, der „Gesalbte des Herrn" (2,26), Gott, dem eigentlichen Herrn (1,68), der „Herr des Himmels und der Erde" ist, untergeordnet. Jesu Vollmacht stammt vom Himmel (20,3–8),

Sohn Gottes
von Beginn an

Jesus der Christus

Jesus der Herr

die Herrschaft, die Jesus ausübt, ist ihm von seinem Vater verliehen (22,29).

Jesu Geistgabe Nach seiner Kreuzigung und Erhöhung gießt Christus über alle Glaubenden den Heiligen Geist aus. „Und ich werde die Gabe, die mein Vater verheißen hat, zu euch herabsenden. Bleibt in der Stadt, bis ihr mit der Kraft aus der Höhe erfüllt werdet" (24,49). „Nachdem er [Jesus] durch die rechte Hand Gottes erhöht worden war und vom Vater den Heiligen Geist empfangen hatte, hat er ihn ausgegossen, wie ihr seht und hört" (Apg 2,33). Darin erkennt Petrus die Bestätigung, dass Gott Jesus als Messias gesandt hat, der größer ist als David, weil er sein Herr ist: „David ist nicht zum Himmel aufgestiegen; vielmehr sagt er selbst: Es sprach der Herr zu meinem Herrn: Setze dich mir zur Rechten und ich lege dir deine Feinde als Schemel unter die Füße. Mit Gewissheit erkenne also das ganze Haus Israel: Gott hat ihn zum Herrn und Messias gemacht, diesen Jesus, den ihr gekreuzigt habt" (2,34–36).

Ihn sieht Stephanus, erfüllt vom Heiligen Geist, als Menschensohn in der Herrlichkeit Gottes zu seiner Rechten, und vor dem Hohen Rat bekennen Petrus und die Apostel: „Ihn [Jesus] hat Gott als Herrscher und Retter an seine rechte Seite erhoben, um Israel die Umkehr und Vergebung der Sünden zu schenken" (Apg 5,31). Ganz in diesem Sinne verkündet Paulus bei seiner ersten Missionspredigt Jesus als den Retter aus dem Geschlechte Davids: „Aus seinem Geschlecht hat Gott dem Volk Israel, der Verheißung gemäß, Jesus als Retter geschickt" (13,23). Der Messias Jesus wird als der Kommende erwartet zur Errettung Israels, (3,18.20f.; vgl. 1,11). Bei seiner Parusie wird Jesus als der Messias Gottes allen vor Augen gestellt.

die Erwartung der Parusie Die Urgemeinde hat die Auferweckung Jesu als Erhöhung zu seinem himmlischen Vater und sein Kommen vom Himmel her als Mittler des endgültigen, vollkommenen Heils erwartet, wie dies der aramäische Ruf „Maranatha" (Unser Herr, komm!) deutlich macht (1 Kor 16,22). Die frühe judenchristliche Menschensohnchristologie setzt diese Erwartung voraus und stellt zugleich eine Neuinterpretation der Erwartung des vom Himmel her kommenden Menschensohns dar (vgl. Dan 7,13f.). Der Erhöhte ist identisch mit dem von Gott in die Geschichte Gesandten: „Für euch zuerst hat Gott seinen Knecht erweckt und gesandt, damit er euch segnet und jeden von seiner Bosheit abbringt" (Apg 3,26). „Also kehrt um, und tut Buße, damit eure Sünden getilgt werden und der Herr Zeiten des Aufatmens kommen lässt und Jesus sendet als den für euch bestimmten Messias" (Apg 3,19f.).

f) Präexistenz, Sendung und Parusie des Gottessohnes

Christologie der johanneischen Schriften Im Zentrum der *Christologie der johanneischen Schriften* steht die Präexistenz und Fleischwerdung Christi, des ewigen Sohnes vom Vater (Joh 1,1–14; 1 Joh 1,2; 4,2; 2 Joh 7). Im Johannesevangelium, das noch stärker als die synoptischen Evangelien historischen Bericht und Kerygma, Geschichte und gläubige Deutung miteinander verbindet, kommt es zu weit reichenden Aussagen über die Beziehung von Vater und Sohn. Jesus wird als der wahre und letzte Gesandte Gottes bezeugt, als der vom Himmel herabgekommene Menschensohn, der Sohn, der dem Vater im Himmel aufs Engste verbunden ist, als der eschatologische Prophet, das Lamm Gottes, das die Sünde der Welt hinwegnimmt (Schnackenburg/147: 329).

Die Christologie des vierten Evangeliums ist ganz bestimmt vom Glauben an die Menschwerdung des göttlichen Logos. Sie ist eine „Christologie des von Gott kommenden Logos" (147: 270). Im Vergleich zur Christologie der Synoptiker hat man von einer „Christologie von oben" gesprochen, von einer „Sendungschristologie" (Becker/96: 141), in der das Geheimnis der Person Christi von seiner Präexistenz her erschlossen wird (Theobald/ 387: 373–380). Die Herleitung des Gedankens der Präexistenz und Sendung des Sohnes aus dem gnostischen Erlösermythos (Bultmann/106: 365) wird heute nicht mehr vertreten. Die neuere Forschung führt den Präexistenz- und Sendungsgedanken auf jüdische Ursprünge, vor allem die Vorstellung der präexistenten Weisheit und den Gedanken der Prophetensendung, zurück.

Religionsgeschichtlich ist die Herkunft der neutestamentlichen Präexistenzvorstellung eher in der jüdischen Weisheitsspekulation (Spr 1–9; Sir 24; Bar 3,15–4,4; Weish 6–9) als im nichtjüdischen Hellenismus zu suchen (Schimanowski/382). Zu berücksichtigen ist auch die Logoslehre bei Philo von Alexandrien († ca. 45 n. Chr.), in der Gottes Logos als der „erstgeborene Sohn" bezeichnet wird. Die Präexistenzvorstellung entfaltet in Anknüpfung an die Vorstellung der personifizierten Weisheit, die schon im Alten Testament mit Gottes Geist und schöpferischem Wort identifiziert wird (Weish 1,5; 7,7.22; 9,1f.), das Bekenntnis zur Erhöhung des auferweckten Gekreuzigten und bringt damit die untrennbare Zugehörigkeit des Sohnes zum Vater zum Ausdruck.

In Jesus ist der göttliche Logos, der kein anderer ist als der vom Himmel herabgekommene Menschensohn (Joh 3,13; 6,62; vgl. 9,35; 12, 34), Fleisch geworden (Joh 1,14: σάρξ ἐγένετο). Jesus ist der „Einziggezeugte vom Vater" (μονογενής παρὰ πατρός), der am Herzen des Vaters ruht und Kunde von Gott gebracht hat (1,18). Das Bekenntnis zu Jesus, dem μονογενής, begegnet im Johannesevangelium an mehreren Stellen (neben 1,14.18 auch 3,16.18; vgl. 1 Joh 4,9). Der vom Vater Gesandte (Joh 5,37; 6,44; 8,16; 12,49; 14,24) ist der vom Himmel in die Welt gekommene Messias (11,27), der über allen steht (3,31) und bezeugt, was er bei seinem Vater gesehen und gehört hat (3,32). Das „christologische Bekenntnis" zu Jesus, dem Messias, dem Sohn und Heiligen Gottes (1,49; 6,69; 11,27; 16,30), dem Retter der Welt (4,42), erreicht im Glaubenszeugnis des Thomas „Mein Herr (κύριος) und mein Gott (θεός)" (20,28) seinen Höhepunkt. Das Thomasbekenntnis unterstreicht die Göttlichkeit „des einzigen Sohnes vom Vater" (1,14), die im Prolog gleich zu Beginn des Evangeliums betont wird.

Im Mittelpunkt der Aussagen über das Verhältnis von Vater und Sohn steht das Erkennen des Vaters durch den Sohn und die Glaubenden, die der Heilige Geist in die Wahrheit einführt. Weil der Sohn vom Vater kommt und von ihm gesandt ist, kennt er den Vater (7,29 u. ö.). Der Sohn kennt den Vater und bewahrt sein Wort (8,55). Der Sohn verkündet das Wort des Vaters, damit die Menschen den Vater erkennen und den, den er gesandt hat. In der Erkenntnis des Vaters und des Sohnes besteht das ewige Leben:

Logoschristologie

*die Einheit
von Vater und Sohn*

„Dich, den ewigen wahren Gott zu erkennen und Jesus Christus, den du gesandt hast" (17,3). Wer den Sohn erkennt, weiß um die Einheit von Vater und Sohn, dass der Vater im Sohn ist und dieser im Vater (10,38; 14,10). So bezeugt der johanneische Jesus: „Ich und der Vater sind eins" (10, 30).

Die Einheit von Vater und Sohn heben vor allem die Abschiedsreden (14–17) hervor, besonders das „hohepriesterliche Gebet" (17). Niemand kommt zum Vater außer durch den Sohn (14,6). Denn wer den Sohn kennt, hat den Vater gesehen (14,8.9). Im „hohepriesterlichen Gebet" bittet Jesus den Vater, die Glaubenden mögen untereinander eins und „in uns sein, wie der Vater im Sohn und der Sohn im Vater ist" (17,21). Die Liebe, die Vater und Sohn eins sein lässt, soll auf die Glaubenden übergreifen. Die Wahrheit, mit deren Erkenntnis die Glaubenden das ewige Leben haben, ist die Liebe, die Vater und Sohn eint und die Vater und Sohn in jenen Wohnung nehmen lässt, die am Wort des Sohnes festhalten (14,23). So bewirkt der „Geist der Wahrheit" die Erkenntnis, dass der Vater den Sohn gesandt und ihm seine Liebe zugewandt hat, wie er denen seine Liebe zuwendet (17,23), die den Sohn lieben (14,21).

Jesus ist der Gesandte, zugleich aber auch die Verkörperung dessen, der ihn gesandt hat. So sagt der johanneische Jesus von sich: „wer mich sieht, sieht den, der mich gesandt hat"(12,45). Der präexistente, in die Welt gesandte Sohn weiß um seine Präexistenz ebenso wie um seine Sendung (8,58: „Noch ehe Abraham wurde, bin ich"; 5,37: „Der Vater, der mich gesandt hat"). So offenbart er sich den Menschen als Messias, Menschensohn und Sohn Gottes (4,26; 8,28; 9,37; 13,19). Durch sein Leben und Sterben wird er in der Welt zum Bild Gottes, zum ausgesprochenen Wort Gottes für die Menschen (Schnackenburg/147: 284).

Jesus sieht sich nicht nur als Offenbarer des Vaters, sondern zugleich als der göttliche Lebensbringer, der das Heil des (ewigen) Lebens bringt. Zum Ausdruck kommt dies in den vielen Bildern, Symbolen und Metaphern, die den Gedanken des Lebens, das Jesus spendet, verdeutlichen: Jesus ist das Leben (Joh 11,25 f.; 14,6), das Brot des Lebens (6,35.48), das lebendige Brot, das vom Himmel herabgekommen ist (6,41.51), die Quelle lebendigen Wassers (4,14; 7,37 f.), das Licht, das die Todesdunkel vertreibt (8,12; 12,46), der gute Hirt, der sein Leben gibt (10,11.14 f.), die Tür (10,7–9), der Weg (14,6) und der wahre Weinstock (15,1–8). In der Öffnung der Seite des Gekreuzigten (19,34) sieht das vierte Evangelium das Leben, das Christus bringt, entbunden, das seitdem allen zugänglich ist, die glauben (19,34 f.).

Mit der Bezeichnung Jesu als „Sohn Gottes" hat die Urkirche eine bleibend gültige Form gefunden, um das Wesen Jesu und seine Bedeutung auszudrücken. „Der ‚Sohn Gottes' ist zu einer feststehenden unverlierbaren Metapher der christlichen Theologie geworden, und sie sagt sowohl den Ursprung Jesu in Gottes Wesen, d. h. seine Liebe zu allen Geschöpfen, seine einzigartige Gottverbundenheit wie seine wahre Menschlichkeit aus" (Hengel/128: 142 f.). In der Person Jesu hat die Verheißung, die der geoffenbarte Gottesname enthält, ihre definitive Bekräftigung erhalten. Jesus ist der „Immanuel", der „Gott mit uns", weil sich in ihm Gottes letztgültige Nähe bei seinem Volk, die zugleich allen Völkern gilt, ereignet. Daran, dass die christliche Gemeinde um das Kommen des Messias bittet (vgl.

Offb 22,20), zeigt sich, dass Jesus Christus, den die Offenbarung des Johannes den „Ersten und den Letzten" nennt, als der (Wieder-) Kommende auch den Christen noch bevorsteht (Marquardt/28: Bd. 2 130f.).

Nach dem 1. Johannesbrief, der zu den johanneischen Schriften zählt, dessen Verfasser aber umstritten ist, bezeugt der Geist, dass Jesus der Sohn Gottes ist, der Retter der Welt (1 Joh 4,14). Das Bekenntnis zu Jesus dem einziggezeugten (μονογενής) Sohn Gottes bewahrt in der Einheit mit Gott: „Wer bekennt, dass Jesus der Sohn Gottes ist, in dem bleibt Gott und er bleibt in Gott" (4,15). Im Glauben an Jesus Christus haben wir „die Liebe, die Gott zu uns hat, erkannt und gläubig angenommen" (4,16a). Am Geist, der uns gegeben ist, erkennen wir, dass Gott in uns bleibt und wir in ihm bleiben (1 Joh 3,24; 4,13). So bleiben wir in Gott und Gott in uns, wenn wir in seiner Liebe bleiben (4,16b). Gottes Liebe, die an seinem menschgewordenen Sohn offenbar wurde, ergreift die Glaubenden und nimmt sie hinein in die Liebesgemeinschaft von Vater und Sohn. Vom Vater und von Jesus Christus, seinem Sohn, der „im Fleisch gekommen ist" (2 Joh 7), empfangen jene, die glauben und in der „Wahrheit und Liebe" sind, „Erbarmen" und „Frieden" (2 Joh 3). Das Festhalten an der „Lehre Christi" schützt sie vor Glaubensabfall und bewahrt sie in der Gemeinschaft mit dem Vater und dem Sohn (2 Joh 9).

In der *Christologie des Paulus* dominiert die messianische Kyrios- und Sohn-Gottes-Christologie. Der Apostel verkündet Jesus als den gekreuzigten Messias, als den in der Fülle der Zeit gesandten Sohn. Im „Kurzevangelium" Gal 4,4–6 heißt es zum Heilswirken Gottes: „Als aber die Zeit erfüllt war, sandte Gott seinen Sohn, geboren von einer Frau und dem Gesetz unterstellt, damit er die freikaufe, die unter dem Gesetz stehen, und damit wir die Sohnschaft erlangen. Weil ihr aber Söhne seid, sandte Gott den Geist seines Sohnes in unsere Herzen, den Geist, der ruft: Abba, Vater." Mit dem Erscheinen des Sohnes verbindet sich die entscheidende Wende der Zeiten. Jesus Christus ist Gottes endgültiges Amen, die Bekräftigung der Israel gegebenen Verheißungen, ihre definitive Bewahrheitung (2 Kor 1,19f.).

> die Christologie des Paulus: Kyrios- und Sohn-Gottes-Christologie

Der vom Vater gesandte Sohn ist jener, der für uns gelitten hat und für uns gestorben ist. Das Kreuz Christi, das die Fülle der Gnade und die Zeitenwende markiert, steht deshalb im Zentrum der Verkündigung des Apostels (Gal 3,1; 6,14). Jesus ist der gekreuzigte Messias, der den Juden ein Ärgernis ist (1 Kor 1,23). Röm 8 zufolge sendet der Vater seinen Sohn in menschlicher Gestalt, um die Menschen von der Macht der Sünde zu erlösen, und schenkt den Geist der Gotteskindschaft, der uns zu Söhnen und Töchtern Gottes macht (Röm 8,3.15). So kann Paulus sagen, dass Gott Jesus durch seine Auferweckung zum „Sohn Gottes eingesetzt" (Röm 1,3f.) hat. Die Herrschaftsstellung Christi drückt Paulus mit Hilfe hellenistischer Kyriosakklamationen aus (Röm 10,9; 1 Kor 12,3; 2 Kor 1,2; 4,5; Gal 1,3; 6,14; Phil 2,11; Phlm 1,3).

Dem Kyrios Jesus Christus schreibt Paulus Präexistenz und Schöpfungsmittlerschaft zu. „Und einer ist der Herr: Jesus Christus. Durch ihn ist alles, und wir sind durch ihn" (1 Kor 8,6). In dem Christuslied Phil 2,6–11 tritt neben den Gedanken der Präexistenz das Bekenntnis zur Inkarnation des Sohnes. Hier wird der Weg Christi ausgehend von seinem vorzeitlichen Sein über die Menschwerdung bis hin zu Tod und Erhöhung gepriesen: ·

> Schöpfungsmittlerschaft und Inkarnation

„Der in der Gestalt Gottes war (ἐν μορφῇ θεοῦ), hielt nicht gierig daran fest, Gott gleich zu sein, sondern er entäußerte sich selbst (ἐκένωσεν) und wurde wie ein Sklave (δοῦλος) und ein Gleichbild (ὁμοίωμα) der Menschen. Im Äußeren erfunden als Mensch, erniedrigte er sich selbst und wurde gehorsam bis zum Tod, ja bis zum Tod am Kreuz. Darum hat ihn Gott über alle erhöht und ihm den Namen geschenkt, der größer ist als alle Namen, damit im Namen Jesu alle im Himmel, auf der Erde und unter der Erde ihre Knie beugen und jede Zunge bekennt: ‚Jesus Christus ist der Herr' – zur Ehre Gottes, des Vaters" (vgl. Jes 45,23; Übersetzung abweichend von der Einheitsübersetzung).

Herr der Mächte

Der Kyriosname überragt alle anderen Namen, ist es doch letztlich Gottes eigener Name. Das Bekenntnis zum Kyrios Jesus, dem Sohn Gottes, kann deshalb auch nur im Heiligen Geist gesprochen werden (1 Kor 12,3). Als Kyrios nimmt der erhöhte Jesus gleichsam die Stellung Gottes ein, als Kosmokrator überwältigt er alle gott- und menschenwidrigen Mächte. Auch wenn damit vor allem bei Paulus eine Gottesbezeichnung auf Jesus übertragen wird, so kann sich die Sohnesprädikation im Neuen Testament auf der Linie von Ps 110,1 auch einfach auf den endzeitlichen davidischen König beziehen (Apg 2,34; Mk 12,36f.). Aber schon im Alten Testament wird der endzeitliche davidische König mit göttlichen Prädikaten (wie z.B. starker Gott) ausgezeichnet, um seine besondere Nähe zu Gott deutlich zu machen (vgl. Jes 9,6f.).

Präsenz Christi in seinem Geist

Die Übertragung der Kyriosakklamation auf den auferweckten Gekreuzigten ist die Voraussetzung dafür, dass sich das Gebet schon im Neuen Testament nicht nur an Gott, den Vater, sondern auch an seinen Sohn richten kann (vgl. Röm 10,12; 1 Kor 1,2; 2 Kor 12,8). Die Christen sind es, die den Namen Jesu des Herrn anrufen (Röm 10,13) und sich in seinem Namen versammeln (1 Kor 5,4). Vom Herrn weiß sich Paulus als Apostel berufen (1 Kor 9,1), von ihm empfängt er die Abendmahlsüberlieferung (11,23). Seiner Gemeinde wünscht Paulus die Gnade des Herrn Jesus (16,23). Die Präsenz des Erhöhten in der Gemeinde der Gläubigen denkt Paulus als Geistwirklichkeit. So besteht eine „Funktionseinheit" zwischen Sohn und Geist (2 Kor 3,17). Eine solche Einheit besteht aber auch zwischen dem Geist und dem Vater (Röm 8,11). Der Geist Gottes, der in den Gläubigen wohnt, ist der Geist Christi, der uns zu Söhnen und Töchtern Gottes macht (Röm 8,9–11.14–17). Durch den Geist werden die Gläubigen zur Gemeinschaft eines Leibes (1 Kor 6,15–20; 12,13). Mit den von Gott verliehenen Geistesgaben besitzen sie ein Unterpfand der zukünftigen Herrlichkeit (2 Kor 1,22).

Proklamation der Parusie Christi

Zum Christusbekenntnis des Paulus gehört schließlich auch die Proklamation der Parusie Christi, vor allem in der frühen Missionspredigt des Apostels. Der auferweckte Gekreuzigte, der vom Vater gesandte Sohn, ist der Kyrios, dessen Parusie vom Himmel erwartet wird. „Der Herr ist nahe. Sorgt euch um nichts, sondern bringt in jeder Lage betend und bittend eure Anliegen mit Dank vor Gott" (Phil 4,5f.). „Wir haben unsere Heimat im Himmel", so der Apostel. „Von dorther erwarten wir auch Jesus Christus, den Herrn, als Retter, der unseren armseligen Leib verwandeln wird in die Gestalt seines verherrlichten Leibes, in der Kraft, mit der er sich alles unterwerfen kann" (Phil 3,20f.; vgl. Röm 8,23). Der Dienst der Gemeinde an dem „lebendigen und wahren Gott" steht in Verbindung mit der Erwartung „seines Sohnes vom Himmel her" (1 Thess 1,10).

Apokalyptisch gefärbt ist die Schilderung der Parusie Christi in 1 Thess 4,16 f.: „Der Herr selbst wird vom Himmel herabkommen, wenn der Befehl ergeht, der Erzengel ruft und die Posaune Gottes erschallt. Zuerst werden die in Christus Verstorbenen auferstehen; dann werden wir, die Lebenden, die noch übrig sind, zugleich mit ihnen auf den Wolken in die Luft entrückt, dem Herrn entgegen. Dann werden wir immer beim Herrn sein." Die Ausrichtung des Apostels und seiner Gemeinden auf die Parusie macht auch der schlichte aramäische Gebetsruf „Maranatha", „unser Herr, komm" (1 Kor 16,22) deutlich, der wohl auch in der Feier des Herrenmahls Verwendung gefunden hat (Gnilka/123: 236).

Wie das Christusbekenntnis des Johannes zeigt dasjenige des Apostels Paulus, dass die Frage nach der Gottheit Jesu und der Einheit Gottes auf der Grundlage des neutestamentlichen Schrifttums letztlich unabweisbar war. Denn wenn Jesus als der Sohn, also hinsichtlich der Einheit mit dem himmlischen Vater zur Ewigkeit Gottes gehört, dann kann der Vater von Ewigkeit her nicht ohne den Sohn gedacht werden. So werden das Sohnesverhältnis Jesu und das Bekenntnis zu ihm als Kyrios zusammen mit den Aussagen über den Geist zum Ausgangspunkt für die Ausbildung des trinitarischen Gottesgedankens.

Auch nach der *Christologie der Deuteropaulinen* erscheint der präexistente Sohn Gottes in der Fülle der Zeit. Beeinflusst durch alttestamentliche und hellenistische Vorstellungen (präexistente Weisheit, Logoslehre) und zugleich in Abgrenzung dazu, bekennt das in der Liturgie beheimatete Christuslied Kol 1,15–20 – ein „epochaler neutestamentlicher Text" und „locus classicus" der dogmatischen Christologie (Gnilka/121: 77.79) – gegenüber einer gnostischen „Philosophie", in der Christus unter die als „personale Wesen" verehrten kosmischen „Elementarmächte", eingeordnet wird (Kol 1,16; 2,8.18), den „geliebten Sohn" des Vaters (1,12 f.) als den „Anfang" (ἀρχή) und „Ersten" (πρωτεύων) in seiner Präexistenz vor aller Schöpfung (1,18) und zugleich als Beginn der Neuschöpfung. Er ist der „Erstgeborene der ganzen Schöpfung" (1,15: πρωτότοκος πάσης κτίσεως) und der „Erstgeborene aus den Toten" (1,18: πρωτότοκος ἐκ τῶν νεκρῶν). Durch Christus, das geoffenbarte „Bild (εἰκών) des unsichtbaren Gottes" (Kol 1,15; vgl. Weish 7,25; Hebr 1,3), und auf ihn hin wurde alles geschaffen. Alles, was ist (τὰ πάντα), verdankt sich der Schöpfung durch ihn. Zugleich hat in Christus alles Bestand. Christus ist nicht nur Schöpfungsmittler, sondern auch Schöpfungserhalter. Schließlich wollte die „ganze Fülle (πλήρωμα) [des göttlichen Lebens] in ihm wohnen", „um durch ihn alles zu versöhnen" (Kol 1,19 f.).

Mit der Aussage vom göttlichen Pleroma in Christus geht das Christuslied über die im AT und in der jüdisch-apokalyptischen Literatur bezeugte Vorstellung vom Wohnen Gottes bzw. seines Geistes im Tempel, auf dem Zion, im auserwählten Volk bzw. im Auserwählten (Messias, Menschensohn) hinaus (vgl. 1 Kön 8,27; Chr 17,4; 2 Chr 6,18; Ps 9,12; Jub 1,17; äthHen 49,2 f.). „Als Eikon ist Christus die Präsenz Gottes in der Welt" (Gnilka/121: 61). Der präexistente Sohn, Ursprung und das Ziel der ganzen Schöpfung, ist nicht eine kosmische Kraft oder ein mythisches Him-

Christologie der Deuteropaulinen

Bild des unsichtbaren Gottes

melswesen, sondern der in der Welt erschienene Sohn der Liebe des Vaters, der „aus der Macht der Finsternis" (Kol 1,13) befreit. Er ist das „Geheimnis Gottes", in dem „alle Schätze der Weisheit (σοφία) und Erkenntnis (γνῶσις) verborgen sind" (2,2 f.). Das Leben, das seine Auferweckung von den Toten schenkt (3,1–4), macht jeden, der glaubt, zu einem „neuen Menschen", „erneuert nach dem Bild seines Schöpfers" (3,10). So spielt im Christuslied Kol 1,15–20 wie schon in der jüdischen Liturgie die Verbindung von Schöpfung und Neuschöpfung eine zentrale Rolle.

die kosmische Herrschaft Christi In dem nach Art einer jüdischen Berakah gestalteten Lobpreis auf das Heilshandeln Gottes Eph 1,3–14 wird unsere Erwählung „in Christus vor der Grundlegung der Welt" (1,4) gepriesen, durch den „Gott und Vater unseres Herrn Jesus Christus", der „uns mit allem Segen seines Geistes gesegnet hat durch unsere Gemeinschaft mit Christus im Himmel" (1,3). Obschon der Epheserbrief noch keine ausgebildete Trinitätsvorstellung enthält, spielt diese „triadische Struktur" (Gott handelt in Christus durch den Geist an uns) im Epheserbrief doch eine zentrale Rolle (1,17 u.ö.).

recapitulatio In Gottes „Geliebtem" (ἠγαπημένος), dem präexistenten Sohn, sind wir im voraus, vor aller Zeit, zur „Sohnschaft" (υἱοθεσία) bestimmt (1,5 f.). Durch das Blut des geliebten Sohnes, durch sein für uns gegebenes Leben, haben wir die Erlösung, die Vergebung der Sünden; in Christus hat Gott uns den „Reichtum seiner Gnade" geschenkt (1,6 f.; vgl. 2,7). So hat Gott beschlossen, in Christus die „Fülle (πλήρωμα) der Zeiten" (Eph 1,10; vgl. Gal 4,4) heraufzuführen und alles (τὰ πάντα), die Gesamtheit des Geschaffenen, in ihm zusammenzufassen. Durch den Gedanken der ἀνακεφαλαίωσις (*recapitulatio*, Wiederherstellung) wird die „kosmokratische Stellung Christi" (Gnilka/122: 81), den Gott „von den Toten auferweckt im Himmel auf den Platz zu seiner Rechten erhoben hat" (Eph 1,20), zum Ausdruck gebracht. Durch den Heiligen Geist, der mit der Taufe empfangen wird, erhalten wir Anteil an dem Erbe Christi (1,13 f.). Als Versiegelung sind Glaube und Taufe die Begründung christlicher Existenz.

die Bedeutung des Präexistenzgedankens Bei der Präexistenzchristologie, die sich in der johanneischen, paulinischen und deuteropaulinischen Christologie findet, handelt es sich nicht um eine Randerscheinung im Neuen Testament, die sich darauf reduzieren ließe, in bildhaft-poetischer Sprache die Heilsbedeutung der Person Jesu Christi zum Ausdruck zu bringen (Kuschel/269: 310–511.628–691; vgl. dazu Laufen/270). Damit würde man hinter die als Anknüpfungspunkt dienende Denkfigur der präexistenten Weisheit zurückfallen. Vielmehr stehen die Präexistenzaussagen in sachlogischem Zusammenhang mit dem Sohnesverhältnis Jesu, dem Bekenntnis zum auferweckten Gekreuzigten und seiner Erhöhung. Der Präexistenzgedanke sieht den Ursprung der Sohnschaft Jesu in der Ewigkeit Gottes selbst begründet (Söding/151; Backhaus/94/95).

Dies ist eine sachgemäße Entfaltung der Einheit Jesu mit seinem Vater. Denn wenn in der Person des auferweckten Gekreuzigten die endgültige Offenbarung des Vaters und seiner Liebe zur Welt geschehen ist, dann gehört diese Person zur Identität des ewigen Gottes als Vater, so dass von einer Präexistenz des Sohnes und seiner Inkarnation im Leben Jesu zu sprechen ist. Dabei dürfte das Bekenntnis zur Erhöhung des auferweckten Gekreuzigten für die Entwicklung des christologischen Präexistenzgedankens den Ausgangspunkt gebildet haben. So ist im Neuen Testament eine Tendenz zu beobachten, das Sohnesverhältnis Jesu nicht allein in seiner Auferweckung und Erhöhung zu begründen, sondern über seine Taufe und Geburt hinaus in der Ewigkeit Gottes selbst zu verankern. Wenn die Beziehung Gottes zu einem Menschen konstitutiv ist für seine eigene Identität, dann macht dies Präexistenzaussagen über das Sein des Sohnes unausweichlich, auch wenn im Neuen Testament selbst noch nicht über die Stellung des Sohnes in der Ewigkeit Gottes reflektiert wird (Pannenberg/428: 413f.).

III. Der menschgewordene Sohn Gottes

Die christologische Lehrentwicklung vom Konzil von Nizäa (325) bis zum 3. Konzil von Konstantinopel (680/681) entfaltet die im Licht der Auferweckung Jesu erschlossene Bedeutung seiner Person in den philosophischen Kategorien ihrer Zeit. Zentrum dieser Entwicklung ist die so genannte Zweinaturenlehre. Sie besagt, dass Christus, der eine menschgewordene Sohn Gottes, in zwei Naturen, der göttlichen und menschlichen, existiert. Auch wenn diese Lehre in einem Verstehenskontext entstanden ist, der nicht mehr einfach der unsere ist, gehört sie doch zur authentischen Glaubensüberlieferung der Kirche. Für das Verständnis der Person Jesu kommt ihr deshalb eine normative Bedeutung zu. Im Folgenden geht es darum, einen Überblick zur Entwicklung des christologischen Dogmas zu geben.

1. Präexistenz und zeitliche Geburt des Gottessohnes

a) Die innere Grenze der vornizänischen Christologie

Im Neuen Testament wird der Glaube an Jesus von Nazaret als den eschatologischen Mittler des Heils, als Gottes endgültige Offenbarung, in zahlreichen Bekenntnissen zum Ausdruck gebracht. Bei den Synoptikern wird Jesus als Lehrer (Mt 23,8), Hoherpriester (Hebr 2,17), Prophet (Joh 6,14), Knecht Gottes (Mt 12,18), der Heilige Gottes (Mk 1,24), der Retter (Lk 2,11), Gottes Messias (Mk 8,29), Kyrios (Lk 7,13; vgl. Apg 2,36; Phil 2,11) und Gottes Sohn (Mk 1,1; 15,39; vgl. Röm 1,4) bezeichnet. Im Johannesevangelium wird Jesus das fleischgewordene Wort Gottes genannt (Joh 1,14). Mit den Augen des Glaubens wird der Auferstandene an einer Stelle (Joh 21,28) sogar von dem Apostel Thomas als „mein Herr und mein Gott" angesprochen. In der Person des auferweckten Gekreuzigten begegnet uns also Gott selbst.

Hellenisierung des Christentums? Das Christusbekenntnis des Neuen Testaments warf die Frage nach dem Verhältnis Jesu zu Gott seinem Vater auf (Schlier/146). Auf der Grundlage des biblischen Monotheismus musste gezeigt werden, dass es sich bei den Aussagen über die Göttlichkeit, die Präexistenz und die Sendung des Sohnes nicht um phantastische Mythologeme handelt. Dies geschah in Auseinandersetzung mit der Philosophie der damaligen Zeit. Dabei ist es nicht – wie seit Adolf von Harnack immer wieder behauptet wird (Küng/418: 536–539; Hasenhüttl/412: 366f.) – zu einer vom ursprünglichen, biblischen Glauben wegführenden „Hellenisierung" des Christentums gekommen, sondern zu einer entscheidenden Transformation des damaligen Verständnisses von Gott und Welt (Grillmeier/178: 91–111/411). Die Fundamente für die spätere Christologie der Konzilien wurden im 2. und 3. Jahrhundert durch die Logos-Sarx-Christologie gelegt. Nicht durchgesetzt haben sich der Adoptianismus des frühen judenchristlichen Verständnisses der Person Jesu, der gnostische Doketismus, der modalistische Monarchianismus sowie Erwählungs- und Adoptionschristologien im heidenchristlichen Raum, weil sie mit dem neutestamentlichen Christusbekenntnis nicht in Einklang zu bringen waren.

Das Verständnis der Person Jesu im Bereich des „Judenchristentums" (Daniélou/115; Grillmeier/175: 138–144) ist beeinflusst von jüdischen und christlichen Apokryphen (u.a. Ascensio Iesaiae, 2. Henoch, Petrus-Evangelium, Didache, Hirt des Hermas). Leitend für die judenchristliche Christologie ist ein Erwählungs- bzw. Adoptionsschema: Jesus ist ein Mensch unter Menschen, Christus (Messias) ist dieser Mensch aufgrund einer besonderen Erwählung durch Gott. Die judenchristliche Christologie entfaltet die Bedeutung Jesu, indem sie vor allem Vorstellungen des Frühjudentums aufnimmt. So wird Jesus als Offenbarung des „Namens" Gottes bezeichnet, als „Messias", als „Anfang" bzw. „Ursprung" (ἀρχή) und „Engel" (Χριστὸς ἄγγελος), oder als „Gesetz" (νόμος) und „Bund" (διαθήκη), die im hellenistischen Judentum als Manifestationen der Weisheit Gottes angesehen wurden.

judenchristliche Christologie

Die „Didache" nennt Jesus den „Knecht Gottes" (Did. 9–10), den „Sohn" (Did. 7: trinitarische Taufformel), den „Messias" (Did. 9), aber auch den „Herrn" (κύριος), der kommen wird (Did. 16). Der „Hirt des Hermas" enthält eine mit dem „Präexistenzgedanken" verbundene Knechts- und Adoptionschristologie: Gott hat den Heiligen Geist, der als Gottes präexistenter Sohn vorgestellt wird, in dem Menschen Jesus, der immer als der Sohn Gottes bezeichnet wird, Wohnung nehmen lassen – der Name „Jesus" kommt im „Hirt des Hermas" ebenso wenig vor wie der Name „Christus". Da der Sohn dem Heiligen Geist ganz untertan war, indem er rein und heilig lebte, hat Gott ihn als Miterben des Heiligen Geistes eingesetzt (Sim. V 5,1–7,4). Der Sohn wird auch als „Name" und „Gesetz" Gottes bezeichnet, verbunden mit der Vorstellung ihrer Präexistenz (Sim. IX, 14,1–6; VIII, 3,2).

Adoptionsschema

Die judenchristliche Christologie kann in Jesus auch den „obersten Engel" sehen (vgl. Hebr 1–2), der als מַלְאַךְ יְהֹוָה (mal'āk = Engel, Bote Gottes) nicht nur über allen Engeln steht, sondern auch über allen menschlichen Boten Gottes, selbst noch über Mose, dem Prototypen der Propheten. Auch wenn der „oberste Engel" nicht einfach ein Geschöpf ist wie die übrigen Engel, einschließlich der Erzengel, so bleibt doch sein Verhältnis zu dem einen Gott letztlich ungeklärt. Der Name „Engel" für Christus – so der spätere Einwand Tertullians – kann aber nicht die Natur Christi, sondern nur seine Funktion als Bote Gottes bezeichnen (carn. 14).

Ebionitismus

Die judenchristliche Bewegung des Ebionitismus sieht in Jesus den von Gott angenommenen „Sohn" (Adoptionsschema), den besonderen Gesandten des „Vaters". Jesus ist der „Auserwählte Gottes", der „wahre Prophet". Epiphanius von Salamis († 403) schreibt die Fragmente des „Ebionäerevangeliums" einer judenchristlichen Gruppe zu, die sich als die אֶבְיוֹנִם (ebjonim), die Armen, verstehen. Die Ebioniten betrachten die Tora als heilsnotwendig und lehnen deshalb die Paulusbriefe ab. In Jesus sehen sie zwar nicht einfach einen „bloßen Menschen", der außergewöhnlich heilig und begnadet ist, doch bestreiten sie eine Präexistenz Christi. Bei der Taufe Jesu ist der Heilige Geist auf ihn herabgestiegen, so dass Jesus dessen endgültige Wohnung werden konnte. Die Leugnung einer wahren Gottheit Jesu führte zur Ablehnung der ebionitischen Christologie als nicht rechtgläubig, so bei Irenäus von Lyon (haer. I, 26, 1–2).

Die innere Grenze der judenchristlichen Christologie zeigt sich daran, dass die von ihr gemachten Identitätsaussagen (Jesus ist der Name, das Gesetz Gottes, der Sohn, die Weisheit etc.) zum Adoptionsschema in Spannung stehen. Denn wenn Jesus wirklich der gegenwärtige Name Gottes, die fleischgewordene Tora, die Weisheit Gottes ist, dann machen es solche Identitätsaussagen notwendig, die darin ausgesprochene Offenbarung von Gott her zu denken, so dass der Präexistenzgedanke, der schon im „Hirt des Hermas" ansatzweise begegnet, unumgänglich wird.

valentinianische Gnosis

Der „gnostische Doketismus", zu dem vor allem die von Justin dem Märtyrer und Irenäus von Lyon auf den Theologen Valentinus (um 140 n.Chr.) zurückgeführte „valentinianische Gnosis" gerechnet wird, ist der Versuch, das Skandalon der Botschaft vom auferweckten Gekreuzigten dualistisch aufzulösen. Die valentinianische Gnosis lehrt einen radikalen Dualismus zwischen Gott, dem unerforschlichen Abgrund (βυθός) bzw. seinem Pneuma auf der einen Seite und der Welt bzw. der Materie auf der anderen Seite, einen präexistenten Fall der göttlichen Weisheit sowie eine Welterschaffung durch einen Demiurgen (zur nicht unbedeutenden Differenz zwischen Valentinus selbst und der valentinianischen Gnosis vgl. Markschies/190; 192: 89–95; 193). Da die sichtbare Welt des Fleisches nicht gerettet werden kann, hat der göttliche Logos nur zum Schein einen menschlichen Leib angenommen, um die in den Körper des Menschen eingesperrte göttliche Pneumasubstanz zu retten (das griechische Wort δόκησις bedeutet soviel wie „Schein"). Geleugnet wird im Allgemeinen die jungfräuliche Geburt „aus Maria". Der göttliche Logos war unberührt von den Leiden Jesu und hat sich vor der Kreuzigung zurückgezogen. Von „Doketen" (δοκεταί) wurde auch die Vorstellung verbreitet, anstelle des Nazareners sei Simon von Cyrene gekreuzigt worden. Entscheidend für den gnostischen Doketismus ist, dass die als γνῶσις ([wahre] Erkenntnis) konzipierte Erlösung nur das göttliche Pneuma im Menschen betrifft.

heidenchristlicher Adoptianismus

Der heidenchristliche Adoptianismus des 2. und 3. Jahrhunderts geht, bei allen Unterschieden in den einzelnen Richtungen, vom göttlichen Einen bzw. der Monarchie Gottes aus. Prominente Vertreter sind Theodot der Ältere (der Gerber), exkommuniziert unter Papst Viktor (190), Theodot der Jüngere (der Wechsler), Artemon, der um 235 in Rom wirkte, und Paul von Samosata († nach 272), Bischof von Antiochien, verurteilt auf einer Synode in Antiochien (268). Da Gott von diesen Theologen nicht in sich selbst als Beziehungswirklichkeit gedacht wird, sehen sie in Jesus den von Gott an Sohnes statt angenommenen, adoptierten Menschen, auf den bei seiner Taufe (Theodot der Ältere) bzw. seit seiner Empfängnis (Paul von Samosata) der Geist Gottes herabgekommen ist.

dynamischer Monarchianismus

Die Lehre, die Paul von Samosata zugeschrieben wird, bezeichnet man als dynamischen Monarchianismus. Auch wenn über die Christologie des Paul von Samosata aufgrund der Quellenlage keine letzte Klarheit gewonnen werden konnte (Löhr/188), meinte dieser an der göttlichen μοναρχία wohl nur dadurch festhalten zu können, dass er die Gottheit Christi bestritt und in Jesus einen seit seiner Empfängnis (Lk 1,35) vom Geist bzw. Logos Gottes, inspirierten Menschen sah. Durchdrungen vom Geist Gottes gelangte Jesus zur sittlichen Einheit seines Willens mit dem Vater. Paul wurde vorgeworfen, er lehre, Christus sei „nicht vom Himmel gekommen", sondern wäre „von unten", letztlich ein „bloßer Mensch" (ψιλὸς ἄνθρωπος),

eine prophetische Gestalt von besonderem Rang, aber nicht das menschgewordene Wort Gottes, so dass auch in Jesus, wie in den vorangegange-
nen Propheten, Gott nur seiner Kraft nach gegenwärtig ist.

In diesem Zusammenhang ist auch der monarchianische, antignostische
Modalismus zu erwähnen, der vor allem auf Sabellius (nach 200) zurückgeführt wird, in dem die Väter den führenden Modalisten sehen (zu Sabellius und zum „Sabellianismus" vgl. Bienert/168). Sabellius wird die Lehre
zugeschrieben, die einzige göttliche Hypostase des „Sohnvaters" habe sich
nacheinander in drei vergänglichen Erscheinungsweisen geoffenbart, bei
der Schöpfung als Vater, in Christus als Sohn, seit Ostern als Heiliger Geist.
Zu den Modalisten werden auch der antignostisch ausgerichtete Noetus
von Smyrna (um 190) und Praxeas (um 220) gezählt (Hübner/184). Noetus
erklärte, dass sich die Schriftworte über Vater, Sohn und Geist nur auf
einen „Einen", eine einzige Person, beziehen können. Die Modalisten denken Gott, wie die Vertreter der adoptianistischen Christologie, von seiner
Alleinherrschaft (μοναρχία) her und lehren, dass Gott einer ist, sich aber in
unterschiedlichen Arten und Weisen (*modi*) zu erkennen gegeben hat, als
Vater, Sohn und Geist. Christus ist der eine Gott, der Vater, der auf Erden
als Sohn erschienen ist, gelitten hat und starb. Tertullian († nach 212/214)
nennt diese Position „Patripassianismus".

Modalismus

Den Weg zur späteren Christologie der Konzilien hat die vornizänische
Logos-Sarx-Christologie mit ihrer Überwindung des Adoptionsschemas bereitet. Die Logos-Sarx-Christologie – ihre biblische Grundlage ist vor allem
das johanneische Schrifttum – entwickelt sich in Auseinandersetzung mit
der Stoa, der Logoslehre Philos von Alexandrien und dem Mittleren Platonismus. In der Stoa war der Logos als Weltvernunft an die Stelle der höchsten göttlichen Vernunft des Aristoteles, der νόησις νοήσεως, getreten. Die
stoische Lehre von den λόγοι σπερματικοί besagt, dass es in der Welt unendlich viele Spuren der göttlichen Weltvernunft gibt.

vornizänische
Logos-Sarx-
Christologie

Im System des Mittleren Platonismus mit seiner These von der strengen
Transzendenz und Namenlosigkeit Gottes nahm der Logos eine kosmologische Mittelstellung zwischen Gott und der Welt ein. Der jüdische Reli-
gionsphilosoph Philo von Alexandrien († etwa 50 n. Chr.) betonte ebenfalls
die Transzendenz Gottes. Gott ist das wahrhaft Gute und der schlechthin
Vollkommene, der unberührbar über der Welt steht. Die Welt schafft er
nicht aus dem Nichts, sondern bringt sie durch den Logos, der aus Gott
hervorgehenden Weisheit, hervor. Der Logos, in dem Gottes Güte und
Macht Gestalt annehmen, ist Schöpfungsmittler, Urbild der Welt und Welt-
gesetz Gottes.

Zwar finden wir schon bei Ignatius von Antiochien eine Christologie, in
der die beiden Seinsweisen (Logos, Fleisch) des einen Christus reflektiert
werden (Grillmeier/175: 198–201; Lechner/186). Doch es war Justin der
Märtyrer († ca. 165), der als Erster an die Logosspekulation der Stoa und
des Mittleren Platonismus anknüpfte und den ewigen Logos Gottes mit
Christus identifizierte (2 apol. 6). Dabei unterscheidet Justin das innere,
noch nicht nach außen getretene Wort Gottes, das heißt das inneseiende
Wort (λόγος ἐνδιάθετος) vom hervorgebrachten Wort (λόγος προφορικός),
das in der Schöpfung in mannigfachen Formen aufleuchtet. So finden sich
„Samen des Logos" (σπέρμα τοῦ λόγου) aufgrund der Wirksamkeit des

Justin der Märtyrer

samenhaften, vor allem durch den menschlichen Geist wirkenden Logos (λόγος σπερματικός), auch in der heidnischen Welt (2 apol. 10.13).

In Jesus Christus ist das kosmologische Logosprinzip erschienen (2 apol. 10), nachdem durch die Propheten das Wort Gottes genauer erkannt worden ist. Dadurch ist der Logos zum „Gesetz" (νόμος) des ganzen Menschengeschlechts geworden (dial. 11–25). Der Logos ist nicht nur eine Erscheinungsform des Vaters, sondern ein wirklicher Mittler göttlicher Offenbarung in der Geschichte (1 apol. 63; dial. 128). Er selbst erschafft sich sein irdisches Dasein aus der Jungfrau Maria (1 Apol. 33). In seiner Inkarnation hat er sowohl Leib als auch einen vernünftigen Geist und eine menschliche Seele angenommen (2 apol. 10). Zwar gab es schon vor Jesus Menschen, die dem Logos gemäß lebten, doch ist in ihnen nicht der Logos Gottes selbst erschienen (1 apol. 46; 2 apol. 10).

„Hippolyt von Rom" Auch die unter dem Namen Hippolyts von Rom († 235) überlieferten Schriften konzipieren die Christologie auf der Linie der Logos-Christologie. Anders als bei Justin dem Märtyrer wird bei Hippolyt nur das fleischgewordene göttliche Wort (λόγος ἔνσαρκος) „Sohn Gottes" genannt, nicht dagegen das ewige Wort Gottes (λόγος ἄσαρκος). So heißt es in der dem römischen Theologen zugeschriebenen Schrift „Contra Noetum" (tatsächlich handelt es sich wohl um eine Schrift des 4. Jahrhunderts: Frickel/173): „Wer also ist der eigene Sohn, den Gott in das Fleisch geschickt hat, wenn nicht das Wort, das er Sohn nannte, weil es Mensch werden sollte? Und das ist der neue Name der Liebe für den Menschen, den er angenommen hat, indem er sich Sohn nannte, denn ohne Fleisch und in sich selbst war das Wort nicht wahrer Sohn, wenngleich es der wahre Eingeborene war ... So hat es sich manifestiert als der eine wahre Sohn Gottes" (Noet. 15). Der Logos Gottes wird bei Hippolyt als „Erstgeborener" (πρωτότοκος) und „Einziggeborener" (μονογενής) bezeichnet (Elen. X 33, 2; VI 29,4; 38,6). In der Auseinandersetzung mit Gnostikern und Doketisten betont Hippolyt die Fleischwerdung des Logos in der Vollgestalt des Menschseins (τέλειος ἄνθρωπος), doch wird das Menschsein (Leib und Seele) des fleischgewordenen Logos nicht mehr eigens reflektiert (Grillmeier/175: 231–240).

Tertullian Gegenüber dem Modalisten Praxeas, der dem Logos Gottes keine eigene Realität und Personalität zuschreibt, identifiziert Tertullian Jesus Christus, ausgehend von seiner trinitarischen Formel *una substantia – tres personae* als die eine göttliche Person (*persona*) des Logos (*sermo*), der in zwei Naturen (*substantiae*), der göttlichen und der menschlichen Natur, existiert (adv. Prax. XXVI, 11; XXX, 2). Die Einheit der beiden Naturen in Christus ist nicht als Vermischung zu denken, durch die ein Drittes entsteht (adv. Prax. XXVII, 8.12), sondern als eine Verbindung der unvermischten Naturen in der einen Person (*coniunctum in una persona*) des Gottessohnes (adv. Prax. XXVII, 14). Dieser ist nicht nur eine Erscheinungsweise des Vaters, sondern existiert als eine vom Vater unterschiedene „Wirklichkeit und Person" (*res et persona*) (adv. Prax. VII, 5). Auch wenn die Bedeutung Tertullians für die Christologie im Einzelnen unterschiedlich beurteilt wird, so ist doch die Formel von der einen Person und den beiden unvermischten Naturen für die lateinische Theologie des Westens ebenso wegweisend geworden wie jene von dem einen göttlichen Wesen und den drei göttlichen Personen (Hilberath/265).

Einen besonderen Stellenwert gewinnen die Logos-Lehre und der Inkarnationsgedanke in der alexandrinischen Theologie. Clemens von Alexandrien († um 220) sieht im fleischgewordenen Logos das Antlitz (πρόσωπον) des himmlischen Vaters, weil er schon von Ewigkeit her aufgrund seiner Zeugung das Bild (εἰκών) des Vaters ist (strom. V 38,7), so dass er von Natur aus den „Offenbarer" darstellt. Als ewiger Logos ist er der νοῦς Gottes, doch von ihm zunächst noch nicht als eigene Hypostase unterschieden. Mit der Schöpfung wird er das Gesetz des Universums, die Welt-Seele. In seiner Inkarnation kommt es zum Hinabstieg (κατάβασις) des Logos (strom 105,4). Zwar betont Clemens die Realität der Fleischwerdung des Logos, doch zeigt sich bei ihm eine spiritualisierende Tendenz im Verständnis der Inkarnation, vor allem der Leiblichkeit Christi (strom III 7,59). Wie Hippolyt reflektiert auch Clemens nicht eigens auf die menschliche Natur des Logos, der als das führende Prinzip (ἡγεμονικόν) in Christus verstanden wird (paed. I 7, 58). Die Existenz der menschlichen Seele Christi bleibt unbestimmt, wird aber nicht bestritten.

Clemens von Alexandrien

Besondere Bedeutung kommt in der vornizänischen Christologie der Logoschristologie des Origenes († ca. 253) zu. Origenes, der erste systematische Theologe im frühen Christentum, nennt den Logos Weisheit, Macht und Kraft Gottes (princ. IV,14): Christus ist der Träger vieler Namen (ἐπίνοια). Durch den Logos in der Ökonomie seiner Menschwerdung (comm. in Io. II 11, 66) wird die Seele des Menschen, die von Gott aufgrund eines präexistenten Sündenfalls entfremdet ist, aus der sichtbaren, materiellen Welt zu Gott zurückgeführt. Den Logos, der aus dem Vater hervorgeht, bezeichnet Origenes als „zweiten Gott" (δεύτερος θεός) oder auch einfach Gott (θεός). Damit lehrt Origenes nicht zwei Götter, wohl aber eine Subordination des Logos gegenüber dem Vater. Der Logos geht aus dem Vater hervor, ist deshalb göttlich, ihm zugleich aber untergeordnet.

Origenes

Der Logos ist das Bild Gottes, die Seele Christi das Bild des Logos. Deutlicher als die anderen Väter betont Origenes in seiner Christologie die Seele Christi, die freilich von Ewigkeit her mit dem göttlichen Logos in vollendeter Erkenntnis und Gottesliebe verbunden ist (princ. II, 6). Bei Christus ist sie Mittlerin zwischen Logos und Sarx. Der Logos hat in Christus – anders als bei anderen Menschen – die ganze Führung. In jedem Menschen ist nach Origenes der Logos wirksam. Doch allein in Christus nimmt er Fleisch an. In ihm ist der Logos das vollendende Prinzip seiner menschlichen Natur, die aus Leib (σῶμα), Seele (ψυχή) und Geist (πνεῦμα) besteht. Der Logos führt die menschliche Natur Christi in die Gottverbundenheit. Durch die Auferstehung kommt es zur Verklärung des Leibes.

Die Grenze der Christologie des Origenes liegt zum einen in dem unzureichenden Verständnis der Eigenständigkeit der menschlichen Natur Jesu: Der Logos als ἡγεμονικόν in Christus zieht die Sterblichkeit seiner menschlichen Natur in sich hinein, absorbiert sie gleichsam. Der Logos hat zudem eine dem Vater untergeordnete, subordinierte Stellung. So lehrt Origenes einen selbstreflektierenden göttlichen Geist (De princ. I 1,6), der als ἑνάς oder μονάς in der eigenen Selbstreflexion den Ideenkosmos nach außen hin freisetzt und somit subordiniert. Hier wird Arius († 336) mit seiner Logoslehre anknüpfen, während Alexander von Alexandrien die Selbstreflexion des göttlichen Geistes als Vater und Sohn versteht. Doch ist Origenes nicht der Wegbereiter des Arianismus, da bei Origenes der in Christus menschgewordene Logos kein Geschöpf, sondern göttlicher Natur ist (Grillmeier/175: 156).

b) Der Arianismus und die Göttlichkeit des Logos

Arius

Die Christologie des Arius († 336) verschärft den Subordinatianismus der vornizänischen Christologie. Dass Arius ein Schüler von Lucianus von Antiochien († 321) war und dieser als „Vater des Arianismus" anzusehen ist, wird heute aufgrund der Quellenlage in Zweifel gezogen, ebenso dass Lucianus Begründer der antiochenischen Schule einer gegen die allegorische Schriftexegese gerichteten literalen Schriftinterpretation ist (Brennecke/171). Von Petrus I. von Alexandrien wird Arius zum Diakon geweiht, kurz nach seiner Weihe aber exkommuniziert, weil er die Maßnahmen gegen die Meletianer verurteilte. Bei den Meletianern handelt es sich um Anhänger des Meletius von Antiochien († 381), der versucht hatte, sich zum Primas von Alexandrien zu machen, und den Arius wohl anfänglich unterstützt hat. Von Achilles von Alexandrien, dem Nachfolger Petrus' I., wird Arius zum Priester geweiht. Alexander von Alexandrien vertraute ihm die Pfarrei Baukalis an.

Schon 318 vertritt Arius Positionen, die Alexander von Alexandrien verdächtig erscheinen. Vermutlich wird Arius 318/319 auf einer Regionalsynode von etwa hundert Bischöfen verurteilt. Arius flüchtet zu Eusebius von Nikomedien und wird dort durch eine Synode rehabilitiert. In dieser Zeit fasst er seine Lehre in der Schrift „Thalia" (Gastmahl) zusammen. Sie ist von Athanasius von Alexandrien († 373), dem entscheidenden Gegenspieler des Arius, in Auszügen überliefert. 324 wird Arius von einer Synode in Antiochien erneut verurteilt. 325 beschäftigt sich das Konzil in Nizäa, das als erstes ökumenisches Konzil gezählt wird, mit der Sache des Arius. Das Konzil verwirft seine Lehre. Kaiser Konstantin verbannt Arius nach Illyrien. 328 kehrt Arius zurück. 335 rehabilitiert ihn eine Synode von Tyrus und Jerusalem. 336, einen Tag vor der vom Kaiser angeordneten Rekonziliation, stirbt Arius in Konstantinopel.

Gott
als transzendente
Monas

Arius bezeichnet den Logos wie der Johannesprolog als Θεός (Opitz/20: 64), setzt ihn aber als das oberste von Gott geschaffene Wesen auf die Seite der Schöpfung und unterscheidet davon die in sich differenzlose Einheit des einen Gottes (ὁ θεός). Die Einheit des Sohnes mit dem Vater betrachtet Arius als eine Einheit des Willens. Grundlage für die Christologie des Arius (Böhm/169) ist der Monotheismus des Mittleren Platonismus, der den einen Gott als radikal transzendente Monas versteht und von ihr den Logos unterscheidet (Stead/202; Ricken/197/198). Das kosmologische System des Mittleren Platonismus bestimmt eine strikte Trennung von Gott und Welt, die keine Differenzierung der göttlichen Einheit zulässt. In Gott kann es für Arius keine Zweiheit (δυάς) geben, da eine Zweiheit in Gott für Arius auf eine Teilung und damit Veränderung der göttlichen Substanz hinauslaufen würde. Es kann deshalb nur eine einzige göttliche Hypostase geben, den einen göttlichen Ursprung (ἀρχή). Die Hypostasen des Logos und des Geistes gehören von daher schon in die geschöpfliche Sphäre, wobei der Logos eine besondere Stellung einnimmt. Als Schöpfungsmittler ist er das erste Geschöpf, das Gott vor der uns bekannten Zeit geschaffen hat. Der Logos ist also nicht wahrer Gott (θεὸς ἀληθινός), sondern dem göttlichen Vater vielmehr wesensfremd. So heißt es in der „Thalia": „Der Vater ist dem Sohne wesensfremd, da er ohne Ursprung west. Wisse, dass die Monas war, die Dyas aber nicht war, bevor sie ins Dasein trat" (Athan., syn. 15). Der Sohn ist ein Geschöpf, geschaffen aus Nichts, und deshalb, obschon dem Vater ähnlich, dem Wandel, der Veränderung unterworfen (Metzler-Simon/194).

Arius hat den in Jesus menschgewordenen Logos auf der Linie der neutestamentlichen Weisheits- und Logoschristologie als Weisheit Gottes verstanden, allerdings als geschaffene Weisheit. Dazu berief er sich vor allem auf Spr 8,22 (LXX), wo es von der Weisheit heißt: „Der Herr schuf mich (ἔκτισέν με) als Anfang seiner Wege zu seinen Werken." Für die Geschöpflichkeit des Logos verwies Arius auch auf Hebr 1,4, wo es heißt: „Er ist so viel erhabener geworden (κρείττων γενόμενα) als die Engel, wie der Name, den er geerbt hat." Für sein Verständnis des Logos machte Arius ebenfalls Hebr 3,2 geltend: „Jesus war dem treu, der ihn geschaffen hat (τῷ ποιήσαντι αὐτόν)", oder auch Apg 2,36: „Gott hat ihn zum Herrn und Christus gemacht (ἐποίησεν)".

Für die Geschöpflichkeit des Sohnes führt Arius auch Bibelstellen an, die von Jesus Christus als der Kraft (δύναμις) Gottes sprechen, wie etwa 1 Kor 1,24: Jesus Christus ist uns zu „Gottes Kraft und Gottes Weisheit" geworden. Christus ist die in die Welt gesandte Kraft Gottes, aber nicht die ewige Kraft Gottes selbst. Diese Unterscheidung versucht Arius durch Joel 2,25 (LXX) und Röm 1,20 zu begründen. Schließlich beruft sich Arius für die Geschöpflichkeit des menschgewordenen Logos auch auf Texte, in denen vom Wachstum, vom Hunger, vom Durst, von der Ermüdung, der Trauer und der Angst Jesu die Rede ist (Lk 2,52; Mt 4,2; Joh 4,6; 19,28), die also die volle Menschlichkeit des Sohnes betonen. Im Gehorsam Jesu (Phil 2,8) zeigt sich für Arius, dass die Einheit zwischen ihm und seinem göttlichen Vater nicht seinsmäßiger Art ist, sondern eine Einheit des Willens darstellt. Die Erhöhung Jesu (Phil 2,9) belegt für Arius die Veränderlichkeit des Sohnes (Athan., Ar. I, 5).

Die Schriftauslegung des Arius ist ganz von seinem Gottesbegriff bestimmt. Da es zwischen dem göttlichen Einen und dem Logos keine Übereinstimmung im Wesen geben kann, ist es ausgeschlossen, dass der Sohn dem Vater wesensgleich ist. Der Sohn ist das Geschöpf, das Gott am nächsten steht. Er ist aber nicht wahrhaft göttlicher Natur. So legt Arius in einem Brief an Alexander von Alexandrien folgendes Bekenntnis (Opitz/20: 12 f.) ab: „Wir kennen nur einen Gott, den allein ungeschaffenen (ungeschaffenen, ungezeugten = ἀγέννητον), den allein ewigen, allein ursprungslosen, allein wahren, allein die Unsterblichkeit besitzenden, allein weisen, allein guten; den Alleinherrscher, den Richter aller, den Ordner und Verwalter, unwandelbar und unveränderlich, gerecht und gut, den Gott des Gesetzes, der Propheten und des Neuen Bundes, der den eingeborenen Sohn vor ewigen Zeiten hervorgebracht hat [γεννήσαντα], durch den er auch die Äonen und das All schuf [πεποίηκε]; er hat ihn

Geschöpflichkeit des Logos

hervorgebracht [γεννήσαντα] nicht dem Scheine nach, sondern in Wahrheit als in eigenem Willen [in eigener Entscheidungsfreiheit …] Wesenden, als Unwandelbaren und Unveränderlichen, als Gottes vollkommenes Geschöpf, aber nicht wie eines der Geschöpfe, hervorgebracht [γέννημα], aber nicht wie eines der Hervorgebrachten" (Grillmeier/175: 364f.). In der wohl überarbeiteten „Thalia" heißt es dagegen, dass der Sohn in der Zeit entstanden ist, was in den Urkunden durchwegs abgelehnt wird (Böhm/170: 53).

Der Sohn ist Gott zwar ähnlich, unterscheidet sich deshalb von allen anderen Geschöpfen, ist aber selbst ein Geschöpf. So heißt es am Ende des erwähnten Bekenntnisses: „Und Gott ist die Ursache aller, ganz allein ohne Ursprung, der Sohn aber, vom Vater zeitlos hervorgebracht und vor den Äonen geschaffen und gegründet, war nicht, bevor er hervorgebracht wurde; er ist zeitlos vor allen hervorgebracht, er allein hat vom Vater seine Existenz erhalten. Denn er ist nicht ewig oder gleich ewig oder gleich ungeworden mit dem Vater, noch hat er zugleich mit dem Vater das Sein, wie einige von den aufeinander Bezogenen sprechen und zwei ungewordene Archai einführen" (Grillmeier/175: 365).

Unerkennbarkeit Gottes

Der von Gott hervorgebrachte Logos kann, da es für Arius kein Mittleres zwischen Gott und Welt gibt, nur von geschöpflicher Art sein. Deshalb heißt es in der „Thalia" (Athan., syn. 15), der Sohn sei dem Vater „nicht gleich und auch nicht wesenseins (ὁμοούσιος)", sondern wesenhaft „unähnlich" (ἀνόμοιος). Der Vater ist dem Sohn „wesensfremd" (ξένος τοῦ υἱοῦ κατ᾿ οὐσίαν ὁ πατήρ). Der Abstand zwischen Gott und dem Logos hat zur Konsequenz, dass Gott unerkennbar bleibt. Da der Logos Gott nicht erkennt, wie er an sich ist, begegnet uns im fleischgewordenen Logos nicht Gott selbst. Wegen der „unendlichen Verschiedenheit" zwischen Gott und seinem Logos bleibt Gott letztlich „unsagbar" (ἄλεκτος), „unaussprechlich" (ἄρρητος) und deshalb „unsichtbar" (ἀόρατος).

Annahme Jesu an Sohnes statt

Da der geschaffene, in Jesus Mensch gewordene Logos von Natur aus „wandelbar" ist, kann die Einheit Jesu mit dem Vater, so die Kritik des Athanasius, nur auf einer letztlich zufälligen Übereinstimmung im Willen beruhen. Die faktische Übereinstimmung ist der Grund für die Annahme Jesu an Sohnes statt. Die Menschwerdung, so die Sicht des Athanasius, denkt Arius nach dem Logos-Sarx-Schema: Der Logos nimmt Fleisch an, das heißt für Arius einen unbeseelten Leib, und ersetzt dort die menschliche Seele, so dass vom menschgewordenen Logos zu sagen ist, dass er Hunger und Durst hat und deshalb nicht Gott gleich sein kann (Grillmeier/175: 377f.).

Konzil von Nizäa

Kaiser Konstantin war darum bemüht, die kirchliche Einheit sicherzustellen. In zwei Briefen befahl er deshalb Bischof Alexander von Alexandrien und Arius, den Streit um das Verhältnis des Sohnes zum Vater beizulegen. Da es Ossius von Cordoba, dem theologischen Berater des Kaisers, durch das Symbolum der Synode von Antiochien (324/325) nicht gelang, den kirchlichen Frieden im vom arianischen Streit erschütterten Reich wiederherzustellen (Abramowski/163: 359), berief Kaiser Konstantin eine allgemeine Synode nach Nizäa (325) ein (Markschies/191: 99–195). Behandelt wurden auf dem Konzil neben der arianischen Kontroverse auch Fragen, die den Klerus und die Jurisdiktion betrafen, sowie der Termin des Osterfestes, das im Osten und Westen zu unterschiedlichen Zeiten gefeiert wurde.

Die überwiegende Mehrzahl der am Konzil teilnehmenden Bischöfe kam aus dem Osten. Aus dem Westen nahmen nur wenige Bischöfe teil. Die Angaben über die Anzahl der Konzilsteilnehmer schwanken zwischen 200 und 318. Die Konzilsväter lassen sich drei Konzilsparteien zuordnen, einer kleinen Gruppe von Arianern und Linksorigenisten unter Eusebius von Nikomedien († 341), der origenistischen Mittelpartei um Eusebius von Caesarea († 340) – sie bildet die größte Gruppe – und den Antiarianern um Alexander von Alexandrien († 328), dem Nichtorigenisten Eustathius von Antiochien († um 350), Marcell von Ancyra († 374) und Ossius von Cordoba († 357). Zwar existieren offizielle Konzilsakten nicht mehr, doch sind das Glaubensbekenntnis, die Kanones, Listen von teilnehmenden Bischöfen und ein Synodalbrief überliefert. Alle Dekrete der Synode von Nizäa hat der Apostolische Stuhl bestätigt; die Kanones wurden von Kaiser Konstantin als Reichsgesetze promulgiert.

Konzilsparteien

Das Konzil von Nizäa, als dessen Garant sich Kaiser Konstantin verstand, wurde am 19. Juni in Gegenwart des Kaisers und der päpstlichen Legaten, Ossius von Cordoba und der Presbyter Vitus und Vincentius, eröffnet. Die Leitung des Konzils lag vermutlich bei Eustathius von Antiochien oder Alexander von Alexandrien. Zunächst trugen Anhänger des Arius eine Glaubensformel vor, die von der Mehrheit der Konzilsväter abgelehnt wurde. Daraufhin proklamierte das Konzil ein Glaubensbekenntnis (DH 125), verabschiedete eine gegen die Arianer gerichtete Verurteilungsformel (Anathematismus; DH 126), verschiedene Kanones (DH 127–129) und einen Synodalbrief, in dem die Lehre des Arius verworfen wird (DH 130).

Verurteilung des Arius

Das Glaubensbekenntnis von Nizäa geht nach neueren Forschungen nicht auf ein von Eusebius von Caesarea vorgeschlagenes Taufsymbol von Cäsarea zurück, sondern auf ein Jerusalemer Taufbekenntnis (Kelly/185: 216–219; Staats/201: 162–165). Vermutet wird auch, dass ein römisches Taufbekenntnis, aus dem das Apostolikum erwachsen ist, Einfluss auf das Symbol von Nizäa hatte (Staats/201: 165–170; Vinzent/203). In das Taufsymbolum sind vier antiarianische Einschübe eingefügt. Auf wen sie im Einzelnen zurückgehen, ist ungewiss. Die Aussage, dass der Logos dem Vater „wesenseins" bzw. „wesensgleich" (ὁμοούσιος) ist, sowie der Anathematismus werden Ossius von Cordoba zugeschrieben.

Der Anathematismus (DH 126) macht deutlich, dass sich das Konzil von Nizäa gegen die Lehre vom zeitlichen Anfang des Logos, von seiner Geschöpflichkeit und seiner Veränderlichkeit wendet. Schon Origenes hatte die ewige Zeugung des Sohnes durch den Vater gelehrt (hom. in Jerem. 9, 4) und erklärt, dass es keine Zeit gegeben hat, da der Logos nicht war (hom. in Hebr.). Arius meinte dagegen, dass der Logos einen Anfang hat und sich deshalb von Gott, der von Ewigkeit her existiert, unterscheidet: „Es gab einmal eine Zeit, als er nicht war", „bevor er gezeugt wurde, war er nicht". Dies wird vom Anathematismus des Konzils von Nizäa zurückgewiesen: „Die aber sagen: ‚Es gab einmal eine Zeit, als er nicht war', und ‚Bevor er gezeugt wurde, war er nicht', und ‚Er ist aus nichts geworden', oder die sagen, der Sohn Gottes sei aus einer anderen Hypostase oder We-

Anathematismus

senheit, oder er sei geschaffen oder [!] wandelbar, oder veränderlich, diese belegt die katholische Kirche mit dem Anathema" (DH 126).

Weiter lehrte Arius, dass der Logos von Gott aus dem Nichts geschaffen wurde. Doch Geschöpflichkeit ist nicht dem präexistenten Logos, sondern allein dem Menschen Jesus von Nazareth zuzuschreiben. Verurteilt werden deshalb jene, die wie bei Geschöpfen eine Wandelbarkeit und Veränderlichkeit und damit eine mögliche Sündhaftigkeit des Logos lehren. Nach dem Zeugnis von Bischof Alexander von Alexandrien (Socr., h.e. I, 6) wurde den Arianern die Frage gestellt: „Konnte der Logos Gottes sich wandeln (τραπτῆναι), wie der Teufel sich wandelte?" Die Antwort der Arianer lautete: „Ja, er konnte. Denn er ist von einer der Änderung fähigen Natur, ein kontingentes und der Veränderung fähiges Wesen" (Kelly/185: 240). In seiner „Thalia" hatte Arius, so Athanasius, geschrieben: „Er ist nicht der Änderung unfähig (ἄτρεπτος) wie der Vater, sondern er ist von Natur aus wandelbar, wie die Geschöpfe" (Ar. I ,9). „Seiner Natur nach ist auch der Logos selbst, wie alle anderen der Veränderung fähig, aber er bleibt gut (καλός) durch seinen eigenen Willensakt (τῷ ἰδίῳ αὐτεξουσίῳ), solange er so sein will. Aber wenn er so will, kann er sich ändern, genau so, wie wir uns ändern können, denn er ist von veränderlicher Natur" (Athan., Or. c. Ar. I,5). Kann man Athanasius trauen, dann lehrte Arius also mit der Wandelbarkeit und Veränderlichkeit des Logos zugleich seine mögliche Sündhaftigkeit.

Symbolum
Nicaenum

Das Glaubensbekenntnis des Konzils von Nizäa (DH 125) lautet in deutscher Übersetzung des von Eusebius von Caesarea überlieferten Textes:

> „Wir glauben an <den> einen Gott,
> den Vater, den Allmächtigen,
> den Schöpfer alles Sichtbaren und Unsichtbaren,
> und an <den> einen Herrn Jesus Christus, den Sohn Gottes,
> als Einziggeborener aus dem Vater gezeugt,

1. antiarianischer Einschub

> das heißt *aus dem Wesen des Vaters (ἐκ τῆς οὐσίας τοῦ Πατρός),*
> Gott aus Gott, Licht aus Licht,

2.–4. antiarianischer Einschub

> *wahrer Gott aus wahrem Gott (Θεὸν ἀληθινὸν ἐκ θεοῦ ἀληθινοῦ)*
> *gezeugt, nicht geschaffen (γεννηθέντα οὐ ποιηθέντα)*
> *wesensgleich dem Vater (ὁμοούσιον τῷ πατρί),*
> durch den alles geworden ist, was im Himmel und auf Erden ist,
> der wegen uns Menschen und um unseres Heiles willen herabgestiegen
> und Fleisch und Mensch geworden ist,
> gelitten hat und auferstanden ist am dritten Tage,
> hinaufgestiegen ist in den Himmel und kommt,
> Lebende und Tote zu richten,
> und an den Heiligen Geist."

Göttlichkeit
des Sohnes

Die „Fides Nicaena" geht von der biblisch bezeugten Sohnesbeziehung Jesu zu seinem Vater aus und bekennt, dass der Sohn Jesus Christus zur Ewigkeit Gottes gehört. Dies wird vor allem durch die vier antiarianischen Einschübe zum Ausdruck gebracht. Der erste Einschub lautet: „aus dem Wesen (οὐσία) des Vaters". Damit wird die arianische Lehre zurückgewiesen, der Sohn sei von einer anderen Hypostase bzw. einem anderen Wesen als der Vater. Athanasius von Alexandrien weist in seinem Konzilsbericht darauf hin, dass die Konzilsväter einen biblischen Ausdruck gesucht hätten, um die Göttlichkeit des Sohnes zu betonen, aber keinen gefunden hätten.

Da Arius selbst mit den Ausdrücken οὐσία und ὑπόστασις argumentierte und gesagt hatte, das der Vater der Substanz nach dem Sohn fremd sei (Athan., Ar. I, 9), habe das Konzil die Terminologie des Arius übernommen. Der zweite antiarianische Einschub „wahrer Gott aus wahrem Gott" betont ebenfalls die wahre Göttlichkeit des Sohnes, die Arius mit Berufung auf Joh 17,3 („Das ist das ewige Leben: dich, den *einzigen,* wahren Gott, zu erkennen") bestritten hatte. Mit der Aussage „wahrer Gott aus wahrem Gott" bekennt das Konzil, dass in Jesus von Nazaret der wahre Gott selbst in seinem gleichwesentlichen Wort begegnet.

Der dritte antiarianische Einschub lautet: „gezeugt, nicht geschaffen". Die Arianer lehrten, dass der Logos aus dem Willen Gottes hervorgeht. Dabei unterschieden sie nicht eindeutig zwischen dem aus Gott geborenen und aus ihm geschaffenen Logos. In der Zeit vor dem Konzil von Nizäa wurden ungezeugt (ἀγέννητος) und ungeworden (ἀγένητος) synonym gebraucht (Grillmeier/175: 369f.). Doch schon Origenes sprach von der ewigen Zeugung des Sohnes, wobei Gott keiner Notwendigkeit unterworfen ist, da es sich bei der Zeugung des Sohnes um eine rein geistige, keine physische Zeugung handelt. Das Symbolum von Nizäa bekennt gegenüber den Arianern, die den Logos als von Gott geschaffen und diesem Sinne geworden betrachteten, dass er von Gott, im Sinne einer ewigen, nicht einer zeitlichen Zeugung, gezeugt und nicht geschaffen ist. Damit wird der griechische Gottesbegriff an entscheidender Stelle transformiert (Ricken/197/198). Gott ist von Ewigkeit her Beziehung. Er ist nicht die in sich differenzlose Monas, als die sich Arius Gott vorstellte. Da die Welt durch den Logos geschaffen ist, ist Gott nicht der von der Welt unberührte Ursprung (ἀρχή), der unbeweglich in sich besteht, sondern reine Beziehungswirklichkeit (Hünermann/24: 145).

Der vierte antiarianische Einschub lautet: „eines Wesens mit dem Vater". In seiner „Thalia" hatte Arius nach der Darstellung des Athanasius gesagt: „Er [der Logos] ist ihm [dem Vater] nicht ebenbürtig, also auch nicht wesensgleich" (syn. 15). Dagegen betont das Konzil die Gleichwesentlichkeit des Sohnes mit dem Vater (Homousie). Der Sohn ist nicht aus dem Vater hervorgegangen wie eine Emanation (gegen den Gedanken der Emanation wehrte sich auch Arius), die sich gegenüber ihrem Ursprung in einer nachgeordneten Stellung befindet. Dies wird durch das ὁμοούσιος τῷ πατρί ausgeschlossen. Die Verwendung dieser zentralen Formel war keineswegs unproblematisch. Zum einen war der Bedeutungsumfang des Begriffs οὐσία zur Zeit des Konzils von Nizäa noch nicht festgelegt, zum anderen konnte das ὁμοούσιος τῷ πατρί auch modalistisch verstanden werden. So sprachen die Modalisten davon, dass der Sohn dem Vater wesensgleich sei, im Sinne einer irdischen Erscheinungsweise des göttlichen Wesens. Da man zur Zeit des Konzils von Nizäa οὐσία und ὑπόστασις noch weitgehend synonym gebrauchte, man also – wie vor allem die Gotteslehre und Christologie Marcells von Ancyra († 374) zeigen – zwischen οὐσία zur Bezeichnung des göttlichen Wesens und ὑπόστασις zur Bezeichnung der göttlichen Hypostasen noch nicht unterschied, verbanden nicht wenige mit der nizänischen Rede von der Wesensgleichheit des Sohnes mit dem Vater modalistische Vorstellungen.

Der Begriff ὁμοούσιος war zudem auf der gegen Paul von Samosata ge-

Ungeschaffenheit des Logos

Gleichwesentlichkeit des Sohnes mit dem Vater

richteten Synode von Antiochien (268) verworfen worden. Paul von Samo-sata hatte den Sohn des Vaters in Analogie zum Logos im Menschen als eine „rednerische Energie" (λεκτικὴ ἐνέργεια) bezeichnet und in diesem Zusammenhang davon gesprochen, dass der Logos dem Vater wesens-gleich (ὁμοούσιος) sei. Zudem kann, wenn von Substanz (οὐσία) die Rede ist, zweierlei gemeint sein: zum einen der aristotelische Art- bzw. Gat-tungsbegriff der „zweiten Substanz" (δευτέρα οὐσία), also die Natur bzw. das Wesen von etwas, oder die konkrete Einzelsubstanz, die „erste Sub-stanz" (πρώτη οὐσία) bei Aristoteles. Weder in der einen noch in der an-deren Bedeutung des Substanzbegriffs kann das ὁμοούσιος τῷ πατρί aus-gesagt werden. Vater und Sohn sind nicht ein und derselbe, sondern von-einander unterschieden sind sie der eine Gott. Deshalb kommt ihnen das eine göttliche Wesen auch nicht in der Weise zu wie die *natura hominis* zwei menschlichen Individuen zukommt, die nummerisch verschieden sind.

Homoiusianer,   Da das ὁμοούσιος τῷ πατρί keine Aussage der Schrift darstellt, brauchte
Homöer, Anhomöer es längere Zeit, bis es sich durchsetzen konnte. Manche zogen es vor, von „ähnlich im Wesen" (ὅμοιος κατ᾽ οὐσίαν) zu sprechen. Theologen, die nicht von einer Wesensgleichheit, sondern von einer Wesensähnlichkeit des Logos mit dem Vater sprachen, nennt man Homoiusianer. Theologen, die es vorzogen, von einer bloßen Ähnlichkeit zu sprechen (Acacius von Cäsarea), bezeichnet man als Homöer. Gegenüber diesen beiden Richtun-gen des so genannten Semiarianismus heißen jene, die einen radikalen Arianismus vertraten, Anhomöer (Aëtius von Antiochien, Eunomius von Cycikus, Eudoxius von Konstantinopel).

Der Arianismus war mit dem Konzil von Nizäa aber nicht überwunden. Einflussreiche Bischöfe wie Eusebius von Nikomedien und Eusebius von Caesarea drängten Konstantin zu einer Rehabilitierung des Arius. Eine aria-nische Synode von Tyrus/Jerusalem erklärte Arius kurz nach dem Konzil von Nizäa für rechtgläubig; doch einen Tag vor seiner angestrebten groß-kirchlichen Rehabilitierung ist Arius gestorben. Durch Unterstützung der Kaiser Konstantius (337–361) und Valens (364–378) konnte sich der Aria-nismus rasch weiter ausbreiten. Viele Bischöfe wendeten sich, teilweise unter erheblichem Druck, dem Arianismus zu. Nach der arianischen Syno-de von Nike in Thrakien (359) schien es so, als habe die arianische Partei gegenüber den Nizänern gesiegt, so dass der hl. Hieronymus schreiben konnte: „Der Erdkreis seufzte auf und erkannte mit Erschrecken, dass er arianisch geworden war" (Athan., Or. c. Ar. I, 30). Doch hat sich schließ-lich die „Fides Nicaena" durchgesetzt.

das soteriologische   Das eigentliche Anliegen des Glaubensbekenntnisses von Nizäa war ein
Anliegen soteriologisches. Gegenüber Arius galt es festzuhalten, dass uns in Jesus
des Nizänums von Nazaret Gott selbst begegnet. Was bei dem arianischen Subordinatia-nismus soteriologisch auf dem Spiel steht, zeigt sich bei Athanasius von Alexandrien. Wenn uns in Jesus von Nazaret nicht Gott selbst, sondern ein vom ihm hervorgebrachtes Geschöpf begegnet, dann hätte uns Jesus nicht mit Gott verbinden können. Er wäre dann nicht die vom Neuen Testament bezeugte letztgültige Offenbarung Gottes. Aus der Todesverfallenheit des Menschen kann nur Gott selbst uns erlösen, indem er uns an seinem ewi-gen Leben teilhaben lässt. Der inkarnierte Logos muss deshalb von gött-

licher Natur sein (Athan., Ar. I, 38 f.). Ziel der Offenbarung des göttlichen Logos in seiner Menschwerdung ist es, dem Menschen das ewige Leben zu eröffnen. Athanasius bringt dies mit Hilfe der Vorstellung vom wunderbaren Tausch zum Ausdruck: Der Logos wurde Mensch, damit wir vergöttlicht werden (Athan., incarn. 54). Mit der Vergöttlichung des Menschen ist nicht gemeint, dass der Mensch Gott gleich wird, sondern dass wir durch den einen menschgewordenen Sohn und seinen Geist zu Söhnen (und Töchtern) Gottes werden (Athan., Ar. III, 17–25).

c) Nestorius und die Mutter Jesu als Gottesgebärerin

Durch das Konzil von Nizäa war zwar Klarheit über die Gottheit des Logos gewonnen worden, und das Konzil von Konstantinopel (381) sollte diese Klarheit auch für die Gottheit des Heiligen Geistes bringen, umstritten blieben aber das Verständnis der Menschwerdung des Logos sowie die Einheit in Jesus Christus. Dies zeigt sich an den am „Einwohnungsschema" orientierten Inkarnationslehren bei Eustathius von Antiochien († um 350) und Marcell von Ancyra, vor allem aber in der Auseinandersetzung mit dem Apollinarismus.

Apollinaris († um 392), seit 360 Bischof von Laodizea, war wie Marcell von Ancyra ein Antiarianer und Anhänger der Entscheidung des Konzils von Nizäa. Doch vertrat Apollinaris eine Inkarnationslehre, wonach der Logos sich mit einem menschlichen Leib ohne Seele zu einer einzigen Natur (μία φύσις) verbunden habe. Der Logos hat sich demnach nicht mit einer vollständigen menschlichen Natur aus Leib und Seele vereinigt. Apollinaris verstand das traditionelle Logos-Sarx-Schema so, dass der Logos in Jesus die menschliche Seele substituiert. Unter der menschlichen Sarx fasste er nicht die ganze menschliche Natur, sondern nur den menschlichen Leib. Für das Verständnis der Inkarnation prägte er die Formel von der „einen Natur des fleischgewordenen Wortes" (μία φύσις τοῦ θεοῦ λόγου σεσαρκωμένη). Für Apollinaris ist Christus ein himmlischer Mensch, nicht voll und ganz Mensch, sondern nur menschenartig (ἀνθρωποειδής). Denn was bei uns das geistige Prinzip ist, wird in Jesus durch den göttlichen Logos ersetzt, so dass er aufgrund der in ihm anwesenden einen Natur des fleischgewordenen Wortes ein Mischwesen aus Gott und Mensch darstellt.

Gegen diese Verkürzung der menschlichen Natur Jesu wendet sich die Synode von Alexandrien (362). In verschiedenen Briefen des römischen Bischofs Damasus I. wird schließlich die Lehre des Apollinaris und seiner Anhänger als häretisch zurückgewiesen (DH 144–149). Papst Damasus I. argumentiert gegen Apollinaris vor allem soteriologisch: „Wenn nun allerdings der Mensch unvollkommen angenommen wurde, ist das Geschenk Gottes unvollkommen, unser Heil unvollkommen, weil nicht der ganze Mensch gerettet ist" (DH 146). Die definitive Verurteilung des Apollinarismus erfolgte 381 auf dem Konzil von Konstantinopel (DH 151).

Theodor von Mopsuestia († 428) argumentierte gegen den Apollinarismus nicht nur soteriologisch, sondern auch theologisch. Der Logos kann in Jesus nicht einfach die menschliche Seele ersetzen. Das wäre seiner

Apollinaris von Laodizea

Theodor von Mopsuestia

göttlichen Natur nicht angemessen (Grillmeier-Bacht/179: 146). Theodor denkt die Einheit in Christus als die Einheit der göttlichen und menschlichen Natur in einer einzigen Person und Hypostase. Die Schwierigkeit bei der von Theodor vertretenen Christologie liegt darin, dass er zwischen der Hypostase der menschlichen Natur und der göttlichen Natur unterscheidet und so von einer Person und Hypostase der Einigung ausgehen muss. Damit läuft er gegen seine eigene Absicht Gefahr, die Einheit in Christus als nachträgliche, äußerliche zu verstehen, auch wenn der gegen ihn vorgebrachte Einwand, die Einheit in Christus nur als moralische zu betrachten, unbegründet ist.

Nestorius An das christologische Modell des Theodor von Mopsuestia hat sich Nestorius († 451) angeschlossen (O'Keefe/195). Nestorius studierte in Antiochien, seiner Geburtsstadt, Theologie und wurde 428 Patriarch von Konstantinopel. Neben Theodor von Mopsuestia beeinflusste ihn Diodor von Tarsus († vor 394), der zweite große antiochenische Theologe seiner Zeit. Am 22. Juni 431 hat das 3. Ökumenische Konzil von Ephesus Nestorius verurteilt und seines Amtes enthoben. 435 wurde er vom Kaiser in die Verbannung geschickt. Nestorius starb zur Zeit des 4. Ökumenischen Konzils von Chalzedon (451) oder kurz danach im Exil. In dem in seinem Todesjahr abgeschlossenen „Liber Heraclidis" gibt Nestorius eine ausführliche Darstellung seiner Christologie und nähert sich dem orthodoxen Glauben an.

Maria – Wohl schon vor dem Amtsantritt von Nestorius begann in Konstantinopel eine Kontroverse über die Frage, ob Maria „Gottesgebärerin" (θεοτόκος) oder nur „Menschengebärerin" (ἀνθρωποτόκος) genannt werden könne. Durch einen Brief an Johannes von Antiochien hat Nestorius in diese Kontroverse eingegriffen. Darin schreibt er: „Bald nach meiner Ankunft hier fanden wir, dass Mitglieder der Kirche untereinander in aufrührerischem Streit waren; einige von ihnen nannten die heilige Jungfrau einfachhin Gottesgebärerin, andere nur Mutter eines Menschen. Um beide Teile mit Sorgfalt wieder zusammenzubringen, … nannten wir sie Christusgebärerin (Χριστοτόκος); diese Bezeichnung sollte beides umfassen: den Gott [in Christus] und den Menschen, entsprechend den Worten des Evangeliums" (Grillmeier/175: 646).

Gottes- oder Menschengebärerin?

Nestorius wandte sich gegen den Titel „Menschengebärerin", weil Maria nicht nur einen „bloßen Menschen" (ψιλὸς ἄνθρωπος) geboren hat (Loofs/189: 183.248f.). Zugleich verwarf er die Bezeichnung der Mutter Jesu als Gottesgebärerin, weil er dahinter ein apollinaristisches Verständnis der Einheit in Christus vermutete. Da aber die Geburt des Gottessohnes aus der Jungfrau Maria zum Kerygma des christlichen Glaubens gehört, sah Cyrill von Alexandrien († 444), Patriarch von Alexandrien und Gegenspieler des Nestorius, in der Ablehnung des Titels θεοτόκος einen „ökumenischen Skandal" (ep. 2 ad Nest.). Nestorius begründete die Ablehnung damit, dass das Subjekt der christologischen Hoheits- und Niedrigkeitsaussagen jeweils der eine Christus Jesus sei. Die Einheit in Christus erläutert er im Anschluss an Theodor von Mopsuestia. Die göttliche und menschliche Natur, die in Christus zu unterscheiden sind, bezeichnet Nestorius als οὐσία bzw. φύσις. Eine Natur existiert aber nicht als abstrakte, sondern immer nur als konkrete Realität, als individuelle Natur (ὑπόστασις).

Πρόσωπον, dessen ursprüngliche Bedeutung für Nestorius „Antlitz" ist, nennt er die Erscheinung einer konkreten, individuellen Natur.

Dem Logos wie dem Menschen Jesus spricht Nestorius hinsichtlich ihrer je eigenen Natur jeweils ein eigenes πρόσωπον zu. Die Verbindung (συνάφεια) der Naturen in Christus sieht Nestorius durch das πρόσωπον der Einigung (ἕνωσις) bewirkt, durch das Christus, der Subjekt der christologischen Aussagen ist, als ein und derselbe (εἷς καὶ ὁ οὗτός) gegenübertritt. Die „Person-Einheit" des Nestorius ist nicht identisch mit der „Person-Einheit" im Sinne des Konzils von Chalzedon, da die Einheit in Christus für Nestorius vor allem ein semantisches, weniger ein ontologisches Problem darstellt.

Einung der beiden Naturen Christi

Im „Liber Heraclidis" vertiefte Nestorius seine Lehre von der Einheit Christi um den Gedanken eines Tauschs der πρόσωπα der beiden Naturen Christi und suchte so, seine Rechtgläubigkeit zu verteidigen. Anders als Apollinaris bestimmt Nestorius die Einheit in Christus nicht auf der Ebene der Natur; göttliche und menschliche Natur sind geeint, aber unvermischt. Die Grenze seiner christologischen Position liegt darin, den zur Bezeichnung der Einheit in Christus verwendeten Personbegriff nicht im Sinne der Subsistenz verwendet zu haben.

Im Osterfestbrief von 429 wird Nestorius von Cyrill erstmals angegriffen. Cyrill hat seine Einwände in seinen fünf Büchern gegen Nestorius zusammengefasst (430). Zu den Gegnern des Nestorius in Konstantinopel gehörte Proclus, der 434 Patriarch von Konstantinopel wird. In einer Predigt vom 25. März 431, der berühmtesten Marienpredigt der Patristik, bekennt Proclus in Gegenwart des Nestorius Jesus Christus als den „fleischgewordenen Gott" und bezeichnet Maria als „Gottesgebärerin". Zur Verurteilung des Nestorius ist es unter anderem auch deshalb gekommen, weil seine Position in der Kontroverse durch Cyrill stark vereinfacht, zum Teil verfälscht dargestellt wurde, und Nestorius auf der anderen Seite zu übertriebenen Äußerungen neigte. So sagte er in einer öffentlichen Predigt: „Ich kann keinen Gott anbeten, der geboren, gestorben und begraben worden ist" (Loofs/189: 337 f.). Damit wandte sich Nestorius gegen die Lehre von der Idiomenkommunikation (*communicatio idiomatum*), die im nizänischen Glaubensbekenntnis ihre theologische Grundlage hat und besagt, dass von dem einen Subjekt, dem Sohn bzw. Logos Gottes, aufgrund seiner Gleichwesentlichkeit mit dem Vater wie seiner Gleichwesentlichkeit mit uns Göttliches und Menschliches zugleich ausgesagt werden kann.

Cyrill vertritt gegenüber Nestorius eine unreflektierte Logos-Sarx-Christologie (Angstenberger/164), die er auf die apollinaristische Formel von der „einen Natur bzw. Hypostase des fleischgewordenen Logos Gottes" bringt (μία φύσις [ὑπόστασις] τοῦ θεοῦ λόγου σεσαρκωμένη), ohne damit die von Apollinaris vertretene christologische Position einzunehmen. Da Cyrill im Unterschied zu Apollinaris eine leidensfähige menschliche Seele Christi annahm und die eine fleischgewordene Natur des Logos mit der Person (ὑπόστασις) Christi identifizierte, konnte er – davon unterschieden – auch von zwei Naturen in Christus sprechen und in der menschlichen Natur Christi ein eigenes Prinzip der Selbstbewegung (αὐτοκίνητον) sehen (ep. 46 ad Succens. 2). Mit der Formel von der einen Natur des fleischgewordenen Sohnes Gottes wollte Cyrill deutlich machen, dass der Logos

Cyrill von Alexandrien

„nicht *in* einem Menschen" gegenwärtig wurde, „sondern wahrhaftig Mensch geworden ist, wobei er doch Gott blieb" (or. ad dominas 31), so dass eine Trennung der Naturen auszuschließen sei, Subjekt der christologischen Aussagen also immer der menschgewordene Logos ist. Cyrill stand damit zwischen Apollinaris und Nestorius.

Leporius Auch im Westen beschäftigte man sich mit der Frage, ob Maria als Gottesgebärerin bezeichnet werden könne. Hier ist der aus Trier stammende und in Marseille lebende Mönch Leporius (um 420) zu nennen, der Schwierigkeiten hatte anzuerkennen, dass „Gott von einer Frau geboren wurde, dass Gott gekreuzigt werden konnte und auf menschliche Weise gelitten habe, aus Furcht davor, dass man glauben könne, die Gottheit sei in einen Menschen verwandelt oder durch Vermischung korrumpiert worden" – so Augustinus zusammen mit anderen Bischöfen in einem Bericht an die Bischöfe in Gallien (Grillmeier/175: 662). Leporius betonte wie Nestorius die Unterschiedenheit der Naturen in Christus, hatte aber Probleme, die Einheit in Christus angemessen zum Ausdruck zu bringen. Wegen seiner Zweifel an den Aussagen von einem „geborenen und gekreuzigten Gott" wird Leporius vom Bischof von Marseille exkommuniziert und flieht nach Afrika. Dort führt ihn Augustinus wieder zur Kirche zurück. Johannes Cassian († 432) hat in seinem gegen die Christologie des Nestorius gerichteten Gutachten (431), das vom römischen Archidiakon Leo angefordert wird, die von Leporius vertretene Theorie als Pränestorianismus bezeichnet.

Bei seiner Rekonziliation in Karthago mit einigen Bischöfen, darunter Augustinus, hat Leporius Mitte 418 einen Bekenntnistext (*Libellus emendationis*) unterschrieben. Darin heißt es: „Nicht Gott, der Vater, ist Mensch geworden und auch nicht der Heilige Geist, sondern der Eingeborene des Vaters. Deshalb ist auch nur eine Person des Fleisches und des Wortes anzunehmen, damit wir fest ohne allen Zweifel glauben: [an] den einen und denselben immer untrennbaren Sohn Gottes ... Auch wenn er in Schwachheit gekreuzigt wurde, so lebt er doch aus der Kraft Gottes (2 Kor 13,4). Deshalb haben wir auch keine Angst, angesichts seines Gottseins zu sagen, dass Gott aus dem Menschen geboren sei, noch angesichts seines Menschseins, dass Gott gelitten habe, Gott sei gestorben und das übrige ... Ich schäme mich ja des Evangeliums nicht" (vgl. Grillmeier/175: 664). In diesem Bekenntnis wird klar unterschieden zwischen der einen Person des Logos, seiner Natur und der menschlichen Natur Christi. Die Einheit in Christus ist eine Einheit in der Person, nicht in der Natur.

Nachdem Nestorius neben Abschriften von Predigten mehrere Briefe nach Rom zu Papst Coelestin I. geschickt hatte, um seine christologische Position zu erläutern, wird 430 Diakon Posidonius, ein Gesandter Cyrills, nach Rom geschickt, um dort formell Anklage gegen den Bischof von Konstantinopel zu erheben. Die Anklage der Kirche von Alexandrien lautete auf Adoptianismus, gedeutet im Sinne der Zwei-Söhne-Lehre. Das oben erwähnte Gutachten von Johannes Cassian stellt die Christologie des Nestorius verzerrt dar und bestätigt damit die Anklage. Anfang August 430 hat eine von Coelestin I. in Rom abgehaltene Synode Nestorius verurteilt. In Verbindung mit Cyrill von Alexandrien hat Rom damit einen entscheidenden Einfluss im Fall des Nestorius ausgeübt.

In dem von Kaiser Theodosius einberufenen Konzil von Ephesus (431) ist der christologische Streit gegen Nestorius, der dreimal ohne Erfolg zum Konzil vorgeladen wurde, entschieden worden. Das Konzil wurde von Cyrill vor der Ankunft der orientalischen Bischöfe um Johannes von Antiochien († 441/442) und der päpstlichen Legaten eröffnet. Aus Protest kamen die orientalischen Bischöfe um Johannes von Antiochien in Ephesus zu einem Gegenkonzil zusammen. Die Anhänger beider Parteien exkommunizierten sich gegenseitig. Die päpstlichen Legaten (die Bischöfe Arcadius und Proiectus sowie der Presbyter Philippus) schlossen sich nach ihrer Ankunft Cyrill an und bekräftigten das Urteil gegen Nestorius. Kurz nach seinem Amtsantritt (432) hat Papst Sixtus III. die Beschlüsse des Konzils von Ephesus bestätigt.

Das Konzil von Ephesus formulierte kein eigenes Glaubensbekenntnis. Es bekräftigte den Glauben von Nizäa, das mit der Gleichwesentlichkeit des Logos mit dem Vater die entscheidende Inkarnationsformel geschaffen hat, und approbierte den 2. Brief Cyrills von Alexandrien an Nestorius, von dem man feststellte, dass er dem Glaubensbekenntnis von Nizäa entspreche (DH 250–251). Die Antwort des Nestorius auf diesen Brief wurde als nicht rechtgläubig verworfen (DH 251a–e). Die Verlesung der beiden Briefe sowie die Verurteilung und Amtsenthebung des Nestorius (DH 264) stellen die entscheidenden dogmatischen Akte des Konzils dar. Über den Brief Papst Coelestins an Nestorius, die Anathematismen der Synode von Alexandrien und den 3. Brief Cyrills an Nestorius (DH 252–263), die auf dem Konzil verlesen und den Akten beigegeben wurden, hat man nicht mehr abgestimmt.

Die entscheidende Aussage im 2. Brief Cyrills an Nestorius lautet: „Denn wir sagen nicht, dass die Natur des Wortes verwandelt wurde und Fleisch geworden ist; aber auch nicht, dass sie in einen ganzen Menschen aus Leib und Seele verwandelt wurde … vielmehr dies, dass das Wort, indem es das mit einer vernunftbegabten Seele beseelte Fleisch mit sich selbst der Hypostase nach (καθ' ὑπόστασιν) einte, auf unaussprechliche und unbegreifliche Weise Mensch geworden und Menschensohn genannt worden ist, nicht allein seinem Willen oder Gutdünken entsprechend, aber auch nicht gleichsam in der Annahme einer Person (πρόσωπον); ferner behaupten wir, dass die Naturen, die sich zu einer wahrhaftigen Einheit verbunden haben, zwar verschieden <sind>, Christus und der Sohn aber einer aus beiden <ist>, nicht etwa weil der Unterschied der Naturen wegen der Einung aufgehoben worden wäre, sondern vielmehr, weil die Gottheit und Menschheit durch die unaussprechliche und geheimnisvolle Verbindung zu einer Einheit uns den einen Herrn und Christus und Sohn gebildet haben. … Denn es ist nicht so, dass zuerst ein gewöhnlicher Mensch aus der heiligen Jungfrau geboren wurde und erst dann das Wort auf ihn herabstieg; vielmehr wird von ihm gesagt, dass es schon vom Mutterschoß her geeint die fleischliche Geburt auf sich genommen hat, da es sich die Geburt seines eigenen Fleisches zu eigen machte. … Und so haben sie [die heiligen Väter] es getrost unternommen, die heilige Jungfrau Gottesgebärerin zu nennen, nicht etwa weil die Natur des Wortes bzw. seine Gottheit den Anfang des Seins aus der heiligen Jungfrau genommen hätte, sondern weil der vernünftig beseelte heilige Leib aus ihr geboren wurde; mit ihm

Konzil von Ephesus

Verurteilung des Nestorius

Einheit und Unterschiedenheit der Naturen

Maria – Theotokos

hat sich das Wort der Hypostase nach geeint, und deshalb wird von ihm gesagt, es sei dem Fleische nach geboren worden" (DH 250–251).

Der Logos Gottes hat also eine menschliche Seele und Fleisch mit sich geeint, und zwar, wie es heißt, der Hypostase nach. Dabei ist zu berücksichtigen, dass Cyrill noch nicht zwischen φύσις, ὑπόστασις und οὐσία unterscheidet. Aufgrund der Einung καθ' ὑπόστασιν wird der Logos Menschensohn genannt. Eine Einheit nur dem πρόσωπον nach, das heißt – im Sinne des Nestorius – eine individuelle Einheit der Eigenschaften der göttlichen und menschlichen Natur wird abgelehnt. Die Naturen sind verschieden, es ist aber ein und derselbe Christus, der Sohn Gottes. Deshalb ist auch der Titel „Gottesgebärerin" gerechtfertigt. Denn Maria hat nicht nur einen Menschen geboren, sondern den menschgewordenen Sohn Gottes. Der Logos oder Sohn Gottes, der einen ewigen Ursprung hat, wurde dem Fleische nach geboren.

„Formula unionis"   Bedeutsam für die Aussöhnung zwischen Alexandrien und Antiochien war das Glaubensbekenntnis, das auf dem Gegenkonzil von den orientalischen Bischöfen verabschiedet wurde. Es bildete die Grundlage für die „Formula unionis" (433). Die von den orientalischen Bischöfen ausgearbeitete Unionsformel ist von einem strengen Parallelismus der Aussagereihen bestimmt und bereitet damit, wie Cyrills Formel von der Einigung καθ' ὑπόστασιν, die Entscheidung des Konzils von Chalzedon (451) vor. Die entscheidende Aussage der Unionsformel lautet: „Wir bekennen demnach unseren Herrn Jesus Christus, den einziggeborenen Sohn Gottes, als vollkommenen Gott und vollkommenen Menschen aus Vernunftseele und Leib, vor Weltzeiten aus dem Vater der Gottheit nach geboren, in den letzten Tagen derselbe für uns und um unseres Heiles willen aus Maria, der jungfräulichen Gottesgebärerin, der Menschheit nach [geboren], wesensgleich dem Vater, derselbe der Gottheit nach und wesensgleich uns der Menschheit nach. Denn es ist eine Einigung von zwei Naturen geschehen. Deshalb bekennen wir *einen* Christus, *einen* Sohn, *einen* Herrn. Gemäß diesem Verständnis der unvermischten Einigung bekennen wir die heilige Jungfrau als Gottesgebärerin. Denn der göttliche Logos ist Fleisch und Mensch geworden und hat unmittelbar bei der Empfängnis den von ihr empfangenen Tempel mit sich selbst geeint" (DH 272).

„Laetentur-Brief"   Der Streit um die für die Antiochener nicht akzeptable Formel von der einen Natur (μία φύσις) wurde so umgangen. Man bekannte wie Nestorius die Einheit in Christus, ohne sie näher zu bestimmen, ebenso die zeitliche Geburt des Gottessohnes dem Fleische nach, so dass Maria wahrhaft Gottesgebärerin zu nennen ist. In dem „Laetentur-Brief" (433) an Johannes von Antiochien hat Cyrill die volle Glaubensübereinstimmung zwischen der Kirche in Alexandrien und der Kirche in Antiochien festgestellt. In diesem Brief wendete sich Cyrill auch gegen ein monophysitisches Verständnis seiner Formel von der einen Natur des fleischgewordenen Wortes Gottes. Die Unionsformel und der Brief Cyrills konnten nicht verhindern, dass die christologische Auseinandersetzung zwischen Antiochenern und Alexandrinern weiterging. Der alexandrinische Patriarch wurde von antiochenischer Seite als monophysitischer Häretiker verdächtigt, Theodoret von Cyrus († um 446) von alexandrinischer Seite des „Nestorianismus" bezichtigt. Einen wichtigen Beitrag zur Klärung der christologischen Streitfrage leistete Proclus von Konstantinopel († 446) mit seiner Unterscheidung zwischen ὑπόστασις und φύσις bzw. οὐσία in seinem „Brief an die Armenier" (435).

2. Die beiden Naturen des Sohnes

a) Der Monophysitismus und die Einheit der Person Christi

Auch wenn Cyrill selbst kein Monophysit war, wurde doch in den Reihen der Alexandriner seine Formel von der „einen Natur des fleischgewordenen Wortes" im Sinne eines strengen Monophysitismus gedeutet. Wortführer der extremen Monophysiten war der politisch einflussreiche, theologisch aber wenig gebildete Mönch Eutyches († um 454), Archimandrit eines Klosters in Konstantinopel. Eutyches hatte enge Verbindungen zu Cyrill und seinem Nachfolger Dioskur († 454). Mit Hilfe seines Patenkindes Chrysaphius, Oberkämmerer am kaiserlichen Hof, besaß Eutyches erheblichen Einfluss auf die kaiserliche Kirchenpolitik. Gegenspieler des Eutyches war Theodoret von Cyrus. Der extreme Monophysitismus des Eutyches, von dem sich der gemäßigte Monophysit Severus von Antiochien († 538) distanzierte, besteht darin, die menschliche Natur Christi ganz in der göttlichen Natur des Sohnes aufgehen zu lassen. Nach der Darstellung Theodorets von Cyrus – er bezichtigte Eutyches der apollinaristischen Häresie – behauptete der Archimandrit, dass die Menschheit Christi von der Gottheit aufgesogen werde wie ein Honigtropfen im Meer (eran. 2).

Monophysitismus des Eutyches

Gegen das legitime Anliegen der antiochenischen Christologie, die Unterschiedenheit der Naturen in Christus zu wahren, erklärte Eutyches: „Ich bekenne, dass der Herr ,aus zwei Naturen' vor der Einigung bestand, nach der Einigung bekenne ich nur ,eine Natur'" (ACO II 1, 1, 143). Die eine Natur in Christus identifizierte Eutyches mit der göttlichen Natur des menschgewordenen Logos. Folgerichtig bestritt er, dass Jesus Christus mit uns *con-substantialis* (ὁμοούσιος) ist (Grillmeier/175: 748). Auf der ständigen Synode der in Konstantinopel anwesenden Bischöfe (448) wurde Eutyches ein mehrtägiger Prozess gemacht, der zu seiner Verurteilung führte. Das auf dieser Synode von Flavian von Konstantinopel († 449/450) verlesene Glaubensbekenntnis enthält die Formel: „Wir bekennen, dass Christus aus zwei Naturen nach der Menschwerdung besteht, in einer Hypostase, in einer Person bekennen wir einen Christus, einen Sohn, einen Herrn" (ACO II 1, 1, 114). Damit wollte Flavian zwischen der alexandrinischen und antiochenischen Christologie vermitteln.

Gegen die Verurteilung durch die Synode von Konstantinopel appellierte Eutyches „an das heilige Konzil der Bischöfe von Rom, Alexandrien, Jerusalem und Thessalonich" (ACO II 1, 1, 175). Eutyches schrieb in seiner Sache auch einen Brief (ACO II 4, 143; II 2, 1, 33) an Papst Leo den Großen (440–461). In einem Schreiben an Papst Leo trat Kaiser Theodosius für den Archimandriten ein und beschuldigte die Gegner des Eutyches des Nestorianismus (ACO II 4, 3–4). Nachdem Papst Leo Einsicht in die nach Rom gesandten Prozessakten genommen hatte, sandte er einen von seinem

Sekretär, dem Augustinus-Schüler Prosper von Aquitanien († nach 455), redigierten dogmatischen Brief an Flavian (DH 290–295).

„Tomus Leonis" Dieser „Tomus Leonis" (Juni 449) enthält verschiedene christologische Lehrmeinungen, entfaltet aber an zentraler Stelle die Lehre von den zwei Naturen der einen Person Christi (ὑπόστασις, πρόσωπον), mit der die dogmatische Definition des Konzils von Chalzedon vorbereitet wird: Der eine Christus ist Gott und Mensch, zweifach in der Natur, einer in der Person. Denn es ist die eine Person des präexistenten Gottessohnes, der Mensch wird (Arens/165). Ebenso behandelt der Brief die von Eutyches geleugnete wahre menschliche Natur Christi, die Wirkweisen der beiden Naturen in Christus (eine jede Natur wirkt in Gemeinschaft mit der anderen das ihr Eigene) sowie die *communicatio idiomatum* (Aussagentausch): Wegen der Einheit der Person Christi kann von dem Sohn Göttliches und Menschliches zugleich ausgesagt werden. In seinem Brief äußerst sich Papst Leo auch zur Christologie des Nestorius, dem er nicht ganz gerecht wird. So beschuldigt er ihn des Adoptianismus. Am Ende seines Lebens hat sich Nestorius in einem „Brief an die Bewohner von Konstantinopel" mit der Christologie des Flavian und des „Tomus Leonis" einverstanden erklärt (Grillmeier/175: 707).

„Räubersynode" von Ephesus Auf einer von Kaiser Theodosius einberufenen Reichssynode in Ephesus (449) wird Eutyches von seinem Freund Dioskur, der auf dieser Synode den Vorsitz hatte, rehabilitiert. Wegen der skandalösen Zustände auf der Synode bezeichnete Papst Leo sie in einem Schreiben an Kaiserin Pulcheria als „Räubersynode" (*latrocinium*) und wies ihre Beschlüsse zurück (ACO II 4, 51). Gegen den Widerstand der päpstlichen Legaten (Bischof Julius von Puteoli, der römische Diakon Hilarius) setzte der Patriarch von Alexandrien die extreme monophysitische Christologie des Eutyches durch und exkommunizierte Flavian von Konstantinopel sowie Theodoret von Cyrus. Die päpstlichen Legaten hatten die Verlesung des „Tomus Leonis" verlangt, was ihnen von der Partei des Dioskur verweigert wurde. Dagegen protestierten Flavian und Hilarius, der spätere gleichnamige Papst (461–468). Daraufhin stürmten Soldaten auf Anordnung Dioskurs die Basilika in Ephesus. Flavian wurde gefangen genommen und starb auf dem Weg in die Verbannung. Diakon Hilarius, dem wir einen Bericht von der „Räubersynode" verdanken (ep. 1), gelang die Flucht.

Anatolius von Konstantinopel († 458), Nachfolger Flavians, stand zunächst auf der Seite Dioskurs, verwarf dann aber die Beschlüsse der „Räubersynode" und anerkannte die Rechtgläubigkeit Flavians. Nach dem Umschwung in der kaiserlichen Kirchenpolitik unter Kaiserin Pulcheria und ihrem Mitregenten Marcian konnte Papst Leo darauf hoffen, den Streit um den Monophysitismus beizulegen. Papst Leo dachte nicht an ein neues Konzil, sondern an eine Unterzeichnung seines Briefes an Flavian durch alle Bischöfe. Doch um den christologischen Streit zu entscheiden, berief Kaiser Marcian ein Konzil nach Nizäa ein, das er dann aber nach Chalzedon in die Nähe von Konstantinopel verlegte, um selbst daran teilnehmen zu können.

Konzil von Chalzedon Das Konzil von Chalzedon (451) wird als viertes ökumenisches Konzil gezählt (Grillmeier-Bacht/179; Oort-Roldanus/196). Mit den 500 bzw. 600 teilnehmenden Bischöfen (die Angaben in den Konzilsakten variieren) ist das Konzil von Chalzedon das bedeutendste altkirchliche Konzil. Den Vorsitz auf dem Konzil hatten die päpstlichen Legaten Paschasinus, Bischof Lucentius und der Presbyter Bonifatius. Zu den päpstlichen Legaten zählte auch Bischof Julian von Kos, der aber nicht den Vorsitz hatte. In der fünften Sitzung wurde die dogmatische Definition verabschiedet und in der sechsten Sitzung feierlich verkündigt. Neben der Definition hat das Konzil 27 Kanones zu verschiedenen Fragen verabschiedet. Der umstrittene Kanon 28 ist eine in der 16. Sitzung abgegebene Erklärung zur rechtlichen Gleichstellung des Bischofsstuhls von Konstantinopel mit dem Bischofsstuhl von Rom (COD/D I, 99), dem die päpstlichen Legaten ihre Zustimmung verweigerten. Papst Leo bestätigte das Konzil von Chalzedon „in sola fidei causa" (ACO II 70f.), also beschränkt auf die Glaubensdinge.

Gleich zu Beginn des Konzils wurde Flavian rehabilitiert und Dioskur verurteilt. Die Konzilsväter lehnen anfänglich die Schaffung einer neuen Glaubensformel ab, da dies vom Konzil von Ephesus auf seiner Sitzung am 22. Juli 431 um der Einheit des Glaubens willen untersagt worden war. Erst auf Drängen Kaiser Marcians entschlossen sie sich zu einer neuen Glaubensformel. Das zunächst durch eine Kommission unter Vorsitz des Patriarchen von Konstantinopel erarbeitete Glaubensbekenntnis wurde von den päpstlichen Legaten verworfen, da die verwendete Formel, Christus sei „aus zwei Naturen" (ἐκ δύο φύσεων) von Flavian zwar im rechtgläubigen Sinne gebraucht worden war, aber monophysitisch missverstanden werden konnte (ACO II 1, 2, 123).

Eine Revisionskommission, die u. a. den Patriarchen von Konstantinopel und die päpstlichen Legaten umfasste, legte dem Konzil ein überarbeitetes Glaubensbekenntnis vor, das am 25. Oktober 451 feierlich durch Akklamation approbiert wurde (ACO II 1, 2, 129–130; ACO II 3, 2, 137–138). Nach André de Halleux (Halleux/180) und Alois Grillmeier (Grillmeier/175: 755–759) hat die Revisionskommission ein von Basilius von Seleukia († 468) verfasstes Glaubensbekenntnis unter Verwendung des „Tomus Leonis" überarbeitet.

Definition des Konzils Chalzedon

„In der Nachfolge der heiligen Väter also lehren wir alle
übereinstimmend,
unseren Herrn Jesus Christus
als ein und denselben (ἕνα καὶ τὸν αὐτὸν) Sohn zu bekennen:
derselbe ist vollkommen in der Gottheit
und derselbe ist vollkommen in der Menschheit;
derselbe ist wahrhaft Gott
und wahrhaft Mensch
aus vernunftbegabter Seele und Leib;
derselbe ist
der Gottheit nach dem Vater wesensgleich (ὁμοούσιον τῷ πατρὶ)
und der Menschheit nach uns wesensgleich (ὁμοούσιον ἡμῖν),
in allem uns gleich außer der Sünde [*vgl. Hebr. 4,15*];

derselbe wurde
einerseits der Gottheit nach vor den Zeiten aus dem Vater gezeugt,
andererseits geboren der Menschheit nach in den letzten Tagen
unseretwegen und um unseres Heiles willen
aus Maria, der Jungfrau (ἐκ Μαρίας τῆς παρθένου)
<und> Gottesgebärerin (τῆς θεοτόκου) geboren;

ein und derselbe ist Christus, der einziggeborene Sohn und Herr,
der in zwei Naturen (ἐν δύο φύσεσιν)
unvermischt (ἀσυγχύτως), unveränderlich (ἀτρέπτως),
ungetrennt (ἀδιαιρέτως) und unteilbar (ἀχωρίστως) erkannt wird,
wobei nirgends wegen der Einung
der Unterschied der Naturen aufgehoben ist,
vielmehr die Eigentümlichkeit jeder der beiden Naturen gewahrt bleibt
und sich in *einer* Person (εἰς ἓν πρόσωπον) und
einer Hypostase (μίαν ὑπόστασιν) vereinigt;

der einziggeborene Sohn, Gott, das Wort, der Herr Jesus Christus,
ist nicht in zwei Personen (οὐκ εἰς δύο πρόσωπα)
geteilt oder getrennt,
sondern ist ein und derselbe (ἕνα καὶ τὸν αὐτὸν)
wie es früher die Propheten über ihn und Jesus Christus selbst es uns
gelehrt,
und das Bekenntnis der Väter es uns überliefert hat." (DH 302)

Jesus Christus – ein und derselbe

Die Definition von Chalzedon, die sich dem Bekenntnis der Väter (Nizäa, Ephesus, Konstantinopel) verpflichtet weiß, hat einen klaren Aufbau. Subjekt der Aussagen ist ein und derselbe Sohn und Herr Jesus Christus. Von ihm wird über die biblischen Hoheitstitel hinaus gesagt, dass er wahrhaft Gott und wahrhaft Mensch ist, vollkommen in der Gottheit und vollkommen in der Menschheit, ein wahrer Mensch mit vernunftbegabter Seele und Leib, wesensgleich mit dem Vater und wesensgleich auch mit uns, außer der Sünde. Er wurde seiner göttlichen Natur nach vor aller Zeit vom Vater gezeugt und in der Zeit geboren von der Jungfrau Maria, die deshalb Gottesgebärerin genannt wird. Diese Aussagen, bei der auf strikte Parallelität geachtet wird, sind eine Interpretation der Unionsformel (433) unter Berücksichtigung des „Tomus Leonis" (DH 294).

Die Aussage zur vollen menschlichen, aus vernunftbegabter Seele und Leib bestehenden Natur Christi greift das berechtigte Anliegen der antiochenischen Christologie auf und ist gegen die apollinaristische Christologie gerichtet. Das ὁμοούσιος τῷ πατρί des Konzils von Nizäa wird durch das ὁμοούσιος ἡμῖν ergänzt. Dies richtet sich sowohl gegen Eutyches als auch gegen Apollinaris, der meinte, die Menschheit Christi sei wegen ihrer Einheit mit dem Logos von außergewöhnlicher Art. Die Aussage „der in zwei Naturen unvermischt, unveränderlich, ungetrennt und unteilbar erkannt wird" stammt nach de Halleux von der Revisionskommission.

Die Formel „in zwei Naturen" statt „aus zwei Naturen" dürfte auf Basilius von Seleukia zurückgehen (Halleux/180: 158). Die Aussage zum bleibenden Unterschied der Naturen und ihrer Eigentümlichkeit orientiert sich am „Tomus Leonis". Darin heißt es: „Die Eigentümlichkeiten beider Naturen blieben also unversehrt und vereinigten sich in *einer* Person; und so wurde die Niedrigkeit von der Hoheit, die Schwäche von der Kraft, die Sterblichkeit von der Ewigkeit angenommen … Der wahre Gott wurde also in der unversehrten und vollkommenen Natur eines wahren Menschen geboren, ganz in dem Seinigen und ganz in dem Unsrigen" (DH 293). Da Papst Leo die beiden Naturen in Christus zugleich auf seinen Selbstvollzug bezieht, kann er auch von zwei Wirkweisen in Christus sprechen: „Wie nämlich Gott sich durch sein Erbarmen nicht verändert, so wird der Mensch durch die Würde nicht aufgezehrt. Denn jede der beiden Gestalten wirkt in Gemeinschaft mit der anderen, was ihr eigen ist: Dabei wirkt das Wort nämlich, was des Wortes ist, das Fleisch aber vollbringt, was des Fleisches ist" (DH 294).

Der Gedanke der zwei Wirkweisen in Christus wurde nicht in die Definition von Chalzedon aufgenommen. Die vom Chalzedonense ausgesagte Gleichwesentlichkeit mit dem Vater und mit uns kommt Jesus Christus aufgrund seiner zweifachen Herkunft zu, aufgrund der ewigen Zeugung durch den Vater und der zeitlichen Geburt durch Maria. Die zeitliche Geburt des Gottessohnes führt nicht zu zwei Söhnen, vielmehr ist Jesus Christus der eine Sohn. Die so genannte Zwei-Söhne-Christologie wird ausdrücklich zurückgewiesen. Christus ist „nicht in zwei Personen geteilt oder getrennt", sondern „ein und derselbe".

> doppelte Homousie

Die Adverbien „unvermischt", „unveränderlich", „ungetrennt" und „unteilbar" beziehen sich auf die beiden Naturen in Christus und wenden sich gegen den apollinaristischen Monophysitismus und eine Trennungschristologie. Die Einigung (ἕνωσις) der Naturen geschieht, unbeschadet der Eigentümlichkeit der Naturen, der Person (πρόσωπον) bzw. der Hypostase (ὑπόστασις) nach. Mit πρόσωπον ist hier nicht nur die äußere Erscheinungsweise gemeint, sondern in Verbindung mit der von der φύσις unterschiedenen ὑπόστασις die Subsistenz des Menschen Jesus von Nazaret. Für die Hinzufügung μίαν ὑπόστασιν zu πρόσωπον, in welchem die Vereinigung der beiden Naturen geschieht, vermutet de Halleux als Quelle den 2. Brief Cyrills an Nestorius, in dem bereits die Formel von der ἕνωσις καθ᾽ ὑπόστασιν begegnet. Wie diese Einigung der Hypostase nach genauer zu verstehen ist, sagt das Chalzedonense nicht.

> Abgrenzungen gegenüber Monophysitismus und Trennungschristologie

Das Chalzedonense versteht sich als Interpretation des nizänischen Glaubensbekenntnisses und steht damit ebenfalls im Dienst des apostolischen Kerygmas. Die entscheidende Lehre der Definition von Chalzedon besagt: Die Einheit in Christus ist eine Einheit in der Person, nicht der Natur nach. Der eine menschgewordene Sohn Gottes existiert vollkommen in der göttlichen und menschlichen Natur, zu der eine Geistseele und ein echter menschlicher Leib gehören. Chalzedon geht es damit um die Betonung der Integrität des Menschlichen (*humanum*) in Christus, der in allem uns gleich ist außer der Sünde.

Charakteristisch für die Definition von Chalzedon ist die Symmetrie der Aussagereihen über die göttliche und menschliche Natur. Doch ist auch das Chalzedonense durch die johanneisch-nizänische Logos-Sarx-Christologie bestimmt. Denn die Einheit in Christus kann dem Chalzedonense zufolge nur in der Person des menschgewordenen Gottessohnes bestehen. Was die begriffliche Präzision betrifft, so stellt die Definition des Konzils von Chalzedon ein theologisches Meisterwerk dar, obschon zentrale Begriffe wie ὑπόστασις, πρόσωπον und φύσις nicht näher definiert werden. Weitere Klärungen hinsichtlich des genaueren Verständnisses der Einheit in Christus erfolgten erst in der Rezeption des Chalzedonense im 6. Jahrhundert. Unbeantwortet ließ das Konzil von Chalzedon auch die Frage nach den beiden Wirkweisen in Christus, die Papst Leo zufolge in Christus aufgrund seiner menschlichen und göttlichen Natur zu unterscheiden sind, doch wies das Chalzedonense den Weg, wie die Freiheit Christi im Rahmen der Zweinaturenlehre zu verstehen ist.

> Symmetrie der Aussagereihen

b) Die Lehre von der Enhypostasie im Neuchalzedonismus

Widerstand gegen Chalzedon Während die Glaubensentscheidung des Konzils von Chalzedon im Westen breit rezipiert wurde, stieß man sich im Osten, vor allem in Ägypten, an der als nestorianisch empfundenen Definition des Konzils. Alexandrien wurde zum Zentrum der monophysitisch-antichalzedonischen Bewegung, die auch Syrien, Palästina und Kleinasien erfasste (Grillmeier/176: 107–130). Die monophysitisch-antichalzedonische Bewegung hat mit der Entstehung der altorientalischen („monophysitischen") Kirchen zu einer bis heute anhaltenden Kirchenspaltung geführt. Bei dieser Bewegung ging es um mehr als um christologische Streitigkeiten. Eine große Rolle spielten die Absetzbewegungen der Patriarchate von Ägypten, Syrien, Armenien und Jerusalem von Konstantinopel, dem Zentrum der kaiserlichen Macht.

Einen bedeutenden Einfluss auf das Volk hatten in der monophysitisch-antichalzedonischen Bewegung die Mönche. In Jerusalem wurde die Bewegung von dem Mönch Theodosius getragen, in Alexandrien vom Patriarchen Timotheus II. Aelurus († 477). Hinter den monophysitischen Tendenzen steht der von den Mönchen verbreitete Gedanke der Vergöttlichung (θέωσις) des Menschen und das tiefe religiöse Verlangen nach innigster Vereinigung mit Gott. Zu den bekanntesten Monophysiten gehörte neben Timotheus Aelurus sein Nachfolger Petrus Mongus († 490), Severus von Antiochien († 538), Philoxenus von Mabbug/Hierapolis († Anfang 6. Jh.) und Julian von Halikarnass († 527), zu den Verteidigern des Konzils von Chalzedon der hl. Sabas von Mar Saba, Menas von Konstantinopel († 552), Hypatius von Ephesus († 541/552) und die römischen Päpste: von Leo dem Großen bis Johannes I. (523–526).

Severus von Antiochien und Julian von Halikarnass Severus von Antiochien, wie Petrus Mongus ein gemäßigter Monophysit (Grillmeier/174: 156–185), konnte deshalb keinen Zugang zum Glaubensbekenntnis von Chalzedon finden, weil er Begriffe wie φύσις und ὑπόστασις bzw. πρόσωπον synonym gebrauchte. Die Definition von Chalzedon erschien ihm von daher als „Nestorianismus", als Lehre von zwei „Personen" in Christus. Demgegenüber hielt Severus an Cyrills Formel von der einen Natur des fleischgewordenen Wortes Gottes fest, betonte aber zugleich die volle Menschheit Christi, während der radikale Monophysit Julian von Halikarnass († 527) die Leidensfähigkeit der menschlichen Natur Christi bestritt. Die Einheit in Christus dachte Severus vom göttlichen Logos als *Natur*prinzip her, lehnte aber eine Vermischung der Naturen, wie sie das Bild von dem im Meer verschwindenden Honigtropfen zum Ausdruck bringt, ab. Damit stand Severus der Entscheidung von Chalzedon näher, als sein Kampf gegen diese Entscheidung vermuten lässt.

das Henotikon Das von Timotheus Aelurus angeregte „Enzyklikon" des Usurpators Basiliscus scheiterte mit dem Versuch, die Glaubenseinheit durch Verpflichtung auf die alleinige Geltung von Nizäa (325) und Konstantinopel (381) sowie ein Verbot des „Tomus Leonis" und des Chalzedonense wiederherzustellen. Die Glaubensformel des „Henotikon" (482), die als Kompromiss gegenüber den gemäßigten Monophysiten gedacht war (Fehlen sowohl der Formel von der einen Hypostase oder Person in zwei Naturen als auch der Mia-Physis-Formel), führte zwar zur Aussöhnung zwischen Petrus Mongus und Acacius, Patriarch von Konstantinopel (471–519), doch war Acacius –

einer der Verfasser des „Henotikon" – vor allem bestrebt, den in can. 28 des Chalzedonense festgeschriebenen Ehrenprimat von Konstantinopel zu einem Jurisdiktionsprimat auszubauen. Da eine päpstliche Gesandtschaft und eine römische Synode den Konflikt zwischen Rom und Konstantinopel nicht entschärfen konnten, wurde Acacius wie der „Häretiker" Petrus Mongus, mit dem Acacius Kirchengemeinschaft unterhielt, durch Papst Felix III. (II.) exkommuniziert (484).

Dadurch kam es zum ersten Schisma zwischen Rom und Konstantinopel. Das acacianische Schisma dauerte von der Exkommunikation des Acacius bis zur Zurücknahme des „Henotikon" durch Kaiser Justin (519). Obschon es zu Beginn des 6. Jahrhunderts zu Verfolgungen der Monophysiten von Seiten der chalzedonischen Orthodoxie kam, gelang es den „monophysitischen" Kirchen der Jakobiten, Kopten und Armenier, sich zu konsolidieren. Die antichalzedonische Bewegung in Ägypten wurde durch Severus, der 518 dorthin geflohen war, organisiert. Schisma zwischen Rom und Konstantinopel

Der Neuchalzedonismus (Helmer/183) ist der Versuch, im chalzedonisch-antichalzedonischen Streit durch die Fortschreibung des Gedankens der hypostatischen Union zu vermitteln. Unter Neuchalzedonismus versteht man die theologischen Beiträge, die ausgehend von der Definition des Konzils von Chalzedon das göttliche Einheitsprinzip betonen und dieses mit der Hypostase des menschgewordenen Logos identifizieren. Schon in seiner um 515 verfassten „Apologie des Konzils von Chalzedon" erklärte der philosophisch gebildete Grammatiker Johannes Caesarea († 570), dass die menschliche Natur niemals unabhängig von ihrer Verbindung mit dem Logos bestanden hat und deshalb nicht in einer eigenen Hypostase, sondern in der Person bzw. der Hypostase des Logos, wofür er die Formel von den „zwei enhypostatisch geeinten Naturen" prägte (Grillmeier/177: 51–69). Neuchalzedonismus

Mit dem Begriff ἐνυπόστατον bereitete Johannes Grammaticus die von Leontius von Jerusalem (um 540) entwickelte Lehre von der Enhypostasie vor (Grillmeier/177: 291–328). Diese Lehre besagt, dass die menschliche Natur Christi nicht in einer eigenen geschaffenen Hypostase (*ideohypostatisch*), sondern in der Hypostase oder Person des Logos (*enhypostatisch*) subsistiert, so dass es in Christus nur eine einzige Subsistenz gibt: die Hypostase (ὑπόστασις) oder Person (πρόσωπον) des fleischgewordenen Logos. Bei Leontius von Byzanz († 543) findet sich entgegen früherer Annahmen die Lehre von der Enhypostasie noch nicht; sein Verdienst besteht in der Weiterentwicklung des anthropologischen Modells von Leib und Seele für die Christologie (Grillmeier/177: 190–241). Zusammen mit Erzbischof Hypatius von Ephesus († 541/552) hat Leontius 532 am erfolglosen Glaubensgespräch mit den Severianern (*Collatio cum Severianis*) teilgenommen. 536 erfolgte die Exkommunikation der Severianer durch eine Synode von Konstantinopel. Lehre von der Enhypostasie

Eine wichtige Rolle spielte in der Auseinandersetzung mit dem nachchalzedonischen Monophysitismus die von skytischen Mönchen unter Leitung des Johannes Maxentius verbreitete Formel „Einer aus der Trinität ist gekreuzigt worden" (Grillmeier/177: 333–359). Die Auseinandersetzung mit den skytischen Mönchen bezeichnet man als „theopaschitischen Streit". Schon vor dem Konzil von Ephesus war in Syrien und Konstantino- der „theopaschistische Streit" pel die Akklamation des Trishagion („Heiliger Gott, heiliger Starker, heiliger Unsterblicher, erbarme dich unser") um die Wendung „für uns gekreuzigt" erweitert worden. Unter Petrus Fullo (Walker) von Antiochien († 488) wurde das erweiterte Trishagion in der Liturgie allgemein gebräuchlich. Sein Nachfolger ließ noch den verdeutlichenden Zusatz „O König Christe" einfügen, so dass die Akklamation nun lautete: „Heiliger Gott, heiliger Starker, heiliger Unsterblicher, o König Christe, der um unsretwillen gekreuzigt worden ist, erbarme dich unser" (Ritter/199: 274f.). Papst Johannes II. (533–535) erklärte 534, dass diese Formel im Sinne der chalzedonischen Orthodoxie verstanden werden könne. Damit war man dem gemäßigten Monophysitismus weit entgegengekommen.

2. Konzil von Konstantinopel Der Neuchalzedonismus hat sich im 2. Konzil von Konstantinopel (553), dem 5. ökumenischen Konzil, durchgesetzt (vgl. DH 421–438). Bedeutsam ist dieses Konzil, weil hier auf der Linie des Chalzedonense die „hypostatische Union" im Sinne der Einung der beiden Naturen in der Person des göttlichen Logos gelehrt wird. Das Konzil wurde von Kaiser Justinian einberufen, um durch die Verurteilung der „Drei Kapitel" die Monophysiten für sich zu gewinnen. Bei den „Drei Kapiteln" handelt es sich um Person und Schriften des Theodor von Mopsuestia, einen Brief des Bischofs Ibas von Edessa, in dem Theodoret von Mopsuestia gelobt wird, und die anticyrillischen Schriften Theodorets von Cyrus. Die antiochenischen Theologen Ibas von Edessa und Theodoret von Cyrus, die von der „Räubersynode" abgesetzt wurden, hat das Konzil von Chalzedon feierlich rehabilitiert. Theodor von Mopsuestia starb noch vor Ausbruch der nestorianischen Kontroverse (Grillmeier/177: 431–459).

Papst Vigilius (537–555), der bereits 547 von Soldaten mit Gewalt aus Rom nach Konstantinopel entführt worden war und durch sein *Iudicatum* (11. April 548) die „Drei Kapitel" verurteilt hatte, sprach sich zwar zunächst für ein Konzil aus, weigerte sich dann aber, an dem von Kaiser Justinian I. einberufenen Konzil teilzunehmen, weil der gewählte Konzilsort den Bischöfen des Westens eine Teilnahme erschwerte. Vorausgegangen war die Zurücknahme des *Iudicatum* durch Papst Vigilius. Die lateinischen Bischöfe, vor allem Afrikas, hatten sich gegen eine Verurteilung der „Drei Kapitel" ausgesprochen, da eine solche Verurteilung gegen das Konzil von Chalzedon gerichtet sei. In seinem *Constitutum* (14. Mai 533) werden zwar Thesen des Theodor von Mopsuestia zurückgewiesen, jedoch ohne dass eine „damnatio memoriae" ausgesprochen wird. Ebenso wird es abgelehnt, Ibas von Edessa und Theodoret von Cyrus zu verurteilen.

Das Konzil unter Vorsitz des Patriarchen von Konstantinopel verabschiedete einen Urteilsspruch (*Sententia Synodica*) und 14 Anathematismen gegen die „Drei Kapitel" (2. Juni 553). Da Papst Vigilius anfänglich seine Zustimmung zum Konzil verweigerte, ist das Konzil im Westen erst langsam anerkannt worden. Schließlich gab der Papst dem Drängen des Kaisers nach und bestätigte das 2. Konzil von Konstantinopel in einem Brief vom 8. Dez. 553 an Patriarch Eutychius († 582). Die Zustimmung zu den Konzilsbeschlüssen erfolgte unter dem Vorbehalt, dass sie die Definition des Konzils von Chalzedon nicht beeinträchtigen. In einem zweiten *Constitutum* vom 23. Februar 554 versuchte Papst Vigilius die Beschlüsse des Chalzedonense und des 2. Konzils von Konstantinopel miteinander in Einklang zu bringen.

Die entscheidenden christologischen Aussagen der Anathematismen des 2. Konzils von Konstantinopel bewegen sich auf der Linie des Konzils von Chalcedon. Im 7. Anathematismus findet sich die Lehre von der „hypostatischen Union": „Wer den Ausdruck ‚in zwei Naturen' nicht in dem Sinne verwendet, dass er damit bekennt, dass unser einer Herr Jesus Christus in der Gottheit und Menschheit erkannt wird, um dadurch den Unterschied der Naturen anzuzeigen, aus denen die unaussprechliche Einung unvermischt entstanden ist, ohne dass das Wort in die Natur des Fleisches verwandelt wurde oder das Fleisch in die Natur des Wortes überging (denn beides bleibt, was es seiner Natur nach ist, auch wenn die Einung in der Hypostase eingetreten ist), sondern diesen Ausdruck in bezug auf das Geheimnis Christi im Sinne einer Trennung der Teile versteht; oder <wer> die Zahl der Naturen in eben unserem einen Herrn Jesus Christus, dem fleischgewordenen Gott, dem Wort, bekennt und dabei den Unterschied der <Teile>, aus denen er zusammengesetzt ist, nicht bloß theoretisch betrachtet, ohne dass er <= der Unterschied> wegen der Einung aufgehoben wird (denn einer <ist> aus beiden und beide <sind> durch einen), sondern die Zahl nur dazu verwendet, um die Naturen zu trennen und zu eigenen Hypostasen zu machen, der sei mit dem Anathema belegt" (DH 428).

Lehre von der „hypostatischen Union"

Der 8. Anathematismus gibt eine weitere Erklärung zur hypostatischen Union: „Wer die Ausdrücke ‚aus zwei Naturen, der Gottheit und der Menschheit, ist die Einung geschehen' oder ‚eine fleischgewordene Natur Gottes, des Wortes' nicht so versteht, wie auch die heiligen Väter gelehrt haben, nämlich dass aus der göttlichen und der menschlichen Natur durch die Einung in der Hypostase ein Christus vollkommen gemacht wurde, sondern aufgrund dieser Ausdrücke eine Natur bzw. Wesenheit der Gottheit und des Fleisches Christi einzuführen versucht, der sei mit dem Anathema belegt. Wenn wir nämlich sagen, das einziggeborene Wort habe sich ‚in der Hypostase' vereinigt, so sagen wir damit nicht, dass irgendeine Vermischung der Naturen untereinander stattgefunden habe, sondern verstehen es so, dass sich das Wort mit dem Fleisch vereinigt hat, indem beide <Naturen> blieben, was sie sind. Deshalb gibt es auch einen Christus, Gott und Mensch, derselbe wesensgleich dem Vater der Gottheit nach und derselbe wesensgleich uns der Menschheit nach; in gleicher Weise nämlich verwirft die Kirche Gottes sowohl die, welche das Geheimnis des göttlichen Heilsgeschehens in Christus in Teile zertrennen oder zerschneiden, als auch die, welche es vermischen" (DH 429 f.).

„Theopaschitisch" gefärbt ist der 3. und 10. Anathematismus: „Wer sagt, ein anderer sei das Wort Gottes, das Wunder gewirkt hat, und ein anderer der Christus, der gelitten hat, oder sagt, Gott, das Wort, sei mit dem aus der Frau geborenen Christus [vgl. Gal 4,4] zusammen oder sei in ihm wie einer in einem anderen, aber leugnet, dass unser Herr Jesus Christus, das Wort Gottes, das Fleisch und Mensch wurde, ein und derselbe <ist>, und dass die Wunder und die Leiden, die er freiwillig im Fleisch auf sich nahm, demselben angehören, der sei mit dem Anathema belegt" (DH 423). „Wer leugnet, dass unser im Fleisch gekreuzigter Herr Jesus Christus wahrer Gott und Herr der Herrlichkeit und einer der heiligen Dreifaltigkeit ist, der sei mit dem Anathema belegt" (DH 432).

Unter der Voraussetzung des modernen Personbegriffs erscheint die

Lehre von der Enhypostasie der menschlichen Natur Christi wie eine Verkürzung seiner Menschheit. Doch versteht sich diese Lehre als Konsequenz
der Definition des Chalzedonense, sofern diese von der einen Hypostase
bzw. Person des Sohnes und seinen beiden Naturen spricht. Die Lehre von
der Enhypostasie bestreitet nicht die menschliche Individualität der Person
Jesu, sondern besagt, dass die menschliche Natur Christi nicht von Gott in
einer eigenen, von der Subsistenz des Sohnes unterschiedenen Existenz er-
schaffen wurde, sondern im Logos, der sie durch den Geist Gottes schöpfe-
risch hervorbringt, existiert.

c) Der Monotheletenstreit und die Freiheit Christi

**Monenergismus/
Monotheletismus**

Auf der Grundlage der Formel von Chalzedon haben Sergius von Konstantinopel (610–638), Theodor von Raithu/Pharan († vor 649) und Cyrus von
Alexandrien († 642) den Versuch unternommen, die „monophysitischen"
Kirchen mit der Orthodoxie auszusöhnen. Unter prinzipieller Anerkennung
der chalzedonischen Zwei-Naturen-Lehre erreichten sie 633 mit den
monophysitischen Theodosianern (nach dem monophysitisch gesinnten
Mönch Theodosius von Jerusalem) eine Union durch die monenergetisti-
sche Kompromissformel von dem einen gottmenschlichen Wirken (μία
θεανδρικὴ ἐνέργεια) in Christus. Diese Lehre, wonach alles, was von Jesus
Christus berichtet wird, „monadisch" (μοναδικῶς) und „ungeteilt durch
eine Energie des menschgewordenen Logos gewirkt wird" (ACO 2, II, 2,
602), bezeichnet man als Monenergismus (Ein-Wirken-Lehre). Gegen den
Monenergismus wendete sich Sophronius von Jerusalem († 638) mit dem
Argument, gemäß der Formel des „Tomus Leonis" wirke Christus durch
beide Naturen das, was der jeweiligen Natur zukomme. Dieser Einwand
bringt Sergius dazu, die Lehre von der einen Energie in Jesus Christus aufzugeben. Unter Hinweis auf Mk 14,36 und Joh 5,30 gelang es Sergius,
Papst Honorius I. (625–638) für seine Sache zu gewinnen. In zwei Schreiben an den Patriarchen Konstantinopel von 634 (DH 487–488) lehnt Honorius zwar die Rede von einer oder zwei Tätigkeiten in Christus ab, lehrt
aber einen einzigen Willen (*voluntas*, θέλημα) in Christus (DH 487). Die
Formel von dem einen Willen übernahm Sergius von Papst Honorius. Die
Lehre von dem einen Willen in Christus bezeichnet man als Monotheletismus (Ein-Willen-Lehre).

Maximus Confessor

Die Klärung der christologischen Streitfrage des Monotheletismus, in der
es um das Verständnis der Freiheit Christi geht, erfolgte vor allem durch
Maximus Confessor († 662), den bedeutendsten griechischen Theologen
des 7. Jahrhunderts. Nach einer exzellenten Ausbildung war Maximus zunächst Sekretär des Kaisers Heraclius, zog sich aber später als einfacher
Mönch in ein Kloster zurück. 628 floh er vor dem Eindringen der Perser
und Araber nach Afrika. 645 konnte er erreichen, dass mehrere afrikani-
sche Partikularsynoden gegen den Monotheletismus Stellung bezogen. 649
nahm Maximus an der Lateransynode in Rom teil, die sich gegen den
Monotheletismus und Monenergismus wandte. Zusammen mit Papst Martin I. (649–655) wurde Maximus 653 vom Kaiser in Kerkerhaft genommen,
655 wegen Hochverrats nach Thrakien verbannt. Da Maximus sich weiter

weigerte, an der Durchsetzung des Monotheletismus mitzuwirken, wurde er 662 – nachdem man ihm die rechte Hand abgehauen und die Zunge herausgeschnitten hatte – nach Kazika am Schwarzen Meer verbannt, wo er noch im selben Jahr starb. Durch das 3. Konzil von Konstantinopel (680/681) wurde Maximus rehabilitiert.

Maximus argumentiert gegen den Monotheletismus mit der Vollständigkeit der göttlichen und menschlichen Natur sowie der Tatsache, dass Jesus als Mensch freiwillig gelitten hat – so etwa in den christologischen Traktaten *De duabus unius Christi nostris voluntatibus* und *Disputatio cum Pyrrho* (Bausenhart/167: 110–195). Anders als Cyrill von Alexandrien, für den sich die menschliche Natur Jesu vor allem darin zeigt, dass er Hunger hat und leidet, reflektiert Maximus die Freiwilligkeit und den Gehorsam seines Leidens. Der Gehorsam und das freiwillige Leiden zeigen, dass Jesus die volle menschliche Natur besitzt. Zur menschlichen Natur gehört aber eine vernünftige Seele und damit ein willentliches Grundvermögen (θέλημα φυσικόν) bzw. das Vermögen der Selbstbestimmung (αὐτεξουσιότης), das Wollen (θέλησις) einer vernünftigen Seele. Von Christus gilt deshalb: „Mit seinen beiden Naturen war Christus … willensbegabt und handlungsfähig zu unserem Heil" (disp. c. Pyrrho = Bausenhart/167: 197).

Gehorsam Christi und Freiwilligkeit seines Leidens

Die Einheit von göttlichem und menschlichem Willen ist in der Subsistenz seiner Person begründet. Es bedeutet für Maximus keine Entfremdung, sich in seiner Freiheit ganz von Gott bestimmen zu lassen, vielmehr ist die wahre Identität des Menschen in Gott begründet. Dies gilt auch für uns, die wir nicht wie Jesus mit dem Logos Gottes hypostatisch geeint sind. In Jesus gibt es keinen Gegensatz der menschlichen und göttlichen αὐτεξουσιότης. Auch wenn die Freiheit des menschlichen Willens dadurch, dass sie ganz vom göttlichen Willen bestimmt ist, nicht aufgehoben wird, eignet Jesus doch kein „gnomischer Wille" (θέλημα γνωμικόν; von γνώμη: Entschluss, Absicht). Unter dem gnomischen Willen versteht Maximus das konkrete So-Wollen des Willens, das heißt die Freiheit (προαίρεσις), zwischen dem Guten und Bösen wählen zu können. Die höchste Freiheit des Menschen besteht für Maximus darin, ganz und gar für den göttlichen Willen und damit für das Gute entschieden zu sein – und zwar so radikal entschieden, dass es dem Willen unmöglich ist zu sündigen. Was von unserem Willen aufgrund seiner Inklination zum Bösen bestritten werden muss, das gilt deshalb vom menschlichen Willen Christi: das *non posse peccare*, das heißt das „Nicht-sündigen-Können (Bausenhart/167: 154–167).

kein Gegensatz zwischen göttlichem und menschlichem Willen

Auf der Lateransynode von 649 unter Leitung von Papst Martin I. und Mitwirkung von Maximus wird die hypostatische Einheit Christi als Willens- und Wirkeinheit gelehrt. Die Texte der Synode sind griechisch und lateinisch überliefert. Beim Glaubensbekenntnis der Lateransynode (DH 500) handelt es sich um eine fast wörtliche Wiederholung des Bekenntnisses von Chalzedon, ergänzt um die Lehre von den zwei Willen (θελήματα, *voluntates*) und natürlichen Tätigkeiten (ἐνέργειαι, *operationes*). Unter den Kanones sind für die christologische Streitfrage des Monotheletismus besonders die Kanones 10 und 11 von Bedeutung. „Wer nicht gemäß den heiligen Vätern im eigentlichen Sinne und der Wahrheit entsprechend zwei miteinander verbundene und geeinte (συμφυῶς ἡνωμένας, *cohaerenter*

Lateransynode unter Papst Martin I.

unitas) Willen ein und desselben Christus, unseres Gottes, bekennt, einen göttlichen und einen menschlichen, deswegen, weil derselbe durch jede seiner beiden Naturen auf natürliche Weise (κατὰ φύσιν, *naturaliter*) unser Heil will, der sei verurteilt" (DH 510). „Wer nicht gemäß den heiligen Vätern im eigentlichen Sinne und der Wahrheit entsprechend zwei miteinander verbundene und geeinte (συμφυῶς ἡνωμένας, *cohaerenter unitas*) Tätigkeiten ein und desselben Christus, unseres Gottes, bekennt, eine göttliche und eine menschliche Natur, deswegen, weil derselbe durch jede seiner beiden Naturen auf natürliche Weise (κατὰ φύσιν, *naturaliter*) der Bewirker unseres Heiles ist, der sei verurteilt" (DH 511).

die zwei Willen
Christi und die eine
Subsistenz
seiner Person

In Jesus Christus gibt es aufgrund seiner göttlichen und menschlichen Natur zwei Willen, aber nur ein einziges Subjekt in der Einheit des göttlichen und menschlichen Willens. Dieses eine Subjekt ist nicht das selbstbewusste Subjekt der Moderne, sondern die Subsistenz der Person Jesu Christi. Von den beiden Willen wird gesagt, dass sie vereinigt sind. Durch die beiden Willen ist Jesus Christus der eine Wollende, der unsere Erlösung bewirkt, denn der menschliche Wille entspricht ganz und gar dem göttlichen Willen. Dies geschieht nicht durch Gnade, sondern auf natürliche Weise, wobei menschliches und göttliches Wollen nicht ineinander aufgehen, sondern ihre Eigenständigkeit bewahren.

3. Konzil
von Konstantinopel

Die Herausforderung des Monotheletismus war mit der Entscheidung der Lateransynode von 649 nicht gebannt. Sergius von Konstantinopel bewegte Kaiser Heraclius zu einem monotheletischen Dekret. In dieser so genannten „Ekthesis" (638) wird ein einziger Wille in Christus als Glaubensformel dekretiert. Um dem Monotheletenstreit ein Ende zu setzen, wendete sich Konstantin IV. an Papst Donus (676–678). Sein Nachfolger, Papst Agatho (678–681), ordnete eine Beratung über den Monotheletismus an. Nach eingehender Prüfung der Antworten westlicher Partikularsynoden verständigte sich eine Versammlung von 125 italienischen Bischöfen in einer römischen Synode (680) auf ein Glaubensbekenntnis (DH 546–548), in dem zwei natürliche Willen in Christus, ein göttlicher und ein menschlicher, gelehrt werden (DH 548). Definitiv entschieden wurde die Frage des Monotheletismus durch das 3. Konzil von Konstantinopel (680/81), das als 6. Ökumenisches Konzil gezählt wird. Das Konzil wurde am 7. November 680 eröffnet und umfasste 18 Sitzungen. Die Schlusssitzung fand am 16. September 681 statt.

Das Glaubensbekenntnis der Synode von Rom und der Brief des Papstes (DH 542–545) wurden von den päpstlichen Legaten mit nach Konstantinopel gebracht und dort in der 4. Sitzung des Konzils verlesen, die beiden als nicht rechtgläubig eingestuften Briefe des Papstes Honorius an Sergius von Konstantinopel in der 12. und 13. Sitzung. Der Monotheletismus des Honorius hat zu seiner Verurteilung als Häretiker durch das Konzil von Konstantinopel geführt (DH 550–552). Die entscheidende Lehre des Konzils wurde am 11. September 681 beschlossen und feierlich verkündet. Papst Leo II. (682–683) bestätigte die Beschlüsse des 3. Konzils von Konstantinopel (DH 561–563).

zwei ungetrennte
und unvermischte
Willen in Christus

Das 3. Konzil von Konstantinopel lehrt gemäß dem Chalzedonense „zwei natürliche Weisen des Wollens (θελήσεις) bzw. Willens (θελήματα)" und „zwei natürliche Tätigkeiten" (φυσικὰς ἐνεργείας), die in Christus „ungetrennt (ἀδιαιρέτως), unveränderlich (ἀτρέπτως), unteilbar (ἀμερίστως; Chalzedonense: ἀχωρίστως) und unvermischt (ἀσυγχύτως)" sind (DH 556–557). Die beiden Willen Christi sind einander nicht entgegengesetzt, vielmehr ist der menschliche Wille dem göttlichen Willen untergeordnet bzw. ordnet sich diesem unter. Der menschliche Wille ist dem Wort Gottes geeint, wird dadurch aber nicht in seiner Freiheit aufgehoben. Entscheidend ist die freie Hingabe Jesu an den Willen des Vaters; Jesus überlässt sich ganz und gar dem Willen des Vaters (Joh 6,38).

Das Konzil von Konstantinopel spricht zwar nicht explizit von der menschlichen Selbstbestimmung (αὐτεξουσιότης) Jesu, doch ist seine Lehre vom menschlichen Willen Christi in diesem Sinne zu interpretieren. Dies geht aus dem Text hervor, mit dem Kaiser Konstantin auf der Schlusssitzung am 16. September 681 die Beschlüsse überreicht wurden. Darin heißt es: „Nichts anderes nämlich konstituiert die Vollständigkeit des menschlichen Wesens als der wesensgemäße Wille, durch den auch die Kraft der Selbstbestimmung (ἡ τῆς αὐτεξουσιότητος) in uns charakterisiert wird" (Mansi XI, 664d). Die Bedeutung der Entscheidung des 3. Konzils von Konstantinopel besteht darin, die menschliche Natur Jesu nicht nur passiv, sondern hinsichtlich ihrer Eigenständigkeit zu bestimmen. Die Einheit der Person Christi konnte so aktiver und dynamischer verstanden werden. Mit der Lehre des Dyotheletismus (Zwei-Willen-Lehre), die auf dem Konzil von Konstantinopel zum Dogma erhoben wurde, kehrte man nach den monophysitischen Engführungen zur Lehre von Chalzedon zurück (Ritter/199: 282).

menschliche
Selbstbestimmung
Jesu

Entscheidenden Anteil daran hatte Maximus Confessor, der auch die in die Zukunft weisende christologische Perichoresenlehre entwickelte, in welcher die Einheit in Christus als wechselseitige Durchdringung (περιχώρησις) der beiden Naturen und Willen in Christus verstanden wird (Balthasar/166: 253–269). Der Begriff der Perichorese ist stoischen Ursprungs und diente zur Bezeichnung des Verhältnisses der Seele zum Leib. Die Seele – so die Vorstellung – durchdringt den Leib, ohne ihr eigenes Wesen zu verlieren. In der christlichen Tradition wurde das Verb περιχωρεῖν zunächst gebraucht, um das Verhältnis der drei göttlichen Personen zueinander zu bestimmen. Vater, Sohn und Geist räumen sich wechselseitig alles ein, was sie besitzen, außer ihre personalen Eigentümlichkeiten, und durchdringen einander (Bausenhart/167: 167–183). Im christologischen Kontext dürfte wohl als erster Gregor von Nazianz († um 390) das Verb περιχωρεῖν gebraucht haben. Um ausgehend von der hypostatischen Union im Monotheletenstreit die Unvermischtheit und Ungetrenntheit menschlicher und göttlicher Vollzüge in Jesus Christus zu bezeichnen, bildet Maximus das Substantiv περιχώρησις.

christologische
Perichoresenlehre

Von Maximus übernahm Johannes von Damaskus († vor 754) die Grundbestimmung der Perichoresenlehre. Über die menschliche und göttliche Natur in Jesus Christus sagt Johannes: „Geeint nach der Hypostasis und die gegenseitige Perichoresis besitzend, werden sie unvermischt vereint" (exp. fidei LII). Stärker als Maximus betont Johannes den Fundierungszusammenhang im Verhältnis der beiden Naturen Christi. So fasst er die hypostatische Union als Prozess des hypostatischen Einswerdens auf und gebraucht dementsprechend περιχώρησις und ἕνωσις καθ᾿ ὑπόστασιν parallel. „Die Pe-

Johannes
von Damaskus

richorese wurde nicht aus dem Fleisch, sondern aus der Gottheit. Unmöglich ist es ja, dass das Fleisch die Gottheit durchwaltet, aber nachdem die göttliche φύσις einmal das Fleisch durchwaltet, gewährt sie auch dem Fleisch die sie selbst betreffende unsagbare Durchwaltung, welche wir Einigung nennen" (exp. fidei XCI). Johannes beschreibt also die hypostatische Einigung als eine zweifache Bewegung, als Abstiegsbewegung des Göttlichen in seiner Offenbarung und als Aufstiegsbewegung des Menschlichen in der „Vergöttlichung" (θέωσις).

Insgesamt erfasst Johannes von Damaskus die hypostatische Einigung und Perichorese aber noch nicht in ihrer das ganze Leben Jesu bestimmenden Dynamik. Zu sehr neigt er noch dazu, die verschiedenen Aussagen der Schrift über den irdischen und erhöhten Christus auf die menschliche und göttliche Natur zu verteilen. So wird nicht deutlich, wie sich die Aussagen über die Gleichwesentlichkeit Jesu mit dem Vater mit den Selbstvollzügen und Ereignissen seines Lebens vereinbaren lassen. Doch entscheidend ist die theologische Einsicht, die im Streit um das Verständnis der Freiheit Christi gewonnen wird: Gott erweist darin seine Göttlichkeit, dass er über sich hinaus geht und sich dem Menschen zuwendet. Der Mensch aber gewinnt dort wahrhaft sein Menschsein, wo er sich aus Gott heraus und auf ihn hin vollzieht.

IV. Jesus Christus im abendländischen Denken

1. Inkarnationschristologie und Kreuzestheologie

a) Mittelalterliche Lehrmeinungen zur Zwei-Naturen-Lehre

In Spanien hatten sich bis in das 6. Jahrhundert Reste des Arianismus erhalten. In der Folge wurden aber stärker nestorianische Ansätze vertreten. So verbreiteten Elipandus von Toledo († nach 798) und Felix von Urgel († 818) die Formel *Filius Dei adoptivus* bzw. *homo adoptivus* zur Bezeichnung des Menschen Jesus als Sohn im Unterschied zum gleichwesentlichen Wort Gottes als Sohn. Die Formel wurde auf der fränkischen Reichssynode in Regensburg (792) verurteilt. Die Synoden von Frankfurt (794), Friaul (796), Rom (799) und Aachen (800) bestätigten die Verurteilung. Der vermutlich von Alkuin († 804), dem bedeutendsten karolingischen Theologen, erarbeitete Synodalentscheid von 794 betont, dass das Sohnesverhältnis angesichts der einen Person Jesu nicht zugleich als adoptives und natürliches bezeichnet werden könne (Schäferdiek/225/226). Trotz der Verurteilung des spanischen Adoptianismus sollte die Frage, ob die Zwei-Naturen-Lehre im Sinne einer Annahme des Menschen Jesus durch den Logos gedeutet werden könne, bis zum Ende des Mittelalters aktuell bleiben.

In der Früh- und Hochscholastik werden drei Lehrmeinungen zur Zwei-Naturen-Lehre vertreten: die *Homo-Assumptus-Theorie*, die *Habitustheorie* und die *Subsistenztheorie* (Oberman/221: 235–238). Petrus Lombardus († 1160) diskutiert sie in seinen „Sentenzen" (Sent. III, d.6, c.1). Auch von Thomas von Aquin († 1274) und anderen mittelalterlichen Theologen werden sie erörtert. Der Christologie des „angenommenen Menschen" geht es um die Wahrung der vollen menschlichen Natur Christi. Die Homo-Assumptus-Theorie besagt, dass der göttliche Logos die Substanz (*substantia*) eines Menschen (*homo*) mit sich geeint hat.

Die Habitustheorie nimmt aufgrund der Unveränderlichkeit Gottes eine Umkleidung des göttlichen Logos durch die menschliche Natur an. Nach der Habitustheorie „hat" das göttliche Wort die menschliche Natur (*habens hominem*) wie ein Kleid, das den Träger umhüllt, aber nicht verändert. Dies ist nicht im Sinne des Doketismus gemeint, steht aber in der Gefahr, die Einheit in Christus zu äußerlich aufzufassen. Zudem war mit der Habitustheorie die These verbunden, dass Leib und Seele Jesu ohne Verbindung mit der göttlichen Person kein Wesen bilden, es sich also bei ihnen nicht um ein *aliquid* handelt. Darin sahen die Kritiker dieser Theorie eine Beeinträchtigung der menschlichen Natur Christi.

Die Verurteilung der Habitustheorie (DH 748; 750) durch Papst Alexander III. (1159–1181) hatte zur Folge, dass die Christologie zunächst an der Assumptustheorie orientiert war, bis Thomas von Aquin ihren nestorianischen Charakter nachwies (ScG IV, c.38; STh III, q.2, a.6). Die Subsistenztheorie unterstreicht die Eigenständigkeit und Unveränderlichkeit der göttlichen Person, die im Sinne der Lehre von der Enhypostasie eine menschliche Natur mit sich geeint hat. Die göttliche Person des Sohnes subsistiert in der göttlichen und menschlichen Natur Christi, ohne dass sich die göttliche Person dabei verändert, da sie ihrer Existenz nach unabhängig ist von der Verbindung mit einer menschlichen Seele und einem menschlichen Leib. Die Subsistenztheorie erschien am besten geeignet, das Geheimnis der einen göttlichen Person, die in zwei Naturen existiert, erklären zu können. Doch im Spätmittelalter wird demgegenüber wieder stärker die eigenständige Existenz der menschlichen Natur betont, um eine monophysitische Interpretation der Subsistenztheorie auszuschließen (Oberman/221: 236).

b) Zur Erlösungslehre Anselms von Canterbury

historischer Kontext

Die Diskussion um die christliche Soteriologie wird seit dem Mittelalter und der frühen Neuzeit durch die Christologie von Anselm von Canterbury († 1109) und die zum Teil fragwürdige Darstellung und Rezeption seiner Erlösungslehre geprägt. Anselm von Canterbury entwickelt seine Christologie vor allem in seinem Hauptwerk „Cur Deus homo" (1098). In diesem Werk setzt sich Anselm mit den damals gängigen, vor allem von jüdischer und muslimischer Seite gegen die christliche Lehre von der Menschwerdung Gottes und der Erlösung durch den stellvertretenden Sühnetod Jesu Christi vorgebrachten Argumenten auseinander. Da die christliche Bibel als Ausgangspunkt des „Religionsgesprächs" der Christen mit Juden und Muslimen nicht geeignet war, suchte Anselm nach einer Gesprächsbasis unabhängig von der Schrift (Kienzler/218).

theologisches Programm

So unternimmt Anselm den Versuch, die „Ungläubigen" unabhängig von Christus (*remoto Christo*) durch notwendige Gründe (*rationes necessariae*) zu überzeugen (CDH Praefatio), ganz entsprechend dem im „Monologion" (1076) formulierten theologischen Programm der *fides quaerens intellectum*, die Vernünftigkeit des Glaubens *sola ratione* aufzuzeigen (Mon. 1). Anselm geht es um die Frage, „aus welcher Notwendigkeit Gott Mensch geworden sei" (CDH I,1). Im Mittelpunkt seiner Antwort auf die Frage, warum Gott Mensch wurde, stehen die Ehre Gottes sowie die Freiheit des Menschen, in der sich die innere Verbindung seiner Gottes- und Erlösungslehre zeigt. Gott schafft den Menschen und die Welt um seiner Ehre willen.

Ehre Gottes als Maß der Freiheit

In der Ehre Gottes sieht Anselm nicht – wie vor allem seine Schrift „De libertate arbitrii" (1080/85) zeigt – etwas dem Menschen Äußerliches, sondern ein inneres Maß seiner Freiheit, das in der Gerechtigkeit (*iustitia*) oder der Rechtheit des Willens (*rectitudo voluntatis*) besteht (De lib. arb. 3; Verweyen 1985, 52f.). Ist die Ehre Gottes die innere Bestimmung der menschlichen Freiheit, dann wird die Freiheit in wesensgemäßer Form vollzogen. Freiheit ist für Anselm die Vollmacht des Menschen, die Gerechtigkeit um der Gerechtigkeit willen zu erfüllen. Darin besteht die Rechtheit seines Willens. Ziel des von Gott geschaffenen Menschen ist die Seligkeit, die in der Teilnahme am ewigen Leben Gottes besteht. Durch die Sünde hat der Mensch seine Zielbestimmung radikal in Frage gestellt und so die Ehre Gottes verletzt (CDH I,11). Will Gott sich treu bleiben, kann er nicht wollen und zulassen, dass sein Heilsratsschluss durch die Sünde des Menschen vereitelt wird. Deshalb muss er an der Zielbestimmung des Menschen festhalten. Für Anselm ist dies eine „moralische", aus der Selbstbestimmung der Freiheit Gottes resultierende Notwendigkeit (CDH II,5).

Die verletzte Ehre Gottes kann für Anselm nur durch eine entsprechende Genugtuung (*satisfactio*) wiederhergestellt werden. Diese muss ungeschuldet sein und die Schwere der menschlichen Sünde aufwiegen. Eine göttliche Barmherzigkeit, die über die Sünde des Menschen einfach hinwegsehen würde, kommt für Anselm nicht in Frage, weil dadurch die gestörte Ordnung nicht wirklich wiederhergestellt wäre und der Freiheitsgeschichte der Menschen nicht wirklich entsprochen würde. Ebenfalls scheidet die Möglichkeit einer bloßen Korrektur der Ausrichtung der menschlichen Freiheit aus, weil die Sünde nicht ungeschehen gemacht werden kann und der Mensch zum Tun des Guten aufgrund seiner Freiheit und ihres göttliches Maßes immer schon verpflichtet ist (CDH I,11). Auf die Sünde des Menschen kann Gott für Anselm auch nicht durch die Schaffung eines neuen, andersgearteten Menschen reagieren, da das Schicksal der ganzen Menschheit in diesem Fall von einem neuen Menschen abhängig wäre (CDH I,5).

Genugtuung (satisfactio)

Da es sich bei der Ehre Gottes um eine innere Bestimmung Gottes und des Menschen handelt, kann sie nur durch eine göttliche und zugleich menschliche Genugtuung wiederhergestellt werden (CDH II,6). Der arme, in die Sünde verstrickte Mensch (CDH I,24) wäre mit der Genugtuung überfordert, doch muss diese dennoch durch einen Menschen geleistet werden, wenn dadurch die Würde des Menschen wiederhergestellt werden soll (CDH II,8). Sie kann deshalb nur durch einen Gott-Menschen erfolgen (CDH II,9). Unabdingbare Voraussetzung für die Genugtuung, durch welche die Gerechtigkeit der von Gott gewollten Ordnung wiederhergestellt wird, ist deshalb die Menschwerdung Gottes in seinem Sohn.

Die Genugtuung geschieht durch den stellvertretenden Sühnetod Christi. Der Tod ist für Anselm Folge sich verweigernder menschlicher Freiheit. Im Sterben des Gerechten erweist sich Gottes Gerechtigkeit und Barmherzigkeit (CDH II,11.14.19.20). Das Sterben Christi ist Ausdruck des vollendeten Gehorsams Jesu wie der überschwängliche Erweis der Ehre Gottes, da der Gerechte frei von jeder Sünde und infolgedessen dem Todesschicksal nicht unterworfen ist (CDH II,10–11). Die freiwillige Lebenshingabe Jesu – von unendlich großem Wert – löst ein, „was für die Sünden der ganzen Welt geschuldet wird, und noch unendlich mehr" (CDH II,18). Für Anselm ist damit eines Gottmenschen „Tod als vernunftgemäß und notwendig bewiesen" (CDH I,10).

stellvertretender Sühnetod Christi

So erweist Jesus Christus dem Vater die von der Schöpfung her geschuldete Ehre in einer unüberbietbaren Weise, „da er im Kreuzestod das gibt, was er nicht gefordert hat, und was die Menschen nicht zu ihrer Erlösung einbringen können. Nicht das Todesleiden als solches bedeutet *satisfactio*, sondern vielmehr der freiwillige Erweis eines nichts einbehaltenden Gehorsams" (Hünermann/24: 202). Anselm lehrt keine Genugtuung durch ein stellvertretendes Strafleiden Christi. Die Genugtuung besteht vielmehr in der freiwilligen Lebenshingabe Jesu, durch die jene durch die Sünde gestörte Ordnung wiederhergestellt wird. Im Zentrum der Erlösungslehre Anselms stehen damit der freihandelnde Gott und der frei handelnde Mensch.

Zwar denkt Anselm das Freiheitsverhältnis von Gott und Mensch als ein Rechtsverhältnis, aber doch von eigener Art, so dass er die Kategorien germanischen Rechtsdenkens, die durchaus im Hintergrund seiner Erlösungslehre stehen (Greshake/215/216), durchbricht (Gäde/284: 87). Denn das entscheidende und letzte Wort seiner Erlösungslehre ist nicht das der „Genugtuung" (*satisfactio*) im Sinne einer „juristischen Logik des Zurückzahlenmüssens" (Kessler/27: 361), sondern die im Sterben Christi erwiesene Barmherzigkeit Gottes (CDH II, 20), eine „andere Barmherzigkeit", eine Barmherzigkeit über die hinaus größeres nicht gedacht werden kann (Gäde/284: 267–285; Wohlmuth/397: 139–145), in der jene Gerechtigkeit (*iustitia*) wiederhergestellt, welche die endliche Freiheit verletzt hat (Verweyen/91: 55). Anselms Erlösungslehre steht damit in engster Verbindung zu seinem im „Proslogion" (1077/78) formulierten Gottesbegriff (Prosl. c. 3, 13, 15). Denn dieser schließt es aus, Gottes Macht nach Art einer weltlichen Souveränität zu denken, da diesem Begriff zufolge Gott und die Welt zusammen nicht größer sind als Gott allein (Sokolowski/435: 8–11).

Grenze und Rezeption von Anselms Erlösungslehre   Die Grenze von Anselms Erlösungslehre liegt darin, dass er das Freiheitsverhältnis zu sehr als ein Rechtsverhältnis denkt. Gegenüber Anselm wollte Abaelard († 1142) den Tod Jesu stärker als Manifestation der Liebe Gottes verstanden wissen, wodurch das Vertrauen des Sünders in Gott und damit seine Umkehr ermöglicht wird. Von Hugo von St. Viktor († 1141) ist Anselms Erlösungslehre dagegen positiv aufgegriffen, allerdings zugleich an entscheidender Stelle begrenzt worden: Gott musste nicht so handeln, wie er in Jesus Christus und seinem Kreuzestod gehandelt hat. Die tatsächliche Erlösung war freilich die angemessenste Form der Erlösung.

c) Die christologische Synthese des Thomas von Aquin

Ort der Christologie   Im Rahmen einer heilsgeschichtlich orientierten Theologie hatte die Christologie bis ins 12. Jahrhundert hinein ihren Ort nach der Behandlung von Trinität, Schöpfung und Sündenfall. Zwar entsprach dies dem heilsökonomischen *ordo rerum* des Glaubensbekenntnisses. Da die mittelalterliche Theologie aber keinen eigenen Ekklesiologietraktat kennt und die Sakramente in Verbindung mit der Christologie behandelt werden, rückte die Christologie damit gleichsam an das Ende der Glaubenslehre. Auch die „Summa sententiarum" integriert Themen der Christologie (Präexistenz, Sendung) in die Trinitätslehre. In der systematischen Darstellung der christlichen Glaubenslehre bei Johannes Scotus Eriugena († 877) und Hugo v. St. Viktor wird die kosmische Stellung der Inkarnation Christi stark herausgestellt (Ansorge/206; Ernst/214), während die „Sentenzen" des Petrus Lombardus an der Abfolge Trinität (Sent. I), Schöpfung und Sündenfall (Sent. II), Menschwerdung (Sent. III.) und Sakramente (Sent. IV) orientiert sind.

Die Christologie des Thomas von Aquin († 1274) nimmt neben der biblischen und lateinischen auch die griechische Überlieferung auf. Durch Johannes von Damaskus und sein Werk „De fide orthodoxa" hatte der Dominikanertheologe eine genaue Kenntnis der altkirchlichen christologischen Lehrentwicklung. Vom Sentenzenkommentar über die „Summa contra gentiles" (ScG) bis zu den beiden unvollendet gebliebenen Werken „Compendium theologiae" und „Summa theologiae" (STh) hat seine Christologie eine Entwicklung durchgemacht (Corbin/408: 109–158). In den beiden Summen wird die Christologie im Rahmen einer systematischen Darstellung und Erörterung der Lehre von Gott und seiner Schöpfung behandelt, die den Charakter einer metaphysischen Ordo-Theologie hat. Anders als in dem frühen Werk der ScG (Hoping/217), in dem die Glaubensgeheimnisse im engeren Sinne (Trinität, Menschwerdung etc.) im vierten Buch behandelt werden, führt der Aufbau des Spätwerkes der STh dazu, dass die Lehre von dem dreieinen Gott und seiner Schöpfung im ersten Teil der Summe behandelt wird, die Christologie dagegen das Zentrum des dritten Teils bildet. In beiden Summen bildet Christus die Mitte des Wirklichkeitsverständnisses, auch wenn dies im Aufbau der STh deutlicher wird als innerhalb der ScG.

Im ersten Teil der STh behandelt Thomas Gott und seine Schöpfung, im zweiten Teil den Menschen und seine Rückkehr zu Gott und im dritten Teil Christus und die Sakramente als den konkreten Weg, auf dem der Mensch zu Gott zurückfindet. In den drei Teilen der STh erörtert Thomas die christliche Glaubenslehre auf drei unterschiedlichen Reflexions- bzw. Plausibilitätsebenen (Hünermann/24: 204–213). Die erste Ebene umfasst das, was nach Thomas von der christlichen Glaubenslehre mit Hilfe philosophischer Argumentation ausweisbar ist, wie die Existenz Gottes, seine grundlegenden Eigenschaften und die Schöpfung aus dem Nichts. Auf der zweiten Ebene thematisiert Thomas mit der Tugendlehre und Ethik das konkrete Freiheitsverhältnis zwischen Gott und Mensch. Die dritte Reflexions- bzw. Plausibilitätsebene behandelt schließlich die endgültige Offenbarung Gottes in Jesus Christus, seine Wirksamkeit durch die Sakramente des Glaubens wie – in Fragmenten – Fragen der Eschatologie. Zwischen der Menschwerdung Christi und seiner Personeinheit (STh III, q.1–26) sowie Kreuz, Auferweckung und Erhöhung Christi (STh III, q.46–59) behandelt Thomas die Geheimnisse seines Lebens (STh III, q.27–45). Hier weicht die STh vom Christologietraktat der ScG (IV, q.27–55) ab, der sich ganz auf die Auseinandersetzung mit den christologischen Irrtümern konzentriert.

Aufbau der „Summa theologiae"

Anders als in der Frühscholastik rückt bei Thomas die Christologie ins Zentrum der Theologie, weil für ihn erst durch Christus die Rückkehr (*reditio*) des Menschen zu Gott geschichtlich-konkret möglich wird. Dies gilt sowohl für die STh als auch für die ScG – unabhängig vom unterschiedlichen Aufbau der beiden Summen. Dabei werden Person und Einheit Christi sowie sein Heilswerk getrennt voneinander behandelt. Damit ist noch nicht die spätere abstrakte Dissoziierung von Christologie und Soteriologie vollzogen. Die Trennung, die Thomas vornimmt, hängt mit der Bedeutung zusammen, die den Mysterien Christi in der Theologie des 12. und 13. Jahrhundert zukommt. Anders als Anselm von Canterbury behandelt Thomas nicht nur Leiden, Tod und Auferstehung Christi (STh II q.46–59), sondern ebenso die Mysterien des Lebens Jesu (STh II q.34–45), denen er einen redemptiven, das heißt erlösenden Charakter zuschreibt. Deshalb bezieht er das ganze Leben Jesu Christi in seine Soteriologie mit ein, auch wenn er im Kreuzesopfer dessen Verdichtung und Höhepunkt sieht (Ruello/223; Cessario/210).

Christologie als Zentrum der Theologie

In Gott hat die Welt ihren Ursprung und kehrt zu Gott als ihrem Endziel zurück. Christus, der Sohn Gottes, ist als Mensch für uns der konkrete Weg, auf dem wir zu Gott gelangen (STh I, q.2 prooem.). Er „hat uns in sich selbst den Weg zur Wahrheit gezeigt" (STh III prol.). Im Mittelpunkt steht dabei der Gedanke der sich verströmenden und verschenkenden Güte Gottes. Thomas greift dafür auf das neuplatonische Prinzip *bonum est diffusivum sui* zurück, das er im Sinne des christlichen Schöpfungsgedankens interpretiert – in Absetzung vom Emanationsdenken. Bei der Frage nach dem Motiv der Menschwerdung des Sohnes entscheidet sich Thomas für die Aussage der Schrift, dass Gottes Sohn wegen unserer Sünden Mensch geworden ist (ScG IV, q.54–55; STh III, q.1, a.3), lässt aber zugleich keinen Zweifel daran, dass die Inkarnation der sich verschenkenden Güte Gottes entspricht und durch sie die Freundschaft (*amicitia*) zwischen Gott und Mensch vertrauter (*familior*) wurde (ScG IV, c.54).

Einheit in Christus: „unio hypostatica"

Die Einheit in Christus denkt Thomas auf der Linie der chalkedonischen Christologie als *unio hypostatica*. In der Lehre von der *unio hypostatica* sieht der Dominikanertheologe den Mittelweg zwischen einer substantiellen und einer bloß akzidentellen Verbindung. Wie die meisten Theologen der Hochscholastik vertritt Thomas die Subsistenztheorie; die Homo-Assumptus-Theorie wird von ihm verworfen (STh III, q.2, a.8). Die Vereinigung zwischen der Person des göttlichen Wortes und der menschlichen Natur kann nur in der Hypostase oder *in supposito* geschehen (STh III, q.2, a.6). Sie geht darin aber nicht auf, wie die christologische Perichoresenlehre, das heißt die Lehre von der wechselseitigen Durchdringung der beiden Naturen Christi, zeigt (STh III, q.2, a.4–6).

Die Person oder die Hypostase des Logos ist der Träger der Menschennatur Christi (ScG IV, c.38–39; STh III, q.2, a.1–3). Aufgrund der Vereinigung der Seele mit dem menschgewordenen Logos steht Christus in einer einzigartigen Verbindung mit Gott. Auch wenn Jesus in seiner leiblichen Verfassung von Krankheit, Hunger, Durst und Tod betroffen ist, sieht Thomas wie die meisten Theologen der Hochscholastik in ihm den vollendeten Menschen, dem die selige Gottesschau (*visio beatifica*) zukommt, der ein vollkommenes Wissen hat und dessen Hinordnung auf Gott in reiner Liebe – ohne die vorübergehende Gestalt des Glaubens und der Hoffnung – vollzogen wird.

die menschliche Natur Christi als Instrument der Erlösung

Die menschliche Natur des inkarnierten Gottessohnes betrachtet Thomas als das mit Gott auf einzigartige Weise verbundene Werkzeug (*instrumentum coniunctum*) der Erlösung. Dadurch gewinnen auch die Ereignisse des Lebens Jesu, also nicht nur Menschwerdung und Kreuz Christi, Heilsbedeutung. In der STh führt dies zu einer an den „Mysterien des Lebens Jesu" orientierten „Nachfolgechristologie" (Schilson/80: 824). Als der ganz von Gott erfüllte Mensch ist Jesus Christus das „Haupt aller Menschen" (STh III, q.8, a.3), denen er in seiner Person und in seinem Leben das Heil eröffnet. Christus und die Kirche bilden für Thomas (STh III, q.19, a.4; q.48, a.2 ad1) eine einzige mystische Person (*mystica una persona*). In Verbindung damit steht die Lehre von der *gratia capitis,* in der Jesus als Haupt der Kirche und der Menschen betrachtet wird (Schönborn/35: 277). Die instrumentale Wirkursächlichkeit der Menschheit Christi ist der tragende Gedanke der thomanischen Soteriologie. Gott offenbart sich durch Menschen. Gott ist das Prinzip der Erlösung, Christus wirkt aber durch seine menschliche Natur als selbsttätiges Werkzeug der Erlösung (STh III q.2, a.6; q.13, a.2; q.19, a.1; q.43, a.2; q.48, a.6; ScG IV, c.). „Die menschliche Natur in

Christus war so Instrument der Gottheit, dass sie von ihrem eigenen Willen bewegt wurde" (STh III q.8, a.1, ad1).

Für die Konvenienz der Menschwerdung argumentiert Thomas mit Hilfe einer Reflexion auf die Bedingungen von Glaube, Hoffnung und Liebe: Aufgrund der Inkarnation glaubt der Mensch Gott, der ihn durch einen Menschen selbst anredet. Durch die Inkarnation wird die Hoffnung des Menschen entzündet. Denn in Jesus Christus, seinem Kreuz und seiner Auferstehung, begegnet dem Menschen das Ziel seiner eigenen Existenz, die Gemeinschaft mit Gott, der letzter Gegenstand seiner Liebe ist. Schon die Schrift argumentiert so, wenn sie sagt, dass es keine größere Liebe gibt, als sein Leben zu geben für seine Feinde. Die erlösende Kraft des Leidens und Sterbens Jesu sieht Thomas in seinem Selbstopfer (*sacrificium*) begründet. Durch sein Sterben hat Christus die Folge und Strafe der Sünde auf sich genommen. Die Strafe trifft aber nur den Leib Christi; seine Seele bleibt im Leiden und im Sterben in der *fruitio beata* Gottes (STh III, q.48, a.3). Die Genugtuung geschieht für die Sünde (*peccatum*) der Welt und befreit den Menschen von der Schuldverfallenheit (*reatus poenae*).

Da Thomas die Offenbarung Gottes von dessen sich verschenkender Güte und der Freundschaft zwischen Gott und Mensch her denkt, ergeben sich in der Soteriologie einige Differenzen gegenüber der Satisfaktionslehre des Anselm von Canterbury. Zwar ist auch die Soteriologie des Aquinaten am Satisfaktionsgedanken orientiert, doch wird dieser wie bei Hugo von St. Viktor an entscheidender Stelle korrigiert. Was Anselm als mit dem Wesen Gottes, nämlich seiner Gerechtigkeit, unvereinbar zurückweist, dass Gott aus reiner Barmherzigkeit ohne jede Genugtuung den Menschen hätte erlösen können, wäre für Thomas grundsätzlich möglich gewesen (STh III, q.46, a.2, ad3), da die unbegrenzte göttliche Barmherzigkeit jeder Gerechtigkeit voraus liegt. Für die Erlösung durch das Leiden und Kreuz Christi gibt es zwar Gründe, doch sind dies keine zwingenden Argumente, sondern Konvenienzargumente, die deshalb keine strenge Notwendigkeit begründen.

Als Haupt aller Menschen vermittelt Jesus Christus, der erhöhte Herr, durch die Sakramente des Glaubens die durch Leiden und Kreuz bewirkte Erlösung. Da nach Karfreitag und Ostern ein körperlicher Kontakt zu Christus nicht mehr möglich war, geschieht dies durch einen *spiritualis contactus* (STh III, q.49, a.3, ad1). Die Stellung des auferweckten Gekreuzigten als Haupt der Menschen erklärt die Position der Sakramentenlehre im Aufbau der ScG wie der STh. Die mittelalterliche Theologie kennt noch keine eigenständige, der Lehre von den Sakramenten vorgeordnete Ekklesiologie. Die Kirche betrachtet Thomas noch nicht als eigene sakramentale Wirklichkeit, die sich in ihren sakramentalen Feiern konkretisiert, vielmehr erwächst die Kirche aus der sakramentalen Gegenwart des auferweckten Gekreuzigten.

Die Sakramente werden deshalb im Anschluss an die Christologie behandelt (ScG IV, q.56–78; STh III, q.60–90), und zwar als die konkreten Vermittlungsformen, durch die der auferweckte Gekreuzigte das durch ihn eröffnete Heil in der Kirche bewirkt und die Menschen zu Gott zurück führt. Für Thomas ist die Heilsvermittlung nicht exklusiv an die Sakramente gebunden. Es gibt eine Abfolge sakramentaler Ordnungen, entsprechend

Konvenienz der Menschwerdung

Korrektur der Anselmschen Satisfaktionslehre

Ort der Sakramententheologie

den verschiedenen Bundesschlüssen Gottes mit den Menschen. Die der Inkarnation vorausgehenden Sakramente des Alten Bundes sind ein Versprechen auf das Heil (ScG IV, q.61, a.3). Als Sakramente des Alten Bundes betrachtet Thomas u. a. das *sacramentum Melchisedech* und das Pessachlamm (STh III, q.61, a.4., ad3).

Entscheidend für die Christologie des Thomas von Aquin ist der Gedanke des gütigen und barmherzigen Gottes (Hünermann/24: 213). Grund und Ziel der Schöpfung ist der gütige Gott, der sich selbst verschenkt. Dieser Gott eröffnet eine Geschichte mit den Menschen, die in Christus, dem menschgewordenen Wort Gottes, ihren Höhepunkt und in der ewigen Gemeinschaft mit Gott ihre Vollendung findet. In den Sakramenten wird den Menschen das in Christus begründete Heil wirksam zugeeignet. Dabei geht es um die Rechtfertigung und Heiligung des Sünders. Ziel des Menschen ist die ewige, durch den auferweckten Gekreuzigten für die Menschen eröffnete Gemeinschaft mit Gott.

d) Der Inkarnationsgedanke in der Spätscholastik

Johannes Duns Skotus

Gottes ewiges und freies Wollen schließt es nach Johannes Duns Skotus († 1308) aus, dass die Inkarnation durch irgendetwas in der geschaffenen Welt bedingt sei. Vielmehr habe sich Gott unabhängig von der Sünde des Menschen zur Inkarnation bestimmt, um den Menschen zur Vollendung zu führen (Op. Oxon. III, d.1, A–D). Diese Lehre von der absoluten Prädestination Christi führt bei Skotus aber nicht zur Stärkung der Christozentrik, weil die starke Betonung der absoluten Freiheit Gottes die Annahme einer menschlichen Natur durch den göttlichen Logos als eine angemessene Möglichkeit erscheinen lässt.

Wie Thomas weist auch Duns Skotus die Formel *homo assumptus* zurück. Allerdings lehrt er ein *esse actualis essentiae* der menschlichen Natur Christi. Diese sei etwas Einzelnes (*aliquid*), ohne dass deshalb Gott und Mensch in Christus numerisch verschieden (*aliquid duo*) seien (Op. Oxon. III, d.6, q.2, n.3). Das Verhältnis von göttlichem Wort und menschlicher Natur kann weder nach Art des Verhältnisses von Substanz und Akzidenz gefasst werden, noch steuert das göttliche Wort etwas zur menschlichen Natur Christi bei, weil diese sonst nicht vollständig sein könnte.

Zwar unterscheidet Skotus zwischen der Individualität der menschlichen Natur Christi und seiner göttlichen Personalität (Op. Oxon. III, d.1, q.1, n.1). Doch hat der Begriff der göttlichen Person mit Blick auf die menschliche Natur Christi nur eine „negative" Bedeutung, sofern eine geistige Natur durch ein *suppositum* bestimmt sein muss und von diesem getragen wird, das heißt „abhängig" ist. Aufgrund der rein „negativen" Bedeutung der göttlichen Person für die hypostatische Union setzt diese auch für Skotus nicht notwendigerweise die Annahme einer menschlichen Natur voraus. Gott hätte sich auch entschließen können, die Natur eines Steines oder des Feuers anzunehmen (Op. Oxon. III, d.1, q.1, n.13).

Wilhelm von Ockham

Bei Wilhelm von Ockham († 1349) führt die starke Betonung der uneingeschränkten Freiheit Gottes (*potestas Dei absoluta*) zu fragwürdigen Entwicklungen in der Gotteslehre und Christologie. Nach Ockham besitzt

Gott zwar eine *potestas absoluta*, doch er bindet sich an einen bestimmten Weg, wie er seine Gnade den Menschen zuwende. Darin zeigt sich seine *potestas ordinaria*, seine freie Selbstbestimmung. Ockham vertritt die nominalistische These, dass Mensch (*homo*) wie Menschsein (*humanitas*) dieses oder jenes menschliche Einzelwesen bezeichne (Sent. III, d.1, q.1). Die Annahme eines bloßen Getragenseins der menschlichen Natur Christi in einer suppositalen Einheit (III Sent. d.1, q.1, resp.) führt dazu, eine allgemeine Abhängigkeit der menschlichen Natur in Christus von einem *suppositum* zu bestreiten.

Da die menschliche Natur in die Einheit der göttlichen Person so aufgenommen wird, dass sie nicht die göttliche Person ist (Sent. III, q.1, resp.), hätte Gott *de potentia absoluta* ebenso gut die Natur eines Steines oder Esels in hypostatischer Union annehmen können (Sent. III, d.1, q.1 U). Das Besondere der Inkarnation besteht nicht in der Vereinigung einer ungeschaffenen Person mit einer geschaffenen Natur, sondern im Getragensein der menschlichen Natur durch die göttliche Person. Die als suppositale Einheit verstandene *unio hypostatica* lässt es im Übrigen zu, von Gott zu sagen, er sei „Mensch", „Leib", „Lebewesen", „sündenfähig" und *filius adoptivus*.

Wie Skotus und Ockham wendet sich auch Gabriel Biel († 1495) gegen die Habitustheorie, da sie die wahre Menschheit Christi gefährde (III Sent. d.6, q.1, a.3, concl. 3 C). Gegenüber der Assumptustheorie verteidigt Biel die hypostatische Union. Die Subsistenztheorie sieht er allerdings in der Gefahr, den Monophysitismus zu fördern. Die beiden Naturen in Christus müssen nach Biel in ihrer Eigenständigkeit unterschieden werden. Wie Skotus und Ockham betont Biel in starkem Maße die Wirklichkeit und Echtheit des Menschseins Christi, was für ihn eine potentielle Sündhaftigkeit, fortschreitendes Wissen und zwei Willen einschließt (III Sent. d.8, q.1, a.2 B-C; d.12, q.1, a.2, concl. 3 B; d.14, q.1, a.2, concl. 2 M; d. 17, q.1, a.2, concl. 1 D). Ebenfalls lehrt er, dass Gott *de potentia absoluta* eine andere Natur als die des Menschen hätte annehmen können, etwa die eines Esels (*asinus*) (III Sent. d.1, q.1, a.1 F; d.1, q.2, a.1, cor. B; vgl. auch Biels *Puncta summaria*), *de facto* dagegen, das heißt *de potentia ordinata*, nur die Natur eines Menschen oder eines Engels.

Die nominalistischen Spekulationen Ockhams und Biels, vor allem die *asinus*-Christologie, lösten im 14. Jahrhundert erhebliche theologische Kontroversen aus. Bedeutsamer für das Glaubensleben war allerdings die Nachfolgechristologie in der Mystik bei Bernhard von Clairvaux († 1153), Johannes Tauler († 1361) und der „devotio moderna". Wie die „devotio moderna" sieht auch Biel in Christus das geistliche Leitbild des Menschen und ruft zur Nachahmung seines Lebens auf. Das Motiv der Inkarnation sieht Biel in der Offenbarung der göttlichen Liebe, durch die im Menschen die Liebe zu Gott erweckt wird, womit er ein Motiv der Kritik Abaelards an Anselms Erlösungslehre aufnimmt.

Marginalien:

Gabriel Biel

Christus als Leitbild für das geistliche Leben

e) Die Kreuzestheologie Martin Luthers

„theologia crucis" als leitendes Prinzip theologischer Erkenntnis

Mit der mittelalterlichen Christologie bekräftigt Martin Luther († 1546), dass Christus Ziel und Mitte von allem ist (WA 3, 368, 18–24), doch wird die zentrale Stellung Christi vom Reformator konsequent innerhalb einer *theologia crucis* begründet: *Crux sola est nostra theologia* (WA 5, 176, 32 f.). Die Aufgabe des Theologen besteht darin, „das Sichtbare und Äußere Gottes durch die Leiden und das Kreuz" zu erkennen und nicht durch das, „was er geschaffen hat" (WA 1, 354, 17–22). Gott kann nur auf jenem Weg wahrhaft erkannt werden, den er selbst in seinem menschgewordenen Sohn gegangen ist: auf dem Weg des Kreuzes (WA 1, 362, 1–33).

das stellvertretende Strafleiden Christi

Bei Luther und in der altprotestantischen Dogmatik ist der seit Anselm im Zentrum der Erlösungslehre stehende Gedanke der „Genugtuung" (*satisfactio*) stärker ins Zentrum der Soteriologie gerückt und schließlich zur Lehre vom stellvertretenden Strafleiden Christi erweitert worden. Sie wird noch heute zum Teil von evangelischen Theologen vertreten (Pannenberg/31: 251–288/428: 467–475). Dass Christus durch sein Leiden und sein Kreuz für uns zur Sünde gemacht wurde (2 Kor 5,21), interpretiert Luther im Sinne eines göttlichen Zorngerichts. Christus trifft der Zorn Gottes, der uns gilt, sowie alles, was damit zusammenhängt. Das ganze Elend des Menschen hat Christus übernommen, nicht nur Anfechtung und Versuchung, sondern auch Verurteilung, Verdammnis und Fluch (WA 3, 623, 2–3; 5, 603–605; 40/I, 449, 18f.; 57/III, 117f.; 165, 20–25; 131, 22–133, 17).

„Drumb sich das hymelisch bild Christum an, der um deynen willen gen hell gefaren und von gott ist vorlassen geweßen, alß eyner der vordampt sey ewiglich, da er sprach am creutz: Eli, eli, lama sabathani, O meyn gott, o meyn gott, warumb hastu mich vorlassen" (WA 2, 690, 17–21). Die Genugtuung, die Christus geleistet hat, besteht für Luther darin, dass er stellvertretend die Strafe für die Sünde auf sich nahm und damit „für uns" den Zorn Gottes getragen hat. Gott hat Christus in vollem Ernst verworfen (Schönborn/35: 254). Dafür beruft sich Luther immer wieder auf Gal 3,13 und Phil 2,8, doch geht es dort nicht um ein von Gott positiv verhängtes stellvertretendes Strafleiden Christi, sondern seine Entäußerung bis in den Tod und den Charakter des Kreuzestodes als Fluchtod (Dtn 21,22 f.; vgl. Apg 10,39; Gal 3,13). So richtig es ist, dass für Paulus Gott den Sohn in den Tod ausliefert: Den Kreuzestod Jesu als stellvertretendes Strafleiden zu sehen, verdunkelt letztlich den Gottesbegriff. Der Tod Jesu könnte nicht mehr als die endgültige Offenbarung der vollkommenen Liebe Gottes wahrgenommen werden.

Im christologischen Dogma der Alten Kirche sieht Luther eine theologisch angemessene Zusammenfassung des Christuszeugnisses der Schrift, doch interpretiert er die Personeinheit Christi in einer Weise, die Fragen aufwirft. Zwar betont Luther mit der Lehre von der Enhypostasie die Einheit von göttlicher und menschlicher Natur in der einen Person Christi. Die Lehre von der „Entäußerung" (Kenose) des Sohnes versteht Luther allerdings so, dass Christus in seinem irdischen Leben immer wieder auf seine Gottheit verzichtet habe (WA 17 II, 243, 2–11). Dazu in Spannung steht (Lohse/220: 245–247) die Annahme, in der Gottverlassenheit Jesu am

Kreuz habe sich die Gottheit des Sohnes „eingezogen und verborgen", so dass es die menschliche Natur Christi war, die dem Tod und der Hölle unterworfen und „allein gelassen" war, und der Teufel deshalb freien Zutritt zu Christus gehabt habe (WA 43, 579, 42–580, 2; 45, 239, 32–40). Hier zeigt sich eine Entsprechung zu Luthers Konzeption des verborgenen Gottes (*Deus absconditus*), derzufolge sich Gott nicht nur *sub contrario* offenbart, sondern seine Freiheit gegenüber der Offenbarung in seinem gerechtsprechenden Wort bewahrt: „Nicht hat er sich nämlich damals durch sein Wort definiert, sondern sich frei über allem bewahrt" (WA 18, 685, 24f.).

Anders als die Kirchenväter und die mittelalterlichen Theologen, die das Leiden Christi vor allem als körperliches Leiden verstanden, seine Seele aber aufs Engste mit Gott verbunden sahen, nimmt Luther im Bewusstsein Christi ein radikales Gefühl der Verlassenheit und der Verdammnis an. Das Sterben Christi ist für Luther vor allem ein Zeichen des Heils *sub contrario*, nicht so sehr die genugtuende, erlösende Gehorsamstat Christi, wie bei Anselm von Canterbury und Thomas von Aquin (Congar/211: 483–485). Im Sterben Christi erkennt sich der Mensch als Sünder, Gottes Zorn und Gericht ausgeliefert, ja er nimmt sich als jener wahr, der durch sein eigenes Sündigen Jesus Christus Leid zugefügt hat (WA 2,137,22f.).

Zeichen des Heils „sub contrario"

Zugleich weiß sich der Mensch aber von Sünde, Tod und Verdammnis befreit, da Christus die Sünden der Welt auf sich genommen hat und ihn all das trifft, was uns gilt. Doch die Gottheit Christi ist stärker als Sünde, Tod und Verdammnis (WA 57/III, 129, 9–14; WA 7, 55, 8–16). An diesem göttlichen Sieg hat der Mensch im Glauben an den „fröhlichen Wechsel" der Stellvertretung Christi Anteil. Glaube bedeutet einen Herrschaftswechsel, durch den der Mensch den bösen Mächten entrissen und der Herrschaft Christi unterstellt bzw. inkorporiert wird (Hünermann/24: 234). Durch die „fides Christi" (WA 3, 167, 10f.) empfängt der sündige Mensch Gottes Gerechtigkeit (WA 1, 339,20f.). So ergibt sich für Luther vom Kreuz Christi her die absolute Priorität von Gnade und Glaube.

der „fröhliche Wechsel"

Zu den unverwechselbaren Merkmalen der Christologie Luthers gehört die Lehre von der Ubiquität (Allgegenwart) der erhöhten menschlichen Natur Christi, die Luther in Verbindung mit den innerreformatorischen Streitigkeiten um das rechte Verständnis der leibhaftigen Präsenz Christi im Sakrament des Abendmahls entwickelt. Da Christus in seiner verklärten leibhaftigen Existenz zur Rechten Gottes sitzt, nimmt diese aufgrund der Göttlichkeit Christi an der göttlichen Ubiquität teil (WA 23, 143, 30–35). Die menschliche Natur Christi sei mehr als alle anderen Kreaturen „in der Gottheit" (WA 26, 344, 28) und habe deshalb Anteil an seiner Ubiquität. Seit der Auferweckung Christi gilt deshalb: Wo Gott ist, das ist auch der Mensch Jesus (Lienhard/219: 174).

Ubiquität der menschlichen Natur Christi

Die Ubiquität der erhöhten menschlichen Natur Christi glaubt Luther mit Hilfe der *communicatio idiomatum*, des Austausches der Eigenschaften der beiden Naturen in Christus, begründen zu können. Die traditionelle Formel von der *communicatio idiomatum* besagt, dass von der einen Person Christi göttliche und menschliche Eigenschaften zugleich ausgesagt werden können. Luther versteht die *communicatio idiomatum* an mehreren Stellen allerdings so, als ob von der konkreten göttlichen und menschlichen Natur Christi jeweils die Eigenschaften der anderen Natur ausgesagt

Regeln der Idiomenkommunikation

werden könnten (WA 39/II, 98, 6–10; 111, 14–16; 280, 16–22), also etwa die göttliche Allgegenwart von der erhöhten menschlichen Natur Christi, was einen Verstoß gegen die Regeln der Idiomenkommunikation darstellt (Lienhard/219: 175). Zudem hat sich Luther durch seine Ubiquitätslehre den Vorwurf des Monophysitismus zugezogen, gegen den er sich aber vehement zur Wehr gesetzt hat (WA 26,324,6; 341,9).

Gefahr einer Verkürzung der menschlichen Natur Christi

Luthers Interpretation der Zwei-Naturen-Lehre richtet sich gegen die v. a. von Ockham vertretene Auffassung vom bloßen Getragensein der menschlichen Natur durch das *suppositum* der göttlichen Person, so dass die beiden Naturen in Christus gleichsam unverbunden nebeneinander stehen. Luthers Christologie selbst steht dabei in der Gefahr, die menschliche Natur Christi zu verkürzen (Lohse/220: 246). Gleiches gilt für sein Verständnis des stellvertretenden Sühnetodes Christi. So wird in seiner Lehre vom stellvertretenden Strafleiden nicht genügend die aktive Proexistenz Christi bis hin zum Opfer des eigenen Lebens in ihrer soteriologischen Bedeutung berücksichtigt.

2. Vernunftreligion und philosophische Christologie

a) Das Christusbild im Spinozismus und Deismus

Sozinianer

Die Christologie hat über Jahrhunderte hinweg im Bereich der Theologie kaum substantielle Veränderungen erfahren. Erst im 17. Jahrhundert zeichnet sich eine vorsichtige Distanzierung von der traditionellen Christologie und Soteriologie ab, die im 18. Jahrhundert in offene Kritik übergeht. Im Deismus und in der Aufklärung kommt es mit dem Programm einer „natürlichen Vernunftreligion" zu einer grundsätzlichen Transformation des Christusbildes. Vorbereitet wird diese Transformation in der Bewegung der Anti- bzw. Unitarier. Erstmals angezweifelt werden die Zwei-Naturen-Lehre und die Lehre vom stellvertretenden Sühnetod Christi bei den Sozinianern, deren Anschauungen im Rakower Katechismus (1605; dt. 1608) festgehalten sind. Sie gehen auf den Antitrinitarier Lelio Sozzini († 1562) und seinen Neffen Fausto Sozzini († 1604) zurück, die eine göttliche Trinität als vernunftwidrig ablehnten.

An die Stelle der Zwei-Naturen-Lehre und der Lehre vom stellvertretenden Sühnetod Christi tritt bei den Sozinianern die Vorstellung einer von göttlicher Hilfe unterstützten sittlichen Vervollkommnung. Christus, dessen wesenhafte Göttlichkeit bestritten wird, ragt unter den Menschen allein als ein wunderbar erzeugter Mensch (übernatürliche Empfängnis) und mit Wunderkraft ausgestatteter „göttlicher Mensch" hervor. Nach vorbildlichem Leben, Leiden und Sterben ist er von Gott zum priesterlichen Fürsprecher für seine Kirche eingesetzt worden. Die sittliche Vollkommenheit Christi stellt ein Beispiel für die innere Erneuerung des Menschen dar. Die christliche Religion (Frömmigkeit, Moral) gilt als der wahre Weg zum ewigen Leben, wobei eine Auferstehung des Fleisches abgelehnt wird. Taufe und Eucharistie werden als nützliche Zeremonien beibehalten.

Baruch de Spinoza

In der Aufklärung entwickelte sich im Bereich der Philosophie ein Christusbild, das sich von seiner dogmatischen Gestalt ablöst. Die Person Jesu erscheint fast ausschließlich als humanistisches Vorbild, sittlicher Lehrer und religiöser Erzieher. Als ein früher Repräsentant der Wende, die sich mit der Aufklärung im Christusbild vollzieht, kann der aus jüdischer Familie stammende, von Spätscholastik, Renaissanceplatonismus und Cartesianismus beeinflusste Philosoph Baruch de Spinoza († 1677) gelten. In seinem „Tractatus theologico-politicus" (1670) hat Spinoza nicht nur den Anstoß zur modernen historisch-kritischen Bibelinterpretation gegeben, sondern erweist sich darin zugleich als Philosoph der Religions- und Gewissensfreiheit und des offenen Staates. In seiner rationalistischen Heilslehre, die zur Voraussetzung einen pantheistischen Immanentismus hat, wonach Gott die eine, absolut-unendliche Substanz ist, besteht das Ziel des Menschen in der Befreiung aus der Passivität und Vergänglichkeit der Leidenschaften, um so alle Geschehnisse *sub specie aeternitatis* betrachten zu können. Dadurch gewinnt der Mensch Anteil an der unendlichen Liebe, mit der Gott sich selbst liebt. Eine besondere geschichtliche Offenbarung Gottes lehnt Spinoza ab. Die Vielfalt der Religionen gilt es im Interesse einer universalen Religion rationaler Sittlichkeit zu überwinden.

Den historischen Jesus würdigt Spinoza als den „summus philosophus", der eine bis dahin unbekannte Religion der Innerlichkeit und vernünftigen Ethik verbreitet hat (Tilliette/89: 75–85). Die von Jesus verkündete Religion umfasst den Grundgedanken: „Es gibt ein höchstes Wesen, das Gerechtigkeit und Liebe schätzt und dem alle gehorchen müssen, damit es ihnen gut ergehe, und das sie durch die Ausübung von Gerechtigkeit und Nächstenliebe verehren müssen" (Tractatus c. 14, 437). Liebe und Gerechtigkeit sind der Weg des religiösen Menschen zu Gott. Wer Gott durch Gerechtigkeit und Nächstenliebe verehrt, „der hat in Wahrheit Christus dem Geiste nach erkannt, und Christus ist in ihm" (439). Die Bedeutung der Person Jesu reduziert sich auf die universale Liebe und Gerechtigkeit, die Quintessenz des mosaischen Gesetzes, die er verkörpert. In diesem Sinne kann Spinoza sagen, dass die Weisheit Gottes in Christus menschliche Natur angenommen hat (c. 1, 45). Dagegen verwirft Spinoza das christliche Dogma von der Menschwerdung des Gottessohnes als absurd. Die Auferstehung Jesu von den Toten sei allegorisch zu verstehen. Es gibt keine leibliche, sondern nur eine geistliche Auferstehung (Tilliette/89: 81).

(Randnotiz: Jesus als „summus philosophus")*

Eng mit der Aufklärung verbunden ist der Deismus, den Ernst Troeltsch († 1923) als „die Religionsphilosophie der Aufklärung" bezeichnet hat. Der Deismus beansprucht in einer den positiven Offenbarungsreligionen entgegengesetzten natürlichen Vernunftreligion alle Glaubensinhalte zusammenzufassen, die dem Menschen allein aufgrund seiner Vernunft einsichtig sind. Der Deismus hat seine Ursprünge im 16. und 17. Jahrhundert in Frankreich und England. Im Gefolge von Herbert Cherbury († 1648) bildete sich in England eine erste Form von Schrift- und Religionskritik. Als „Bibel des Deismus" ist das Werk „Christianity as old as the Creation, or the Gospel a Republication of the Religion of Nature" (1730) des englischen Deisten Matthew Tindal († 1733) bekannt geworden. Dieser stellt darin die These auf, dass sich natürliche und offenbarte Religion nicht dem Inhalt, sondern allein der Art nach unterscheiden (Tindal/17: 3).

(Randnotiz: Deismus)*

Der englische Deist John Toland († 1722) erklärte zu Beginn seiner Schrift „Christianity not Mysterious" (1696), dass die biblische Überlieferung nichts enthält, was gegen die natürliche Vernunft ist oder über sie hinausgeht und er nur das als Artikel des Glaubens betrachte, was der Vernunft zugänglich ist (Toland/18: 11). Denn die Vernunft habe eine höhere Dignität als die Offenbarung. So wie die griechische Grammatik die Sprache des Neuen Testamentes verstehbar macht, so ist es die Vernunft, die ihren Sinn begreift (18: 146). Die Mysterien seien von Juden und Heiden in den an sich vernünftigen christlichen Glauben hineingebracht worden. Als Religionsstifter oder gar als Stifter einer Kirche habe sich Jesus Christus nicht verstanden (38–41. 46–56. 158–173).

Wie die Sozinianer lehnen die Deisten eine göttliche Trinität und eine traditionelle Christologie ab. Die meisten Deisten „glauben" an die Existenz Gottes, dass Gott am Anfang die Welt geschaffen hat und objektiver Ursprung des moralischen Gesetzes ist. Weiter nehmen sie die Unsterblichkeit der Seele, ein jenseitiges Gericht und ein ewiges Leben an. Aufgrund ihrer Überzeugung, dass die grundlegenden Inhalte der natürlichen Religion durch die Vernunft erkennbar sind, halten die Deisten eine göttliche Offenbarung Gottes entweder für überflüssig oder beschränken sie auf ihre Funktion, dem unmündigen Menschen die Wahrheiten der natürlichen Religion zu erschließen. Das Christentum verkörpert in seinem Kern die Wahrheiten der natürlichen Religion. Die Bedeutung der Person Jesu geht über die eines sittlichen Beispiels nicht hinaus.

b) Die Religion Christi in Lessings Geschichtsdenken

Gotthold Ephraim Lessing

Dem Christusbild Spinozas ähnelt dasjenige Gotthold Ephraim Lessings († 1781), der bedeutendsten Gestalt der deutschen Aufklärung, der sich durch ein ausgeprägtes Geschichtsdenken von den englischen Deisten unterscheidet. Nach Lessing kommt Jesus wegen der von ihm geübten Religion eine Schlüsselstellung für den Fortschritt der Geschichte zu (Schilson/ 227: 270). Bei aller Kritik der dogmatischen Gestalt des Christentums besteht im Geschichtsdenken Lessings eine gewisse sachliche Nähe zum Christentum, insofern dieses mit seiner eschatologischen Botschaft dem geschichtlichen Weltbild zum Durchbruch verhalf (Schilson/228: 16).

„Fragmentenstreit"

Die in den Jahren 1774 bis 1778 von Lessing publizierten Fragmente des Hamburger Orientalisten Hermann Samuel Reimarus († 1768) enthalten die bis dahin schärfsten Angriffe auf das Christentum und jede Form einer geschichtlichen Offenbarungsreligion. Das fünfte Fragment „Von dem Zwecke Jesu und seiner Jünger" (1778), kurz vor der Aufhebung der Zensurfreiheit und dem Publikationsverbot veröffentlicht, führt den Offenbarungsanspruch des Christentums auf eine grandiose Verfälschung der ursprünglichen Lehre und Absicht Jesu durch seine Jünger zurück und inspirierte die Leben-Jesu-Forschung der liberalen protestantischen Theologie im 19. Jahrhundert. Auch wenn sich die Position des Reimarus mit derjenigen Lessings nicht einfach gleichsetzen lässt, bekennen sich doch beide zum Ideal einer von der christlichen Glaubenslehre unabhängigen Vernunftreligion. Die Veröffentlichung der Fragmente löst den sog. „Fragmentenstreit" aus.

die Vernunftreligion und die positiven Religionen

In der Kontroverse mit dem Hamburger Hauptpastor Johann Melchior

Goeze († 1786) grenzt sich Lessing zwar von der nicht zur Sache durchdringenden Bibelkritik des Reimarus ab, bestätigt aber in den Antworten seines „Anti-Goeze" (1778) und seiner „Duplik" (1778), in der Lessing die Veröffentlichung des fünften Fragmentes (1778) verteidigt, seine Kritik an der dogmatischen Gestalt des Christentums. Die Unterscheidung zwischen den gleich wahren wie gleich falschen positiven Religionen und der einzig wahren Vernunftreligion findet sich schon in dem Fragment „Über die Entstehung der geoffenbarten Religion" (um 1763). Sie begegnet auch in der Schrift „Über den Beweis des Geistes und der Kraft" (1777), im Fragment „Die Religion Christi" (1780) und im philosophischen Hauptwerk „Die Erziehung des Menschengeschlechts" (1780).

In der Schrift „Über den Beweis des Geistes und der Kraft" sieht Lessing die Aporie jeder positiven Religion darin, ihren Anspruch auf eine geschichtliche Offenbarung auf historische Wahrheiten zu gründen, wobei historische Wahrheiten aber, mögen sie noch so gesichert sein, für die Vernunft niemals eine zwingende Kraft haben können: „Zufällige Geschichtswahrheiten können der Beweis von notwendigen Vernunftwahrheiten nie werden" (Lessing/10: Bd. 8, 441). So erkennt Lessing zwischen historischer Wahrheit und der Wahrheit des Glaubens einen „garstig breiten Graben", der für ihn unüberwindbar scheint (Schilson/228: 27).

In der bekannten Ringparabel des Dramas „Nathan der Weise" (1779) sieht Lessing den inneren Widerspruch einer positiven Religion darin, dass ein Urteil über die drei großen monotheistischen Religionen allein aus ihrer Geschichte nicht zu begründen sei, da die religiöse Wahrheitsfrage eine Sache des Glaubens darstellt, es aber ganz natürlich sei, dass der je eigene Glaube am wenigsten in Zweifel gezogen wird (Lessing/10: Bd. 9, 557 f.). Die Wahrheit der christlichen Religion, so Lessing in der theologisch vielleicht bedeutendsten Streitschrift der „Axiomata" (1778), gründet nicht in geschichtlichen Tatsachen, sondern darin, dass sie die Vernunftreligion, jene „innere Wahrheit", die „keiner Beglaubigung von außen bedarf" (10: Bd. 9, 79), am besten enthält.

In dem Fragment über „Die Religion Christi" (10: Bd. 10, 223 f.), das im „Theologischen Nachlass" (1784) posthum veröffentlicht wurde, sieht Lessing zwischen der „Religion Christi" und der „christlichen Religion", die Jesus zum Gegenstand göttlicher Verehrung erhebt, einen grundsätzlichen Gegensatz (§ 2). „Jene, die Religion Christi, ist diejenige Religion, die er als Mensch selbst erkannte und übte; die jeder Mensch mit ihm gemein haben kann; die jeder Mensch um soviel mehr mit ihm gemein zu haben wünschen muß, je erhabener und liebenswürdiger der Charakter ist, den er sich von Christo als bloßen Menschen macht" (§ 3). „Diese, die christliche Religion, ist diejenige Religion, die es für wahr annimmt, daß er mehr als Mensch gewesen, und ihn selbst als solchen, zu einem Gegenstand ihrer Verehrung macht" (§ 4).

Das philosophische Hauptwerk „Die Erziehung des Menschengeschlechts" (1780) behandelt in Thesenform ausführlich und abschließend das Verhältnis von Offenbarung und Vernunft (10: Bd. 10, 73–99). Unter Rückgriff auf den Erziehungsgedanken weist Lessing der biblischen Offenbarung die Aufgabe einer Durchsetzung der Vernunftreligion zu. Dabei geht er nicht von einem gänzlich autonomen, von aller Offenbarung und

Gegensatz zwischen der „Religion Christi" und der „christlichen Religion"

Religion losgelösten Vernunftbegriff aus. Vielmehr nimmt Lessing eine Erleuchtung der menschlichen Vernunft durch göttliche Offenbarung an und spricht von einem Licht der Vernunft, das auch außerhalb der biblischen Offenbarung den Völkern den Weg zu einer wahren Gottesverehrung gewiesen hat (§ 20).

die Bedeutung
der Offenbarung
für die Vernunft

Auch wenn für Lessing kein Gegensatz von Offenbarung und Vernunft besteht, so gibt doch „die Offenbarung dem Menschengeschlecht nichts, worauf die menschliche Vernunft, sich selbst überlassen, nicht auch kommen würde" (§ 4). Weil aber die Vernunft schon am Anfang ihrer Geschichte sich selbst entmächtigt hat (§ 6), kommt sie faktisch nicht anders als auf dem Umweg einer göttlichen Offenbarung zur Erkenntnis der wahren Religion. Diese umfasst im Kern die Einheit Gottes, die Unsterblichkeit der Seele und die damit in Verbindung stehende Liebesethik.

Für sein Offenbarungsverständnis greift Lessing auf den Gedanken der göttlichen Vorsehung zurück (§ 91), in der Christus als „der erste *zuverlässige, praktische* Lehrer der Unsterblichkeit der Seele" (§ 58) erscheint. Die christlichen Lehren von der Dreieinigkeit, der Erbsünde und der stellvertretenden Genugtuung werden dagegen im Sinne der Hauptlehren der Vernunftreligion umgedeutet (§§ 73–75). Am Ende der „Erziehung des Menschengeschlechts" (§§ 93–100) steht jene „älteste Hypothese" der Seelenwanderung und Wiedergeburt (Tilliette/89: 77), die bei Lessing ganz im Dienste der Lösung des Theodizeeproblems steht (Schilson/227: 264–270).

theozentrische
Sinndeutung
der Geschichte

Lessing war von daher kein der biblischen Glaubensüberlieferung verpflichteter systematisch-theologischer Denker. Sein Interesse an der christlichen Religion galt ausschließlich der Sache der Aufklärung, der Religion Christi bzw. dem Ethos der universalen Liebespraxis. Das Grundanliegen seines Denkens war eine theozentrische Sinndeutung der Geschichte, in der er der historischen Person Jesu als Lehrer (*Paidagogos*) der Menschheit und der allgemeinen Vernunftreligion eine zentrale Funktion zuweist. Lessing stellt und beantwortet die Gottesfrage im Horizont der Geschichte, deren Gang er ganz von der Vorsehung Gottes bestimmt sieht (Schilson/228: 86–88).

Aufhebung
der christlichen
Glaubenslehre
in die
Vernunftreligion

Im Zentrum seines Geschichtsdenkens steht wie bei Spinoza das humane Liebesgebot und die damit verbundene Ethik. Der konkreten Lebenspraxis Jesu und seiner unbedingten „Ergebenheit in Gott" steht Lessing positiv gegenüber, findet aber zum christlichen Bekenntnis der Gottessohnschaft Christi keinen Zugang. Deutlich wird dies schon im frühen Fragment „Das Christentum der Vernunft" (1752), in dem zwar der Sohn als das identische Bild des Vaters erscheint, das dieser von sich hat (Lessing/10: 404, §§ 7–12), der Gedanke einer Präexistenz Christi aber mit keinem Wort erwähnt wird. Das vernünftige Christentum der Aufklärung ist darum bemüht, die christliche Glaubenslehre in eine vernünftige, allgemein zustimmungsfähige Religion aufzuheben (Tilliette/89: 279). Deshalb lässt sich nur mit Einschränkungen von „Lessings Christentum" sprechen (Schilson/228: 82–93).

c) Christusidee und Christusgestalt bei Immanuel Kant

Mit der Annahme Gottes als der Bedingung der Möglichkeit realer menschlicher Freiheit und dem letzten Grund der Geschichte bereitet Lessing zentrale Gedanken der praktischen Religionsphilosophie Immanuel Kants († 1804) vor, die dieser auf der Grundlage seiner Kritiken („Kritik der reinen Vernunft" [²1787]; „Kritik der praktischen Vernunft" [1788]; „Kritik der Urteilskraft" [1790]) in seiner „Religion innerhalb der Grenzen der bloßen Vernunft" (1793) entfaltet hat.

Immanuel Kants „Kritiken" und seine Religionsschrift

Die Religionsschrift Kants ist ein Werk mit ganz eigenem Charakter. Zwar bemisst Kant das Christentum hinsichtlich seiner Vernunftwahrheit wie Lessing am Maßstab der Moral, doch anerkennt Kant zugleich die Möglichkeit einer unbegreiflichen Wirklichkeit, die wie etwa die Gnade Gottes über die Grenzen der bloßen Vernunft hinausgeht, zugleich aber an sie angrenzt (Hoping/413: 217–288). Idee und Geschichte, Vernunft und Kirchenglaube sind deshalb bei Kant auch nicht absolute Gegensätze (Bohatec/208: 10; Moingt/64: 226–229; anders Sala/224).

In der „Kritik der reinen Vernunft" wird Gott von Kant als „Ideal der Vernunft" (KrV B 727–730), als das „Urwesen" (*ens originarium*) oder „Wesen aller Wesen" (*ens entium*) bestimmt, von dem als der *omnitudo realitatis* das Einzelne als Bestimmtes gedacht werden kann (KrV B 605–607) und von dem als *summum ens* alles abhängt. „Der Begriff eines solchen Wesens ist der von Gott, in transcendentalem Verstande gedacht" (KrV B 608). Doch da mit der Idee Gottes alle Erfahrung überschritten wird, kann die Vernunft nur zur Idee Gottes, nicht zu seiner Wirklichkeit gelangen. In der „Kritik der praktischen Vernunft" bedarf es nach Kant der Idee Gottes zwar nicht zur Grundlegung der Ethik, da das Maß der Freiheit in der Freiheit selbst liegt, doch sieht Kant in der Existenz Gottes ein notwendiges Postulat der praktischen Vernunft, weil ohne die Existenz Gottes kein Grund zur Hoffnung auf eine Einheit von Freiheit und Natur, Moral und Glückseligkeit, sittlichem Handeln und Erfahrung bestehen würde.

Gott als Postulat der praktischen Vernunft

Der Ort der Religion ist für Kant dort gegeben, wo Freiheit konkret wird und sich unter geschichtlichen Bedingungen realisiert. Denn die Erfahrung, so Kant, lehrt uns, dass die Freiheit des Menschen vom Bösen bestimmt ist. Im Menschen wohnt ein Hang zum Bösen, der in der Freiheit selbst seine Wurzel hat. In einer kritischen Aneignung der Erbsündenlehre (Hoping/413: 197–208) spricht Kant vom „radikalen Bösen" im Menschen (Rel. B 35). Für die Vernunft stellt sich die Frage, wie das Böse in einer radikalen Umwandlung der Freiheit überwunden werden kann. Hier ist der Ort der philosophischen Christologie Kants, dessen Thema das Ideal der realisierten Freiheit ist. In ihrem Mittelpunkt steht die Unterscheidung zwischen der Christusidee und ihrer geschichtlichen Gestalt.

das „radikale Böse" im Menschen

Die Christusidee, die ihren Sitz in der Vernunft hat, ist die „personifizierte Idee des guten Prinzips", das (Vernunft-)Ideal des Gott wohlgefälligen Menschen. Dieses lässt sich nach Kant nicht anders denken als im Ideal eines Menschen, der nicht nur sittlich vollkommen und so ein Beispiel des Guten ist, sondern der zugleich „alle Leiden bis zum schmählichsten Tode um des Weltbesten willen und selbst für seine Feinde" (Rel. B 75) in Freiheit auf sich nimmt (vgl. Rel. B 191f.). Wohl beeinflusst durch die Sozinia-

Christusidee als Vernunftideal des Gott wohlgefälligen Menschen

ner (Sala/224: 58, Anm. 77) lehnt Kant die Lehre vom stellvertretenden Sühnetod Christi als schlechterdings vernunftwidrig ab (Rel. B 170). Die Christusidee, die von Anfang an in der menschlichen Vernunft unsichtbar hinterlegt ist (Rel. B 74), wird symbolisiert durch überlieferte Bilder der religiösen Sprache wie „ewiger Sohn", „einziger Sohn Gottes" oder „Wort Gottes".

Übereinstimmung zwischen dem „Lehrer des Evangeliums" und der Christusidee

Von der Christusidee zu unterscheiden ist die konkrete menschliche Gestalt der Christusidee, die Erscheinung des Urbildes, das heißt die geschichtliche Wirklichkeit eines von Gott gesandten, ihm wohlgefälligen Menschen. Es ist zwar nicht ganz richtig, dass Kant „der Name Jesus oder Christus ... in allen seinen Schriften nie aus der Feder geflossen ist" (Barth/207: 252; vgl. Rel. B 231a.252), doch spielt die historische Person Jesu im Denken Kants keine zentrale Rolle. Kant lässt allerdings keinen Zweifel an einer Übereinstimmung zwischen dem „Lehrer des Evangeliums" und der Christusidee (Rel. B 112 f.).

Kants Christologie ist nicht rein urbildlich, da von ihm die historische Einmaligkeit der Person Jesu als Vorbild ethischer Humanität nicht bestritten, vielmehr leidenschaftlich gelobt wird (Tilliette/89: 107 f.). Diese Spannung zwischen „urbildlicher Christologie" (*Christusidee*) und „historischer Christologie" (*Urbild in der Erscheinung*) wird von rationalisierenden Interpreten der Christologie Kants übersehen (TeSelle/86; Renz/222). Auf der anderen Seite kann kein Zweifel daran bestehen, dass Jesus für Kant nicht wahrer Gott und wahrer Mensch ist, sondern ein „Beispiel der Nachfolge für Jedermann" (Rel. B 113). In den Grenzen der reinen Vernunft sei es unmöglich, in einem Menschen, selbst wenn dieser ein Beispiel der Heiligkeit ist, „etwas anderes zu sehen, als einen natürlich gezeugten Menschen" (Rel. B 79).

symbolisch-rationalistische Interpretation der Christologie

Kants Auslegung der kirchlichen Christologie ist symbolisch und rationalistisch. Konsequent wird in die einzelnen christologischen Lehren ein „moralischer Sinn" hineingetragen, etwa in die Lehre von der Menschwerdung des Sohnes. Wird sie nicht im Sinne des sittlichen Beispiels gedeutet, so Kant, sei aus ihr „gar nichts Praktisches für uns zu machen, weil wir doch von uns nicht verlangen können, dass wir es einem Gott gleichtun sollen" (Rel. A 50–52). Wenn die Schrift sagt, dass Gottes Wort vom Himmel herabgekommen ist, die Gestalt eines Menschen angenommen und sich bis in Leiden und Tod hinein erniedrigt hat, dann sieht Kant die Vernunftwahrheit dieser Aussage darin, dass die Vollendung des Guten nicht ohne äußersten Einsatz möglich ist (Rel. B 75).

Die Lehre von Jesu geistgewirkter Geburt wird von Kant „als Symbol der sich selbst über die Versuchung zum Bösen erhebenden (diesem siegreich widerstehenden) Menschheit" (Rel. B 110) interpretiert. Auferstehung und Himmelfahrt besagen – verstanden als Vernunftideen –„den Anfang eines anderen Lebens und Eingang in den Sitz der Seligkeit, d. i. in die Gemeinschaft mit allen Guten" (Rel. B 191). Bei dem Ideal eines Gott wohlgefälligen Menschen in seiner konkreten Anschaulichkeit handelt es sich um einen Reflex des historischen Christusbildes. Es ist eine unbedingte Liebe, die bis zum Äußersten bereit ist, bis zum Opfer, zur Preisgabe des eigenen Lebens (Hoping/413: 216). Doch nicht die konkrete Gestalt der Christusidee, sondern diese Idee selbst, das Prinzip eines Gott wohlgefälligen Lebens, ist der Gegenstand des rechtfertigenden und heiligmachenden Glaubens (Rel B 78).

Hier tritt die Grundausrichtung von Kants „Religion innerhalb der Grenzen der bloßen Vernunft" besonders deutlich hervor. Zwar wendet sich Kant nicht grundsätzlich gegen eine positive Offenbarung, spricht sogar von Jesus als einer Person „vielleicht überirdischen Ranges" (Rel. B 193) und sieht seine Sendung durch die Bergpredigt beglaubigt. Doch lässt Kant keinen Zweifel daran, dass der absolute Vorrang bei der Innerlichkeit des Vernunftglaubens liegt. Zu sehr fürchtet der Philosoph, der historische und dogmatische Glaube der Kirche könne an die Stelle der reinen moralischen Religion treten. Alles, was in den Bereich des kirchlichen Glaubens fällt, wird in rationalen Glauben und moralischen Forschritt uminterpretiert (Tilliette/89: 109 f.). Wie bei Lessing darf auch bei Kant der historische und dogmatische Glaube nicht zur Bedingung für das ewige Leben erhoben werden.

moralische Religion
statt Glaube
der Kirche

d) Hegels spekulativer Begriff der Christusoffenbarung

Spielt in Kants philosophischer Christologie vor allem die Person Christi als sittliches Beispiel des Gott wohlgefälligen Menschen die zentrale Rolle, so stehen bei Georg Wilhelm Friedrich Hegel († 1831) die Menschwerdung des Gottessohnes, sein Sterben am Kreuz sowie seine Auferstehung im Vordergrund. Den Grundbegriff seiner Philosophie, den Begriff des absoluten Geistes, entwickelt Hegel am Leitfaden der Christologie, wie der für die Geistphilosophie zentrale Begriff der „Entäußerung" zeigt (Tilliette/89: 211–213). Die Bedeutung, die Hegels Denken für die systematische Christologie der Gegenwart hat, ist unbestritten. Weder Karl Rahners transzendentale Christologie noch die kreuzestheologische Christologie Hans Urs von Balthasars sind ohne Hegels philosophische Christologie zu verstehen. Ebenso unverkennbar ist der Einfluss von Hegels Denken auf die Gotteslehre und Christologie Jürgen Moltmanns, Wolfhart Pannenbergs und Eberhard Jüngels (Brito/209; Hünermann/24: 313 f.).

Bedeutung
der Philosophie
des absoluten
Geistes

Die Religionsphilosophie in Hegels Frühwerk ist noch ganz von der Idee des göttlichen Tugendlehrers bestimmt („Fragmente über Volksreligion und Christentum" [1793–1794]; „Die Positivität der christlichen Religion" [1795–1796]; „Das Leben Jesu" [1795]). Inhalt der Verkündigung Jesu, die im Interesse einer Erneuerung Israels steht, ist keine neue Lehre, sondern die ursprüngliche Religion des natürlichen Sittengesetzes. Jesus ist der Lehrer autonomer Sittlichkeit und steht für die göttliche Berufung eines jeden Menschen zu einem dem Sittengesetz gemäßen Leben (Hegel/5: Bd. 1, 73–87.105–118/6: 73–136). Vor allem das „Leben Jesu" zeigt Jesus als Lehrer der Moral, Freund der Vernunft und des Guten. Selbst vor der Umformulierung der Bergpredigt und des „Vater unser" im Sinne der Vernunftreligion scheut der junge Hegel nicht zurück (Tilliette/89: 238).

Frühwerk

Im „Systemfragment" (1800) tritt dann der zentrale und leitende Begriff des Lebens, der von Hegel als Unendlichkeit bestimmt wird, in den Vordergrund. In der Religion, so Hegel, vollzieht sich die Erhebung des endlichen Lebens zum unendlichen Leben durch das Unendliche selbst (Hegel/5: Bd. 1, 421). Das „unendliche Leben", das Gott ist, wird als „Geist" bestimmt (ebd.), wobei die Beschreibung seiner Bewegung in der Vielfalt des Endlichen unverkennbar durch den christlichen Inkarnationsglauben orientiert ist. Vorbereitet durch „Glaube und Wissen" (1802), gibt die „Phänomenologie des Geistes" (1807) eine Darstellung des erscheinenden Wissens und zeichnet den Weg zum absoluten Wissen nach, über die sinnliche Gewissheit, die Wahrnehmung, den Verstand, das Selbstbewusstsein, die Vernunft und den Geist.

Phänomenologie des Geistes Im dritten Teil der „Phänomenologie des Geistes" unterscheidet Hegel, bevor er das absolute Wissen beschreibt (Hegel/5: Bd. 3, 575–591), zwischen der natürlichen Religion, der Kunstreligion und der offenbaren Religion des Christentums (495–574). Das absolute Wissen wird von Hegel ausgehend von Analysen der Religion bestimmt. Denn in der Religion erscheint für Hegel das Selbstbewusstsein des Absoluten, wird doch darin die Wirklichkeit als Erscheinung Gottes gefasst. Die offenbare Religion des Christentums hebt sich für Hegel von den anderen Religionen dadurch ab, dass ihr zentraler Gegenstand, wie er im Inkarnationsglauben vorgestellt wird, die Erscheinung des absoluten Wesens selbst ist (552). Denn die Wahrheit des absoluten Geistes erkennt Hegel darin, im Anderen seiner selbst zu sein und sich darin als Geist zu wissen (582).

Wissenschaft der Logik In seiner „Wissenschaft der Logik" (1812–1816; [2]1831) fasst Hegel die absolute Erscheinung des Geistes unter den Begriff der „absoluten Idee". Hegels „Wissenschaft der Logik" versteht sich zugleich als Ontologie und Theologie, denn wenn das Absolute Geist ist, dann sind die Denkbestimmungen nichts anderes als Formen des Absoluten. Die Logik ist nicht bloß formell, sondern hat den „reinen Gedanken" oder die „absolute Form" zum Gegenstand, so dass die Wissenschaft der Logik als ein „System der reinen Vernunft" *„die Darstellung Gottes* ist, *wie er in seinem ewigen Wesen vor der Erschaffung der Natur und eines endlichen Geistes ist"* (Hegel/5: Bd. 5, 44). Am Ende des zweiten Teils der „Wissenschaft der Logik", die es mit der subjektiven Logik oder dem Begriff zu tun hat, wird durch den höchsten Begriff der „absoluten Idee" Gott in seinem ewigen Wesen erfasst. Bei der absoluten Idee handelt es sich nicht um einen abstrakten Begriff, sondern sie stellt einen „freien subjektiven Begriff" dar, „der für sich ist" und insofern „Persönlichkeit hat" und „undurchdringliche, atomare Subjektivität" ist. „Die absolute Idee allein ist *Sein*, unvergängliches *Leben, sich wissende Wahrheit*, und ist *alle Wahrheit"* (Hegel/5: Bd. 6, 549). Sie ist keine andere Wahrheit als die Wahrheit Gottes, das Absolute in seiner Erscheinung.

Enzyklopädie In seiner Summe der Philosophie, der „Enzyklopädie der philosophischen Wissenschaften im Grundrisse" ([3]1830 [[1]1817, [2]1827]) mit ihren drei Teilen „Wissenschaft der Logik", „Naturphilosophie" und „Philosophie des Geistes" wird die Natur als das Andere der absoluten Idee gefasst, die als absolute Freiheit die Natur als ihr Äußeres frei aus sich entlässt (Hegel/5: Bd. 8, 393, § 244). Die absolute Idee aber ist keine andere als die „göttliche Idee", und die Natur ist „die Idee in der Form des Andersseins". Deshalb gilt für Hegel, dass die göttliche Idee eben dies ist, „sich zu entschließen, dieses Andere aus sich herauszusetzen und wieder in sich zurückzunehmen, um Subjektivität und Geist zu sein. Die Naturphilosophie gehört selbst zu diesem Weg der Rückkehr; denn sie ist es, welche die Trennung der Natur und des Geistes aufhebt und in dem Geiste die Erkenntnis seines Wesens in der Natur gewährt". In der Natur als dem Anderssein der göttlichen Idee sieht Hegel den „Sohn Gottes", „aber nicht als der Sohn, sondern als das Verharren im Anderssein – die göttliche Idee als außerhalb der Liebe für einen Augenblick festgehalten" (Hegel/5: Bd. 9, 24f., § 247).

Die Naturphilosophie führt in Hegels Enzyklopädie bis an die Schwelle der Anthropologie. Subjektiver Geist (Seele, Bewusstsein, Geist) und objektiver Geist (Recht, Moralität, Sittlichkeit) sind dagegen Gegenstand der Philosophie des Geistes, an deren Ende der absolute Geist steht, der in Kunst und offenbarer Religion seine Gestalt findet und in der Philosophie zu sich selber kommt (Hegel/5: Bd. 10, 366–394, §§ 553–577). Wiederum erkennt Hegel in der christlichen Religion die Höchstform der Religion, weil in ihr die Wahrheit als Selbstoffenbarung des Absoluten aufgefasst wird, deren „Inhalt der absolute Geist ist" (§ 564). Da die christliche Religion die Wahrheit des absoluten Geistes aber allein in der „Form der Vorstellung" zum Inhalt hat, muss sie in der Philosophie durch „Formen des spekulativen Denkens", das heißt in ihrer begrifflichen Fassung aufgehoben werden (§ 573).

Der Durchgang durch Hegels Systemschriften macht deutlich, dass Hegel das absolute Wesen als Geist denkt, der sich im Anderen seiner als Geist weiß. Als Leitidee dient ihm dabei der spekulativ aufgefasste Inkarnationsgedanke: „Diese Menschwerdung des göttlichen Wesens, oder daß es wesentlich und unmittelbar die Gestalt des Selbstbewußtseins hat, ist der einfache Inhalt der absoluten Religion. In ihr wird das Wesen als Geist gewußt, oder sie ist ein Bewußtsein über sich, Geist zu sein. Denn der Geist ist das Wissen seiner selbst in seiner Entäußerung; das Wesen, das die Bewegung ist, in seinem Anderssein die Gleichheit mit sich selbst zu behalten" (Hegel/5: Bd. 3, 552).

Inkarnation und Entäußerung

In seinen „Vorlesungen über die Philosophie der Religion", die insgesamt viermal gehalten wurden (1821, 1824, 1827, 1831), entfaltet Hegel seine Religionsphilosophie. Sie ist bestimmt von der Überzeugung, dass die Bestimmung der Religion in der Erscheinung Gottes liegt und die Religion im Unterschied zur Philosophie als der höchsten Wissenschaft die Wahrheit in der Form der Vorstellung enthält. Die christliche Religion ist offenbare Religion, weil sie den absoluten Geist zum Inhalt hat, und sie ist zugleich geoffenbarte Religion, weil in ihr der absolute Geist als er selbst zur Erscheinung kommt. Als absolute Religion umschließt das Christentum das „Reich des Vaters", das „Reich des Sohnes" und das „Reich des Geistes". In ihnen zeigt sich, dass das göttliche Wesen nicht eine beziehungslose Entität darstellt, sondern sich in das Andere seiner selbst hinein entäußert. So sieht Hegel in der Erschaffung der Welt, der Menschwerdung des Gottessohnes, dem Kreuzestod Christi und seiner Auferstehung die Selbstentäußerung des absoluten Geistes, der im Durchgang durch das Andere seiner selbst seine volle Wirklichkeit gewinnt.

Philosophie der Religion

Das „Reich des Vaters" ist „Gott in seiner ewigen Idee an und für sich" (Hegel/5: Bd. 17, 218). Das „Reich des Vaters" ist Gott in seiner ewigen Wahrheit vor der Zeit. Hier ist der Ort, an dem Hegel seinen spekulativen

immanente Trinität

Begriff der immanenten göttlichen Trinität entfaltet, den Begriff des ewigen Sich-Unterscheidens und des Insichzurücknehmens. Das „Reich des Geistes" ist die christliche Gemeinde, die Gemeinschaft jener, die im Geiste Gottes sind. Das „Reich des Sohnes" ist das Erscheinen Gottes in der Endlichkeit und umschließt als wesentliche Momente die Welt und den Menschen. Beide gehen aus der absoluten Freiheit der göttlichen Idee als etwas Selbstständiges hervor, worin sich die Güte des göttlichen Wesens zeigt (Hegel/5: Bd. 17, 243 f.).

Christus
als Erscheinung
der absoluten Idee

Der aus der absoluten Freiheit der göttlichen Idee hervorgehende Mensch ist von Natur aus, das heißt seiner Bestimmung nach als Geist gut, doch trägt er, so wie er sich vorfindet, die Neigung in sich, sich zu vereinzeln und sich abzutrennen von allem anderen (251–253), worunter er leidet (262f.). Denn sich zu vereinzeln, sich abzutrennen von allem anderen, bedeutet Gegensatz gegen die göttliche Wahrheit. Die Möglichkeit einer „Versöhnung", in der Hegel „das Ende und die Bestimmung der Religion" (249) sieht, besteht allein darin, „daß gewußt wird die *an sich seiende Einheit der göttlichen und menschlichen Natur; ...* dies ist aber nur möglich, insofern *in Gott selbst diese Subjektivität der menschlichen Natur ist*" (273). Die Gewissheit der Einheit von göttlicher und menschlicher Natur gewinnt der Mensch nur in „*unmittelbarer sinnlicher Anschauung*", dass ein *einzelner* Mensch auftritt, „der zugleich gewußt werde als *göttliche Idee*, nicht nur als höheres Wesen überhaupt, sondern als die höchste, die absolute Idee, als Gottessohn" und so die Idee der Einheit von göttlicher und menschlicher Natur „als in der Welt *gesehen* und *erfahren* erscheine" (274). Christus ist der exklusive Zeuge der göttlichen Wahrheit, der nicht nur „göttlicher Lehrer" ist, sondern die „*unmittelbare* Gegenwart und Gewißheit des Göttlichen" (275). Es gibt nur diesen *einen* Gottessohn, in dem die absolute Idee erscheint. „Diese Vollendung der Realität zur unmittelbaren Einzelheit ist der schönste Punkt der christlichen Religion" (276).

Tod Christi

Mit dem Gottessohn, in dem die absolute Idee erscheint, hebt das Reich Gottes an, eine Wirklichkeit, in welcher der Geist Gottes herrscht (280). Es ist das Reich der Liebe und der Wahrheit. Denn Christus spricht „unmittelbar *aus Gott*" und aus ihm spricht „*Gott*" (284). Die Offenbarung in Christus ist aber nicht allein eine durch das Wort, gleichsam bloß *vorgestellte*. Sie wird „*ergänzt* durch die *Darstellung der göttlichen Idee an seinem Leben und Schicksal*" (285). Durch sein Leben und Sterben ist Christus der Blutzeuge für die göttliche Wahrheit geworden und hat so die „Wahrheit der Lehre mit dem Tode versiegelt" (286). In der Auffassung des Todes Christi liegt der Unterschied zwischen einer äußeren Betrachtung seines Sterben und derjenigen des Glaubens. Die äußere Betrachtung sieht in Christus einen Menschen, der wie Sokrates für seine Sache gestorben ist. „Die höhere Betrachtung" des Glaubens aber ist die, „daß in Christus die *göttliche Natur* geoffenbart worden sei" (287). In seinem Tod ist alles, „worauf der natürliche Wille sich richten kann, alle Größe und alles Geltende der Welt ... ins Grab des Geistes versenkt", doch ist durch das „*Aufgeben des natürlichen Willlens*", der sich selbst am Leben erhalten will, das „Endliche, das *Anderssein verklärt*" (289) Das Sterben Christi ist aber zugleich der „Tod Gottes".

„spekulativer
Karfreitag"

Der programmatische Schluss von „Glaube und Wissen" hatte den Kreuzestod zum „spekulativen Karfreitag" umgewandelt, in das absolute Leiden oder die absolute Freiheit. Er hatte so das Gefühl, auf dem die „Religion der neuen Zeit beruht", das Gefühl: „Gott selbst ist tot", zu einem „Moment der höchsten Idee" erklärt (Hegel/5: Bd. 2, 432). Der Schluss der „Phänomenologie des Geistes" sprach von der „Schädelstätte" des absoluten Geistes (Hegel/5: Bd. 3, 591). In den „Vorlesungen über die Philosophie der Religion" fasst Hegel die äußerste Weise der Entäußerung in der „mors turpissima", im schändlichsten Tod des Kreuzes, in das „harte Wort" vom „Tod Gottes". Der „Tod Gottes" ist der spekulativ gedeutete Kreuzestod Christi, die Entäußerung des Göttlichen im Durchgang durch das Andere seiner selbst. „Gott ist tot – dies ist der fürchterlichste Gedanke, daß alles Ewige, alles Wahre, nicht ist, die *Negation selbst in Gott* ist" (291). Für den „Tod Gottes" verweist Hegel auf ein lutherisches Kirchenlied („O Traurigkeit, o Herzeleid"), in dem es mit Bezug auf das Kreuz Christi heißt: „Gott selbst ist tot". Darin drückt sich für Hegel das Bewusstsein aus, dass das „Menschliche, das Endliche, Gebrechliche, die Schwäche, das Negative göttliches Moment selbst ist, in Gott selbst ist" (297).

Die Auferstehung Christi besiegelt den Tod Christi als den *„Tod des Todes"* (291). In Kreuz und Auferstehung Christi zeigt sich die „unendliche Liebe, dass Gott sich mit dem ihm Fremden identisch gesetzt hat, um es zu töten" (292). Kreuz und Auferstehung Christi machen deutlich, dass der Mensch in seiner Sterblichkeit zu Gott und zu seinem ewigen Leben gehört. Es ist der Geist, der dies im Glauben offenbart. Und so geht aus dem Tod Christi, „geistig aufgefaßt" als „Übergang in die Herrlichkeit" (296) die christliche Gemeinde hervor, die Kirche, die im Geiste Gottes lebt und der Offenbarung in Christus in Glaube und Kult gegenübersteht, in die Wahrheit der offenbaren Religion aber zugleich einbezogen ist.

Auferstehung Christi

Hegels Systemphilosophie ist von einem „christologischen Geistbegriff" (Hünermann/24: 335) geprägt. Xavier Tilliette spricht von der „christologischen Gestalt des dialektischen Denkens" (Tilliette/89: 255). Sie erklärt das Gewicht, welches dem Denken Hegels für den christlichen Gottesgedanken im Allgemeinen und die Christologie im Besonderen bis heute zugemessen wird. In seinen „Vorlesungen über die Philosophie der Religion" hat Hegel die Geschichtlichkeit der Offenbarung und Einzigkeit Christi nicht in Abrede gestellt. Doch wie in der Aufklärung und bei Kant tritt auch hier die geschichtliche Person Jesu in den Hintergrund. Sie wird dem dialektischen Prozess des Geistes ein- und untergeordnet, so dass Jesus Christus „mehr die Züge des Geistes oder der Idee trägt als die Züge Christi" (Tilliette/89: 256). Das „Triduum mortis" droht so auf ein Moment in der „dialektischen Dynamik göttlich-geistigen Lebens" (Courth/212: 62) verkürzt zu werden.

Kritik an Hegels Geistphilosophie

Nach Karl Barth besteht das Grundproblem von Hegels Geistphilosophie darin, Gott selbst einer dialektischen Notwendigkeit zu unterwerfen, so dass er „sein eigener Gefangener" ist (Barth/207: 377). Denn nach dem Gesetz seiner absoluten, durch den Widerspruch hindurch sich vermittelnden Freiheit ist Gott eben dies: sich von sich selbst zu unterscheiden und sich selbst Gegenstand zu sein. So kann er letztlich gar nicht anders handeln, als er sich in seiner Offenbarung zeigt. Doch jene von Hegel behauptete Identität von Denken und Sein, die der absolute Geist ist und die der

Identität von Vernunft, Freiheit und Geschichte zugrunde liegt, wurde nicht erst nach Hegel fraglich, sondern war schon durch Kants transzendentalen Idealismus grundsätzlich bestritten worden.

Philosophie nach Hegel Was Hegel mit seiner dialektischen Methode zu überspielen sucht, ist die Unableitbarkeit des Seins, seine Vorgegebenheit gegenüber dem Denken (Hünermann/24: 338–341). Friedrich Wilhelm Joseph Schelling († 1854) hat darauf mit der für seine „positive Philosophie" zentralen Formel vom „unvordenklichen Sein" ebenso bestanden wie Søren Kierkegaard († 1855) in seiner Kritik der dialektischen Methode. Gegen Hegels spekulativen Begriff der Offenbarung fordert Kierkegaard ein dem christlichen Glauben angemessenes existentielles Verständnis der geschichtlichen Person Christi als des menschgewordenen Sohnes Gottes. Kierkegaard kommt es darauf an, dass Christus mit einer leidenschaftlichen, unmittelbaren und undialektischen Liebe geliebt werden will, in jener „Gleichzeitigkeit" zum Ursprungsgeschehen der Offenbarung, in die der Mensch durch den „Sprung" des Glaubens versetzt wird. Darin wird er mit dem „Paradox", der Menschwerdung Gottes konfrontiert, das sich der dialektischen Methode entzieht (Tilliette/89: 196–200).

Kierkegaard markiert zugleich einen Wendepunkt in der nachhegelschen Philosophie. Es entwickelt sich ein philosophisches Christusbild jenseits von Dogma und Moral, von persönlichem Gott und Unsterblichkeitsgedanken. Ein solches Christusbild findet sich im Werk Friedrich Nietzsches († 1900). Bei ihm wird das „ernste Wort" vom „Tod Gottes" zum Synonym für Nihilismus; Nietzsches atheistische Rede vom „Tod Gottes" lässt keinen Raum mehr für eine göttliche Offenbarung. Zwar sollte Nietzsche von der Gestalt des Gekreuzigten nie ganz loskommen, doch sah er das ursprüngliche Anliegen Jesu durch die Evangelien und vor allem Paulus von Grund auf verfälscht. Für Nietzsche klafft zwischen dem Christentum und dem, was Jesus tat und wollte, eine unüberbrückbare Kluft. Es ist das Verdienst von Eberhard Jüngel (Jüngel/25: 55–137), Gerhard Ebeling (Ebeling/54: 202–205) und Hans Urs von Balthasar (Balthasar/42: 171–243), gegen die atheistisch-nihilistische Rede vom „Tode Gottes" die primäre theologische Bedeutung der Rede vom „Tode Gottes", nämlich die des Kreuzestodes Christi, in Erinnerung gerufen zu haben.

V. Hermeneutik der Christologie und Israel-Theologie

1. Kriterien für eine Israel bejahende Christologie

Das Judesein Jesu, die besondere göttliche Erwählung des Volkes, dem er entstammt, und die Verwurzelung des Christentums im Judentum verpflichten die christliche Theologie zu einer Israel bejahenden Christologie. Ein erstes Kriterium für eine solche Christologie ist die volle Anerkennung des Judeseins Jesu und dessen theologischer Bedeutsamkeit. Das zweite Kriterium besteht darin, die Christologie nicht unabhängig von den messianischen Hoffnungen des Volkes Israels zu entwickeln. Ein drittes Kriterium ist die uneingeschränkte Bejahung der bleibenden Erwählung und Sendung des Volkes Israels.

a) Die theologische Bedeutung des Judeseins Jesu

Jesus war ein Mann aus dem von Gott zu seinem besonderen Eigentum erwählten Volk. So nennt Paulus Jesus einen „Bruder und Volksgenossen" (Röm 9,3) der Juden. Jesus ist „Diener der Beschneidung geworden um der Wahrhaftigkeit Gottes willen, damit er die Verheißungen der Väter bekräftige" (Röm 15,8; vgl. auch 2 Kor 1,20). Jesus ist das Ziel (τέλος), nicht das Ende des Gesetzes im Sinne seiner Aufhebung (Röm 10,4). Juden konfrontiert Jesus von Nazaret mit einem bedeutenden Teil ihrer Geschichte. In der Entwicklung des christlichen Christusbildes wurde Jesus aber mehr und mehr seines jüdischen „Ideolekts" beraubt und zu einem „griechischen" Weisheitslehrer gemacht. Der christliche Antijudaismus machte es für die Juden schließlich unmöglich, einen der großen Söhne aus dem Hause Israel für sich zu entdecken.

Es waren jüdische Forscher wie Joseph Klausner († 1958), Pinchas Lapide († 1997), Schalom Ben-Chorin († 1999) und David Flusser († 2000), die den Juden Jesus für das Judentum und dadurch auch für das Christentum neu erschlossen haben. Berücksichtigt man den jüdischen Wurzelgrund der christlichen Religion (Röm 11,18), so versteht man, warum David Flusser das Christentum eine „jüdische Religion" nennt (Flusser/350: 70) und warum er von der christlichen Bibel der beiden Testamente als einem „jüdischen" Buch spricht. Jesus wurde als Jude geboren, lebte als Jude und starb als Jude (350: 63). Gemeinsam haben Christen und Juden den Glauben an den einen Gott, den Gott Abrahams, Isaaks und Jakobs, der auch der Gott Jesu war. Gemeinsam haben sie die Zehn Gebote, die einzelnen Bitten des „Vater Unser" (53–62), die Gebote der Gottes- und Nächstenliebe (vgl. Dtn 6,4f.; Lev 19,18), die Jesus, gut rabbinisch, in einem Hauptgesetz zusammenfasste. Gemeinsam haben Christen und Juden schließlich die Bibel Israels. Auch die messianische Erwartung und den Glauben an die leibliche Auferstehung der Toten verbindet gläubige Juden und Christen miteinander.

Pinchas Lapide konnte deshalb sagen: „Mein Judentum ist ‚katholisch'

der jüdische Wurzelgrund der christlichen Religion

die theologische Relevanz des „Judeseins" Jesu

genug, im Ursinn des Wortes, um sowohl für Spinoza als für Jesus, für Philon als auch Josephus Flavius Platz zu finden. Ich sehe nicht ein, warum ich auf eine Leuchte des Judentums wie den Rabbi von Nazaret verzichten soll, nur weil mir einige der christlichen Christusbilder nicht zusagen" (Küng-Lapide/359: 7). Doch ist das „Judesein" Jesu theologisch überhaupt bedeutsam? Ist es nicht entscheidend, dass Christus „Mensch" geworden ist? Reicht es nicht, das volle und authentische Menschsein Jesu zu bekennen? Karl Barth hat dies ausdrücklich bestritten: „Die Meinung kann auch nicht die sein, daß wir an Jesus Christus glauben, der nun zufällig auch ein Israelit war, der aber ebenso gut auch einem anderen Volk hätte entstammen können. Hier muß man ganz streng denken: Jesus Christus ... war notwendig Jude ... Gott wurde Mensch im jüdischen Fleisch. An dieser Tatsache ist nicht vorbeizusehen, denn sie gehört zu der konkreten Wirklichkeit Gottes und seiner Offenbarung" (Lapide-Rahner/363: 57f.). Gott kommt in Israel zur Welt, in dem von ihm als sein besonderes Eigentum erwählten Volk, und so kommt er zu den Völkern (Kraus/358:150f.). Das schließt ein anfängliches Offenbarwerden Gottes auch gegenüber den Völkern nicht aus. Doch das endgültige Heil kommt von den Juden (Joh 4,22), der Messias Gottes entstammt dem Volk Israel (Röm 9,5). Eine Christologie ist von daher konstitutiv auf die Glaubensüberlieferungen des Volkes Israels in seinen heiligen Schriften bezogen.

b) Israels messianische Hoffnungen und die Messianität Jesu

Es gibt keine voraussetzungslose Christologie, ihre geschichtlichen Voraussetzungen sind die messianischen Verheißungen und Hoffnungen der Bibel Israels. „Nur wenn man Jesus und seine Geschichte im Licht der Verheißungen des Alten Testaments und der Hoffnungsgeschichte des gegenwärtigen Israels erkennt, versteht man ihn authentisch" (Moltmann/29: 17). Die besondere und bleibende Erwählung Israels, die Offenbarung des Willens Gottes am Sinai und Gottes Einwohnung in Israel sind wie das Gekommensein des Messias in Jesus von Nazaret etwas Einzigartiges und Unableitbares inmitten der unerlösten Welt.

die zweifache Parusie Christi Von jüdischer Seite wurde und wird gegen die Messianität Jesu zumeist eingewandt, dass sich mit der Person Jesu nicht die Verheißung vom messianischen Frieden (Jes 2,2–4; Mi 4,1–3) erfüllt habe. In der jüdischen Tradition begegnet auch die Vorstellung, dass die Ankunft des Messias von der uneingeschränkten Einhaltung der Tora abhängig ist. Schon zur Zeit der Apologeten wurde gegen das von jüdischer Seite vorgebrachte Argument gegen die Messianität Jesu auf die zweifache Ankunft des Messias Jesus verwiesen: In seinem ersten Kommen erscheint der Messias als der leidende Knecht „ohne Ehre und Herrlichkeit", in seinem zweiten Kommen (vgl. Apg 3,19–21) wird er in Macht und Herrlichkeit erscheinen und mit ihm die Vollendung des messianischen Reiches, das schon mit seiner ersten Ankunft angebrochen ist (Skarsaune/200: 272–276). Die Unterscheidung zwischen der zweifachen Parusie des Messias macht deutlich, dass zwischen dem jüdischen und christlichen Messiansimus bei allen Gemeinsamkeiten eine entscheidende Differenz besteht: Es ist der leidende und von den

Toten auferweckte Messias, der als der menschgewordene Sohn Gottes mit der präexistenten Weisheit und dem göttlichen Logos identifiziert wird.

Jürgen Moltmann hat gefragt, ob sich das Argument der noch unerlösten Welt nicht in der Konsequenz auch gegen die besondere und bleibende Erwählung Israels richtet. Denn kann es „*vor* der Erlösung der Welt in der unmittelbaren und universalen Gottesherrschaft schon ein erwähltes Gottesvolk geben, und zwar *um* dieser Erlösung *willen*? Zerstört die Erwählung Israels nicht Israels Solidarität mit der unerlösten Menschheit, auch wenn sie stellvertretend gemeint ist?" (Moltmann/29: 47). Doch ist eine solche Rückfrage im jüdisch-christlichen Gespräch angemessen? Theologisch entscheidend ist letztlich, auf die notwendige Unterscheidung zwischen der Endgültigkeit und der Vollendung der Offenbarung in Jesus Christus hinzuweisen (Pröpper/430: 40–56).

Jesus von Nazaret, der gekreuzigte und von den Toten auferweckte Messias, ist noch nicht als der Parusiechristus und damit als der Messias des endgültigen Friedens offenbar. Die in Christus bewirkte Versöhnung Gottes mit den Menschen fällt nicht zusammen mit der Vollendung. Von daher kann das Ja zu Jesus dem Christus nicht in sich selbst abgeschlossen sein. Vielmehr ist es geöffnet für die messianische Zukunft Jesu (Moltmann/29: 50). Israel hat deshalb auch heute noch seine messianische Sendung. Es repräsentiert nicht den Typus des vergehenden Menschen, sondern ist und bleibt das Volk der messianischen Hoffnung.

In seinem großen „Traktat über die Juden" fasst Franz Mußner die heilsgeschichtliche Funktion Israels in folgender Thesenreihe zusammen: „Der Jude ist der bleibende Gotteszeuge in der Welt … Er ist der bleibende Zeuge für die Konkretheit der ‚Heilsgeschichte'" und für den verborgenen Gott, „dessen Wege nicht durchschaubar sind". „Der Jude läßt die messianische Idee in der Welt nicht untergehen." Er lässt „Ausschau nach einer ‚besseren' Welt halten". Der Jude ist der „weltgeschichtliche Zeuge" für das „Noch-nicht des göttlichen Willens". „Er widersteht dem christlichen Pathos der endgültigen Zeit, Wahrheit und Urteile." „Durch das Judentum ist die Geschichte der Menschheit eine Heilige Geschichte geworden." „Der Christ braucht den Juden …. Der Jude hilft dem Christen, seine Identität nicht zu verlieren, denn Israel bleibt die Wurzel der Kirche" (Mußner/374: 80–87).

die heilsgeschichtliche Funktion Israels

c) Das messianische Gottesvolk: Israel und Kirche

Die besondere Erwählung Israels ist nicht ein „Perfektum". Sie besteht auch *post Christum natum*. Israel ist nicht verworfen, sondern hat die Sohnschaft, die Bundesschlüsse, die Weisung, den Gottesdienst und die Verheißungen (Röm 9,4). Christologie und Israeltheologie gehören deshalb untrennbar zusammen. Was das Verhältnis von Israel und Kirche betrifft, werden derzeit unterschiedliche Positionen vertreten. Konsens besteht darin, dass Israel im ungekündigten Gottesbund steht (Röm 11,26 f.). Umstritten ist das Verhältnis dieses Gottesbundes und des in Christus gestifteten Bundes, das Verhältnis von Altem und Neuem Bund (Hebr 6,13–10. 18). Die Theologie des „Einen Bundes" (Zenger/401/402: 86–119/403/404;

die Theologie des „Einen Bundes"

Lohfink/366/367) und die „Christologie der Völkerwallfahrt zum Zion" (Klappert/356: 183–240.296–370) gehen davon aus, dass die Völker durch den in Christus gestifteten Bund in den ungekündigten Bund Gottes mit Israel hineingenommen werden bzw. daran Anteil gewinnen (Partizipationsmodell).

Das Partizipationsmodell scheitert allerdings letztlich daran, dass das Neue Testament Israel und die Kirche an keiner Stelle in dem in Christus erneuerten Bund aufeinander bezieht (Groß/352: 169–188; Theobald/ 389/390: 258–285/391: 277–305). Israel und Kirche sind zwar miteinander verbunden durch den ewig dauernden Bund mit Abraham, der seiner Verheißung nach ein Bund mit der ganzen Nachkommenschaft, allen Kindern Abrahams ist (Gen 17,2.7), doch betont die neutestamentliche Rede von dem in Christus gestifteten Bund (Mt 26, 28f.; Mk 14,24f.; Lk 22,20; 1 Kor 11,25; 2 Kor 3,1–18; Röm 11,26f.) die eschatologische Qualität dieses Neuen Bundes (vgl. Jer 31) gegenüber den bisherigen Bundesschlüssen. Zwar muss man theologisch von einer Einheit der verschiedenen Bundesschlüsse ausgehen, doch ist diese in der Einheit Gottes selbst und seinem Handeln begründet, die zwischen Christen und Juden aber gerade am entscheidenden Punkt strittig ist. Israeltheologisch müssen deshalb die divergierenden Selbstdeutungen Israels und der Kirche in einem christologisch-eschatologischen Zugehörigkeitsmodell des messianischen Gottesvolkes berücksichtigt werden, das Kontinuität und Diskontinuität gleichermaßen berücksichtigt.

christologisch-eschatologisches Zugehörigkeitsmodell

Aufgrund ihrer gemeinsamen göttlichen Erwählung gehören Israel und Kirche untrennbar zusammen und sind bleibend aufeinander verwiesen. Im auferweckten Gekreuzigten sind Juden und Christen zur Einheit des messianischen Gottesvolkes berufen. Wenn Israel von Gott bleibend erwählt ist (Röm 11,26f.), so ist es auch *post Christum* unter den Völkern sein besonderes Eigentum (Dtn 7,6–9), von dem die Kirche Jesu Christi zu unterscheiden ist. Die Substitutionstheorie kennt nur ein Volk Gottes, die Kirche Jesu Christi, die Theorie des Einen Bundes nur das eine Gottesvolk, dem die Heiden durch Jesus den Messias für die Völker verbunden werden. Ein christologisch-eschatologisches Zugehörigkeitsmodell berücksichtigt demgegenüber die divergierenden Selbstdeutungen Israels und der Kirche: Der eine „Bund" und das eine endzeitliche messianische Gottesvolk sind, wenn auch keine rein futurischen Größen, so doch entscheidend Verheißungsbegriffe. Denn sie verweisen auf die Vollendung des in Christus begründeten Heils, die nach Röm 11,26f. auch Israel umfassen wird. Das endzeitliche messianische Gottesvolk aus Juden und Christen ist ein Versprechen, dessen Vollendung noch aussteht. Doch im „Geheimnis" des einen Gottes, dem Israel und die Kirche gemeinsam verpflichtet sind, sind Juden und Christen einander nahe.

Eine Israel bejahende Christologie verlangt nicht, die eschatologische Qualität des in Christus geschlossenen Neuen Bundes gegen das neutestamentliche Zeugnis im Sinne der Theologie des Einen Bundes oder der Christologie der Völkerwallfahrt zum Zion auf die Hineinnahme der Völker in den ungekündigten Bund Gottes mit Israel zurückzunehmen. Denn ein christologisch-eschatologisches Zugehörigkeitsmodell bedeutet keine Negation Israels, gehört doch zum Bekenntnis des in Jesus Christus gestifteten

Neuen Bundes die Hoffnung auf die Rettung ganz Israels (Röm 11,25–27). Bis zur Wiederkunft des Messias Jesus hat die Kirche deshalb in Solidarität mit Israel und im Respekt vor seiner Selbstdeutung als Volk Gottes zu leben – in der Anerkennung des Mysteriums der göttlichen Erwählung, in dem Israel und Kirche schon jetzt miteinander verbunden sind und im Bewusstsein der messianisch befristeten Zeit (Päpstliche Bibelkommission/141: 43.165).

2. Christologisch-soteriologische Perspektiven

a) Das Judentum, die Religionen und die Einzigkeit Christi

Unter den Religionen kommt dem Judentum eine Sonderstellung im Verhältnis zum Christentum zu. Das Verhältnis des Christentums zum Judentum ist von eigener Natur. Die Geschichte dieses Volkes unterscheidet sich von den Geschichten anderer Völker durch die besondere Erwählung und die Kundgabe des Gottesnamens. Aus Israel ist Jesus von Nazaret, Gottes Messias und Sohn hervorgegangen, der den Namen Gottes verherrlicht hat (Joh 17,6). Die Glaubensüberlieferung Israels ist die bleibende und lebendige Wurzel des Christentums. Da Israel und die Kirche im Messias Jesus zur Einheit des messianischen Gottesvolkes berufen sind, gehört der Dialog zwischen Juden und Christen konstitutiv zur christlichen Ökumene. Auch wenn religionsgeschichtlich gesehen nicht zu bestreiten ist, dass Judentum und Christentum zwei eigenständige Religionen darstellen, so kann man Altes und Neues Testament, Alten und Neuen Bund nicht einfach wie zwei Religionen gegenüberstellen (Ratzinger/336: 58). Das Christentum darf sich gegenüber dem Judentum nicht als eine neue Religion verstehen, deren Anfänge nur zufällig im Judentum liegen. Vielmehr ist das Christentum bleibend an das Judentum verwiesen (Pannenberg/379: 278).

Nach christlichem Verständnis ist Jesus Christus mehr als einer der vielen Zeugen des Absoluten. Er ist Gottes endgültige Offenbarung, seine Selbstmitteilung in Person und damit jenes „geschichtlich Unbedingte", gegen das die pluralistische Religionstheorie so vehement ankämpft. In Jesus Christus sind alle Menschen nach Gottes Bild geschaffen und zur Gemeinschaft mit ihm berufen. Wie sich der Logos Gottes nicht trennen lässt von seinem menschgewordenen Wort, so lässt sich auch die universale Gegenwart des Gottesgeistes nicht vom Geist Christi ablösen. Jesus Christus ist der „eine Mittler" zwischen Gott und den Menschen (1 Tim 2,4). Doch verwirft die Kirche, so die Konzilserklärung „Nostra aetate" über das Verhältnis der Kirche zu den „nichtchristlichen Religionen", nichts von dem, was in diesen Religionen „wahr" und „heilig" ist (NA 2). *(universale Mittlerschaft Christi)*

Gleichwohl kann es nur eine einzige Heilsordnung geben (Dominus Iesus/332: Nr. 4. 12), da ein Mensch zwar unabhängig von der sichtbaren Kirche, nicht aber an Jesus Christus vorbei zu seinem endgültigen Heil finden kann. In diesem Sinne gibt es keine Pluralität gleichwertiger Heilswege. Die Einzigkeit der Person Christi besteht darin, dass er die unbedingte, menschgewordene Liebe Gottes in Person ist. Das schließt nicht aus, dass Manifestationen des Göttlichen oder Heiligen sowie Spuren des *(die eine Heilsordnung und die Einzigkeit Christi)* menschgewordenen Logos Gottes auch in anderen Religionen zu finden sind. Nichtchristliche Religionen und die ihnen zugrunde liegenden Gotteserfahrungen können die christliche Gotteserfahrung nicht nur bereichern, sondern auch Einseitigkeiten, etwa ein vorstellungsmäßiges Verständnis der Personalität und Trinität Gottes, korrigieren.

der universale Wahrheitsanspruch der christlichen Offenbarung

Beim so genannten Absolutheitsanspruch des Christentums handelt es sich nicht um die „Absolutheit des Christentums" in seiner konkreten hermeneutischen Glaubensgestalt, sondern um den universalen Wahrheitsanspruch der endgültigen Offenbarung Gottes in der kenotischen Proexistenz des auferweckten Gekreuzigten, in dem uns jene Liebe begegnet, über die hinaus Größeres nicht gedacht werden bzw. geschehen kann (*id quo maius cogitari nequit; id quo maius nihil fit*): „Denn Gott hat die Welt so sehr geliebt, dass er seinen einzigen Sohn hingab, damit jeder, der glaubt, nicht zugrunde geht, sondern das ewige Leben hat" (Joh 3,16). Wegen der Einzigkeit und Universalität Christi ist vom christlichen Glauben sein umfassender, alle Menschen betreffender Wahrheitsanspruch untrennbar. Der interreligiöse Dialog würde seine Wahrhaftigkeit verlieren, wollte man den mit der christlichen Offenbarung verbundenen Wahrheitsanspruch relativieren, suspendieren oder ausklammern (Ratzinger/337: 148). Zu einem inklusiven Ansatz einer Theologie der Religionen, in dem an der Einheit und Einzigkeit der christlichen Heilsordnung festgehalten wird, gibt es deshalb vom christlichen Standpunkt aus keine Alternative (Hoping/330).

Der biblische Gottesgedanke setzt wie die Christologie einen universalen Denk- und Verstehenshorizont voraus. Der christliche Glaube ist deshalb nicht mit jeder Art von Philosophie vereinbar. So kann bei einer konsequent pluralistischen Interpretation von Vernunft der Wahrheitsanspruch der christlichen Offenbarung nicht mehr ernsthaft erhoben werden. Eine christliche Theologie der Religionen beansprucht, was von Pluralisten wie Exklusivisten bestritten wird, dass ein Dialog möglich ist, der zugleich die geschichtliche Position des eigenen Standpunkts, die religiöse Alterität des Dialogpartners wie die Einheit der göttlichen Wahrheit anerkennt.

Bekenntnis des Glaubens und Dialog der Religionen

Zur christlichen Religion gehört untrennbar das Glaubenszeugnis. Bekenntnis und Sendung können deshalb nicht durch Dialog ersetzt werden. Der interreligiöse Dialog fordert die uneingeschränkte Anerkenntnis der gleichen Menschenwürde und des Prinzips der Religions- und Gewissensfreiheit, wodurch sich die Dialogpartner, unbeschadet der Unterschiede in ihren religiösen Überzeugungen, wechselseitig als ebenbürtig (*par cum pari loquitur*) anerkennen. Ziel des Dialogs der Religionen ist nicht allein ihre friedliche Koexistenz bzw. ihre Konvivenz. Vielmehr geht es darum, einander wie sich selbst besser zu verstehen und die göttliche Wahrheit, von der man sich beansprucht weiß, zur Geltung zu bringen. Die Religionen haben heute vor allem die Aufgabe, dem vielfältig bedrohten Humanum zu dienen. Doch soll der interreligiöse Dialog ein der Wahrheit verpflichteter Dialog bleiben, kann darin die Gottesfrage nicht ausgeklammert werden.

b) Gottes Menschwerdung in seinem Sohn

Jesus Christus ist der menschgewordene Sohn Gottes und als dieser Gottes endgültige Offenbarung. Hier zeigt sich eine entscheidende Differenz im Gottesverständnis zwischen Christen und Juden. Vom christlichen Standpunkt aus kann diese Differenz nicht als Gegensatz verstanden werden. Denn der Gott Jesu Christi ist kein anderer als der Heilige Israels, der eine und einzige Gott (Dtn 6,4). Der biblische Monotheismus ist der Kontext, in dem das Neue Testament von Gott, dem Vater, seinem Sohn und dem Geist spricht. Die hermeneutische Aneignung der kirchlichen Inkarnationschristologie und Trinitätslehre muss von daher immer vom biblischen Monotheismus geleitet sein. Es war vor allem die Inkarnationschristologie, die zwischen Judentum und Christentum trennend gewirkt hat und bis heute als die grundlegende Scheidelinie betrachtet wird, mögen auch die jüdischen Urteile hinsichtlich einer möglichen Vereinbarkeit von jüdischem Monotheismus und Inkarnationsgedanken auseinander gehen.

Martin Buber († 1965) sprach von der „Inkarnationslosigkeit" des Judentums (Buber/348: 205), während Jacob Neusner mit Blick auf den Heiligen Israels die Formel vom „God Incarnate" prägte, darunter allerdings die personalen Züge des Gottes Israels, sein Ebenbild im Menschen, Gottes Präsenz im Tempel, seine Ansprechbarkeit im Gebet und seine Geschichtsmächtigkeit versteht (Neusner/376). Pinchas Lapide (Lapide/362: 36 f.) und Michael Wyschogrod (Wyschogrod/400: 23) gehen darüber hinaus und halten eine Menschwerdung Gottes in einem Sohn prinzipiell nicht für undenkbar. Der Einwand gegen die Menschwerdung Gottes könne nicht der sein, dass seine Inkarnation in einem Menschen für den Heiligen Israels schlechterdings unmöglich ist, da dies die Souveränität seines Handelns in Frage stellen würde. Das jüdische „Nein" zur christlichen Inkarnationstheologie rühre daher, dass die Menschwerdung Gottes in Jesus für Juden nicht glaubhaft bezeugt ist.

Wie Buber meint auch der Philosoph Emmanuel Lévinas († 1995), dass das Judentum inkarnationslos ist. In seinem Beitrag „Menschwerdung Gottes?" vertritt Lévinas die These, dass der Gedanke der Entäußerung und Menschwerdung Gottes nicht nur zutiefst unjüdisch sei, weil er das Göttliche in Menschliches verwandle und so einen Verstoß gegen das Bilderverbot darstelle. Lévinas stellt darüber hinaus die Frage, ob der Inkarnationsgedanke nicht auch philosophisch unzugänglich und widersprüchlich sei. Denn könne der wahre Gott, so fragt Lévinas, „sein Inkognito lüften" (Lévinas/365: 77), ohne dass dies seine absolute Transzendenz aufhebt? Im Rahmen seiner Phänomenologie des Anderen kommt Lévinas zu dem Schluss, Gott könne in seiner Offenbarung nicht in der Zeit „gegenwärtig" werden, ohne in die Ordnung des Seins eingeordnet zu werden. Mögen wir auch im Antlitz des Anderen die Spur (*trace*) einer göttlichen Kondeszendenz finden, so kann es doch keine Entäußerung Gottes, eine Inkarnation Gottes in einem Menschen geben. In der Schöpfung lässt sich Gott nur im Modus der unvordenklichen Vergangenheit denken, in der Spur. Die Spur ist „die Nähe Gottes im Antlitz meines Nächsten", eine „Demut des Erscheinens", die „bereits Abwesenheit ist" (365: 78).

Einen unüberwindbaren Widerstreit zwischen „Jüdischem" und „Christli-

Inkarnationschristologie und Monotheismus

Inkarnationslosigkeit des Judentums?

die These vom unüberwindbaren Widerstreit zwischen „Jüdischem" und „Christlichem"

chem" behauptet auch der Philosoph Jean-François Lyotard († 1998). Für die jüdische Gotteserfahrung sei die im Buchstaben der Tora erhandelte und jeweils neu der Entzifferung bedürftige Stimme Gottes und damit das unabschließbare Buchstabieren das Entscheidende, in der christlichen Gotteserfahrung dagegen Gottes fleischgewordene, sich selbst Gestalt gebende Stimme, also eine Verobjektivierung des Hörens (Lyotard/368). Von daher hält Lyotard die zusammenfassende Rede von der jüdisch-christlichen Tradition, den Bindestrich, der Jüdisches und Christliches zusammenhält, für illegitim. Lyotards These vom Widerstreit zwischen dem „Jüdischen" und „Christlichen", dem Hören und dem Sehen, zwingt die christliche Theologie zur Frage, „ob ihre Christologie, die ja engstens mit der Inkarnationstheologie zusammenhängt, das Bilderverbot zerstört hat" (Wohlmuth/399: 61).

Vom christlichen Standpunkt aus gesehen, ist am Bindestrich zwischen dem Jüdischen und Christlichen festzuhalten. Denn der leidende, gekreuzigte und auferweckte Messias Jesus gehört nach christlichem Verständnis zur Identität des einen Gottes. Doch die undifferenzierte Rede von der jüdisch-christlichen Religion und ihrer Überlieferung ist theologisch problematisch (Wohlmuth/399: 63). Herausgefordert durch die von Lévinas und Lyotard formulierten kritischen Anfragen hat eine Hermeneutik der Christologie im christlich-jüdischen Gespräch die Aufgabe zu zeigen, dass das christliche Bekenntnis zur vollen menschlichen und göttlichen Natur Christi die Unendlichkeit und Transzendenz Gottes nicht aufhebt.

die Zwei-Naturen-Lehre und die Transzendenz Gottes

Die Aussage des Konzils von Chalzedon (451), dass die beiden Naturen in Christus unvermischt und ungetrennt sind, weist in die Richtung einer Antwort auf die von Lévinas und Lyotard vorgetragenen Argumente: Nimmt man das „unvermischt" (ἀσυγχύτως) und „unverändert" (ἀτρέπτως) der Definition von Chalzedon ernst, dann kommt es in Christus nicht zu einer Vermischung von Gott und Mensch. Das Chalzedonense schließt es aus, die Menschwerdung Gottes in seinem Sohn im Sinne einer Absorbierung des transzendenten Gottes zu verstehen, vielmehr wahrt die „negative Theologie" der Zwei-Naturen-Lehre mit ihrem Versuch, das Unsagbare zu sagen, Gottes Unendlichkeit und Transzendenz (Kasper/26: 280; Wohlmuth/397: 55–62/390: 182–185; Hoff/58: 367–370). Das „unvermischt" (ἀσυγχύτως) des Chalzedonense ist „der jüdische Stachel in der Christologie" (Wohlmuth/399: 182). Selbst in seiner äußersten Kondeszendenz (= Mitherabsteigen, Herablassung) in dem Juden Jesus von Nazaret bleibt der Heilige Israels (Jes 57,15) „der erhabene und ewige Gott".

Man kann also nicht sagen, die Zwei-Naturen-Lehre habe die Verständigungsmöglichkeit mit dem Judentum grundsätzlich zerstört (Kraus/358: 156. 175f.). Es darf auch nicht der Einfluss übersehen werden, den vor allem die jüdische Weisheits- und Logosspekulation auf die Entstehung der Präexistenzchristologie und das christologische Dogma ausgeübt hat (Skarsaune/200: 281–283). Die Erniedrigung des Heiligen Israels, so die Kernaussage der altkirchlichen Christologie, geht bis zur Entäußerung des Sohnes in die Armut des Fleisches und des Todes und übersteigt so alle „Selbsterniedrigungen" Gottes (Kuhns/360) in der Schöpfung, in der Geschichte Israels (in Ägypten und im Exil) und in seiner Gegenwart im Heiligtum des Tempels. In dem Juden Jesus von Nazaret hat die Entäußerung des Heiligen Israels (1 Kön 8,27–30) menschliche Gestalt angenommen

(Phil 2,8f.), und doch bleibt Gott der geheimnisvolle, transzendente und freie Gott.

c) Christliche Trinitätslehre und biblischer Monotheismus

Die Identität des Gottes Jesu Christi und des Heiligen Israels begründet, warum Israel das „monotheistische Gewissen" (Graß/410: 97) in unserer Welt ist und bleibt, auch für uns Christen und unseren Glauben an den dreieinen Gott. Eine Israel bejahende Christologie hat deshalb die Aufgabe, Leben und Verkündigung Jesu als Dienst und Zeugnis für den *einen* Gott Israels (Joh 5,44; vgl. Dtn 6,4) ernst zu nehmen. In einer messianischen Theologie können Trinitätslehre und biblischer Monotheismus keine Gegensätze sein. Entscheidend sind für den christlichen Gottesgedanken auch nicht einzelne, von der Offenbarung Gottes in seinem Sohn abgelöste Spekulationen über die immanente Trinität. Will man den christlichen Gottesglauben nicht tritheistischen Missverständnissen aussetzen, müssen Christologie und Trinitätslehre auf dem heilsökonomisch-eschatologischen Hintergrund des biblischen Monotheismus entfaltet werden, als „konsequente Weiterführung der Offenbarungsphänomenologie" (Wohlmuth/397: 18. 115–139).

Wenn in manchen trinitätstheologischen Konzeptionen der Gegenwart (Greshake/264; Essen/213: 317–335; Striet/272: 204f.) Vater, Sohn und Geist jeweils ein eigenes göttliches Selbstbewusstsein bzw. Personalität mit je eigener Freiheit zugeschrieben wird, stellt sich die Frage, ob die christliche Trinitätslehre so noch als „konkreter Monotheismus" verständlich gemacht werden kann (Hoping/266; Vorgrimler/273: 545–548/274: 105–122). Es geht nicht darum, die Differenz im christlichen und jüdischen Gottesverständnis zu leugnen. Für einen gläubigen Juden ist die Vorstellung, dass der eine Gott als Vater, Sohn und Geist existiert, letztlich nicht nachvollziehbar, trotz der bei Philo von Alexandrien und in der rabbinischen Theologie begegnenden Vorstellung von dem einen Gott und seinen zwei höchsten Kräften.

Eine von der Namenschristologie des Neuen Testaments ausgehende christliche Trinitätslehre hat die Aufgabe, den christlichen Gottesgedanken so zu entfalten, dass das trinitarische Dogma nicht von vornherein als Bruch mit dem jüdischen Bekenntnis des einen und einzigen Gottes erscheint. Das Dogma der Kirche bedarf einer *interpretatio iudaica* (Pannenberg/379: 273). Die christliche Trinitätslehre muss im Dienst der „Einigung" Gottes und der Heiligung seines Namens stehen. Das *proprium christianum* erscheint freilich dort in Frage zu stehen, wo ausgehend von der philosophisch problematischen These eines strikten Gegensatzes von (Offenbarungs-)Phänomenologie und Ontologie das trinitarische Sprechen von Gott auf die Rede von der Widerfahrnis der Nähe des Gottes Israels in Jesus und der heiligen Ruach zurückgenommen wird (Freyer/351: 97f.).

„interpretatio iudaica" der christlichen Trinitätslehre

In der Christologie, die ins Zentrum des jüdisch-christlichen Gesprächs zu stellen wäre, geht es um das Geheimnis der menschlichen Subjektivität Christi und die Unvordenklichkeit des göttlichen Logos. Ausgehend von der eschatologischen Offenbarung Gottes in Jesus von Nazaret muss auch neu über den Sinn der Rede von der personalen Subsistenz (ὑπόστασις; πρόσωπον) des gleichwesentlichen, menschgewordenen Wortes Gottes nachgedacht werden. Die begrifflichen Anstrengungen zur hermeneutischen Aneignung der Zwei-Naturen-Lehre wie der Lehre von den zwei Willen Christi (Welte/204: 51–89; Hünermann/60: 101–124; Hattrup-Hoping/56; Schoonenberg/36; Wohlmuth/397: 55–62/399: 182–185; Essen/213) wären zu intensivieren, ohne den Anspruch erheben zu wollen, das Geheimnis der Person Christi und damit des dreieinen Gottes mit Hilfe des Begriffs der Freiheit selbstbewusster Subjektivität denkerisch ausloten zu können.

d) Gottes äußerste Gabe im Sterben Christi

Zum Bekenntnis zu Jesus dem Christus gehört der Glaube, dass er als der leidende und gekreuzigte Messias für die vielen gestorben ist: *Crucifixus etiam pro nobis* heißt es im Großen Glaubensbekenntnis (Balthasar/277). Doch wie hat Jesus sein Sterben verstanden? Wie sind die im Neuen Testament anzutreffenden Deutungen seines Todes zu beurteilen? Die historische Frage, wie Jesus in den Tod gegangen ist, wird von namhaften Exegeten ganz unterschiedlich beantwortet, so dass man von gesicherten Ergebnissen in dieser Frage nicht sprechen kann. Das von einigen Exegeten vorgebrachte Argument, die Deutung des Todes Jesu als Sühnetod bedeute einen Rückfall hinter den zentralen Inhalt der Verkündigung Jesu, so dass sie nicht auf Jesus zurückgehen könne (Fiedler/119: 277–283), ist unter Exegeten in seiner Gültigkeit umstritten. Die These, zwischen der Verkündigung Jesu und der Deutung seines Todes als stellvertretender Sühnetod bestünde ein Widerspruch, trifft heute allerdings auf breite Zustimmung, da mit dem Gedanken der stellvertretenden Sühne weithin, freilich gegen die biblische Sühnetheologie, das archaische Bild eines Gottes verbunden ist, der ein blutiges Menschenopfer fordert, um sich in seinem Zorn besänftigen zu lassen.

Schon in der alttestamentlichen Sühneauffassung ist allerdings der archaische Begriff eines Gottes, der Vergeltung fordert, überwunden. Das Sühneopfer ist ein von Gott gestiftetes kultisches Zeichen der Umkehr, der Reinigung und der erneuerten Gottesgemeinschaft. Entscheidend ist die Selbsthingabe des Sünders im Symbol des versprengten Blutes (Blut als Zeichen des Lebens und der Hingabe der Opfernden). Der Adressat des Opfers ist kein Gott der Gewalt und Vergeltung, auch wenn das Opfer, wie die Tötung des Opfertieres und das Verzehren des Opfermahls zeigen, von der Gewalt nicht zu trennen ist. Das Opfertier hat eine repräsentative Funktion; durch seine Schlachtung und das Sühneritual wird für die Opfernden eine symbolisch vermittelte Identität gestiftet.

der Tod im Neuen Testament

Nimmt man den kanonischen Charakter der biblischen Schriften ernst, kann die Beantwortung der Frage, was der Tod Jesu für uns bedeutet, nur unter Berücksichtigung des Gesamtzeugnisses neutestamentlicher Theologie geschehen (Stuhlmacher/153: 60–76; Childs/112: 191–208). Neben dem Gedanken des stellvertretenden Sühnetodes begegnen im Neuen Testament auch andere Deutungen des Todes Jesu, die ihn etwa als Erweis der

Freundesliebe verstehen (Joh 15,13). Zwar tritt im Johannesevangelium die sühnetheologische Deutung des Kreuzestodes Jesu zurück, doch erscheint Jesus hier als „das Lamm, das die Sünde der Welt hinwegnimmt" (Joh 1,29). In dieser Funktion stirbt Jesus nach der Datierung des Johannesevangeliums am Rüsttag des Passahfestes (Joh 19,14.31), an dem die Passahlämmer geschlachtet wurden.

Die sühnetheologische Deutung des Todes Jesu kann man aber nicht zu einer theologisch zweitklassischen Vorstellung erklären. Sie gehört vielmehr zur Mitte der Schrift (Stuhlmacher/155: 310), da sie im Neuen Testament an zentraler Stelle begegnet, bis hinein in die Abendmahlsüberlieferung (Mk 10,45; 14,24; Mt 26,28; Lk 22,20; 1 Kor 11,24; Röm 3,25; Hebr 2,17; 9,11–28 u.ö.). Das Neue Testament legt auf die Interpretation des Todes Jesu als Opfer großen Wert und bemüht deshalb die ganze Breite der in den alttestamentlichen Schriften anzutreffenden Opfersprache als Analogie, vor allem bei Paulus und im Hebräerbrief. Im Anschluss an Helmut Merklein kann man deshalb sagen: „Den Glauben an den stellvertretenden Sühnetod Christi aufzugeben", wäre nicht nur für Paulus „dasselbe gewesen … wie die Aufgabe der christlichen Identität" (Merklein/306: 91). Eine zentrale Aufgabe der Theologie besteht demnach in der hermeneutischen Aneignung der Rede vom Tod Jesu als Opfer.

Das Problem einer hermeneutischen Erschließung der Opfersprache des Neuen Testaments kann nicht dadurch umgangen werden, die ganze Opfersprache einschließlich des neutestamentlichen Gedankens der Stellvertretung als zeitgeschichtlich bedingt beiseite zu schieben (Zager/323: 51–61). Entscheidend ist bei der Hermeneutik der biblischen Soteriologie die Frage, ob die Sprache des Opfers zur Deutung des Todes Jesu unverzichtbar ist, oder ob das, was im Neuen Testament mit der Sprache des Opfers vom Tod Jesu ausgesagt wird, auch anders zur Sprache gebracht werden könnte (Dalferth/22: 236–315/281).

Bei der gegenwärtigen Opferdiskussion wird gerne darauf verwiesen, dass gerade der Hebräerbrief, für dessen Christologie die kultische Symbolwelt des Opfers eine entscheidende Rolle spielt, im Tod Jesu das Ende aller kultischen Opfer sieht. Wie kann dann aber der Tod Jesu selbst ein „Opfer" sein? Hier sind zwei Interpretationen zu unterscheiden, die rationalistische und die realistische, orthodoxe Interpretation der Rede vom Tode Jesu als Ende der Opfer (Spaemann/317). Die erste Interpretation sieht im Tod Jesu das Ende aller Opfer (*sacrificia*) und verwirft wie schon die Aufklärung die von der Schrift gegebene opfertheologische Begründung für dieses Ende (Wagner/319; Jörns/302). In der Rede vom stellvertretenden Sühnetod erkennt sie einen mythologischen Rest, der nicht zur Mitte des christlichen Glaubens gehört. Nach der rationalistischen Interpretation ist der Tod Jesu selbst kein Opfer. Opfer ist allein der Gekreuzigte im Sinne eines Gewaltopfers (*victima*). Die zweite Interpretation sieht im Tod Jesu das Ende aller Kultopfer, weil Gott durch das eine Opfer des Todes Jesu die Welt mit sich versöhnt hat. Für die realistische, orthodoxe Interpretation, die von namhaften katholischen und evangelischen Systematikern (von Balthasar, Pannenberg u.a.) und Exegeten (Gese, Stuhlmacher, Janowski, Pesch, Merklein, u.a.) vertreten wird, steht und fällt das Christentum mit dem Gedanken des stellvertretenden Sühnetodes Christi.

Marginalien:

hermeneutische Aneignung der Rede vom Tod Jesu als Opfer

rationalistische Interpretation

realistische, orthodoxe Interpretation

Das soteriologisch Entscheidende ist, dass der Gekreuzigte die Sünden der vielen getragen hat. Gottes Zorn über die Sünde und sein Erbarmen gegenüber den Sündern sind im Gerechten, der für die vielen stirbt, zwei Seiten eines Geschehens. Das im Tod Jesu begründete Heil besteht darin, dass der Gerechte für die Sünder sein Leben gibt, damit wir leben (*iustus pro peccatoribus*). Der damit verbundene Identitätstausch ist mehr als die Identifizierung des Gekreuzigten mit allen Opfern. So bedeutsam es ist, dass der Jude Jesus von Nazaret auf die Seite der Leidenden und Geschlagenen gehört: Im Sterben des Gerechten ist der Allmächtige selbst für die Vielen engagiert, im unbedingten Einsatz seiner Liebe, bis zur Preisgabe des Eigensten, seines Sohnes, in den Tod. Im Gekreuzigten ereignet sich von Gott her die „Einheit von Tod und Leben zugunsten des Lebens" (Jüngel/25: 409). Darin zeigt sich, dass das Christentum nicht nur eine Religion der Freiheit, sondern vor allem eine Religion der Liebe ist (ohne hier einen Gegensatz behaupten zu wollen): Freiheit aber fordert Anerkennung; Liebe aber verlangt *in extremis* das Äußerste, was man geben kann, die Hingabe des eigenen Lebens, das Opfer. Weil es im Sterben Christi um dieses Äußerste geht, bleibt seine Verkündigung an die Sprache des Opfers gebunden.

Im Zentrum der neutestamentlichen Rede vom Opfer steht nicht das stellvertretende Gewaltopfer, sondern das Opfer als Gabe (Menke/305). Man kann hier von einer „Umkehrung in der bisherigen Sinnrichtung" des Opferns, einer „inneren Wendung" sprechen. Das Kreuzesopfer ist ein „verkehrtes" Opfer, bei dem nicht der Mensch Gott ein Opfer darbringt, sondern Gott es ist, der gibt, und wir es sind, die empfangen. Der Tod Jesu ist deshalb nicht einfach das Ende des Opfers in dem Sinne, dass damit die ganze Opfersprache, bis hinein in die priesterliche Bestimmung des Amtes, obsolet geworden sei. Der Tod Jesu ist vielmehr das „radikal gewendete Opfer" (Gestrich/287: 283.296 f.).

das „Opfer jenseits der Gewalt"
Nach Augustinus besteht das wahre Opfer in der Barmherzigkeit (*misericordia verum sacrificium*). Das eine Opfer der Erlösung ist ein „Opfer jenseits der Gewalt" (Wohlmuth/322: 125–127). Der Tod Jesu betrifft die Identität Gottes nicht wie einen Souverän, der zur Genugtuung ein Menschenopfer fordert. Dies wäre ein Gott der Gewalt, der keinen Glauben verdient. Gott ist im Sterben des Sohnes für uns unbedingt engagiert, als derjenige, der gibt, in einer äußersten Gabe. Der Tod Jesu betrifft den Vater deshalb im emphatischen Sinne. Im Lichte der Auferweckung Jesu offenbart sich im Sterben Jesu Gottes unbedingt für den Menschen entschiedene Liebe. Das Wort des Johannes von der Liebe Jesu „bis an das Ende" ist deshalb der „Schlüssel zur ganzen Leidensgeschichte" (Pröpper/429: 57). Allerdings lässt sich die Rede vom Opfertod Jesu nicht auf die Liebe des Vaters und des Sohnes einschränken, die „bis ans Ende" zu gehen bereit war und tatsächlich ging (429: 65). Die Rede vom Opfertod Jesu erinnert darüber hinaus an das Gewaltsame des Todes Jesu, ohne das nicht verständlich wäre, warum in der Schrift der Tod Jesu als stellvertretender Sühnetod erscheint.

die Stellvertretung Jesu
Der Identitätstausch, den der Tod Jesu für Gott und den Sünder bedeutet, kann ohne die Idee der Stellvertretung nicht angemessen zur Sprache gebracht werden, da im Sterben des Gerechten mehr zu finden ist als die So-

lidarität eines Menschen, der für einen anderen Menschen sein Leben gibt (Janowski/299). Bei der Stellvertretung im soteriologischen Sinne handelt es sich nicht um funktionale Stellvertretung, bei der jemand einen anderen ersetzt. Christus tritt nicht so an die Stelle der Sünder, dass er ihre Freiheit aufhebt oder ihre Verantwortung dispensiert. Beim stellvertretenden Sühnetod Christi geht es analog zum kultischen Sühnopfer um Repräsentation und symbolisch hergestellte Identität (Merklein/306: 82–91). Man hat hier von „Existenzstellvertretung" gesprochen (Gese/286). Durch den gewaltsamen Tod wurde Christus für uns zur Sünde gemacht. Sühnende Wirkung hat der Opfertod Jesu aber nicht als ein die Schuld der Sünder ausgleichendes Verdienst, sondern als Opfergabe zugunsten des Lebens. Nicht im Zerstörerischen des Opfers ist unser Heil begründet, sondern in der Gabe des einen göttlichen Opfers „jenseits der Gewalt". Das Leben und Sterben des Gerechten ist die Gabe, die Gott selbst gibt, das eine Opfer, das uns von der Last der Opfer befreit.

e) Auferweckung: Rettung des ganzen sterblichen Lebens

Die Auferweckung Jesu widerfuhr dem Gekreuzigten, Gestorbenen und Begrabenen. Sie hat aber Bedeutung nicht nur für Jesus, den menschgewordenen Sohn, der in verklärter Leiblichkeit nun für immer bei Gott lebt, sondern zugleich eschatologische und kosmische Bedeutung. Die apokalyptische Hoffnung einer Auferweckung der Toten bezog sich auf den Anbruch des neuen Äon. Indem inmitten unserer Welt der Gewalt und des Todes Gott den Gekreuzigten und Begrabenen von den Toten auferweckt, bricht das Ende der Geschichte an, die neue Schöpfung beginnt.

die universale Bedeutsamkeit der Auferweckung Jesu

Diese betrifft nicht allein den Bereich des Geistigen, sondern ebenso die sichtbare Schöpfung in ihrer körperlichen Materialität. So bekräftigt die Auferweckung Jesu die apokalyptische Hoffnung auf die Rettung der geschundenen Körper der Gerechten, die der Gewalt zum Opfer gefallen sind (Schwager/255). Die christliche Auferweckungshoffnung, und darin besteht ihr jüdisches Erbe, bezieht sich auf die Rettung des ganzen sterblichen Lebens. „Erweckt wurde nicht eine geistige Gestalt Jesu, sondern sein gestorbener Körper" (Marquardt/28: Bd. 2, 284). Der Gekreuzigte und Begrabene hat die Verwesung nicht geschaut (Apg 2,24.27.31; 13,34.36).

Das mit der Integrität der Leiblichkeit Christi verbundene Hoffnungspotential bestimmt die Erwartung der endzeitlichen Auferweckung der Toten. Sie richtet sich darauf, dass „unser Leib der Niedrigkeit" verwandelt und Christi „Leib der Herrlichkeit" gleichgestaltet wird (Phil 3,21). „Dieses Vergängliche soll die Unvergänglichkeit anziehen und dieses Sterbliche die Unsterblichkeit" (1 Kor 15,33). „Das apokalyptische Symbol der ‚Auferweckung der Toten' meint immer den ganzen Toten nach Leib und Seele. Es läßt sich nicht vergeistigen, ohne zerstört zu werden: Auferweckung ist leibliche Auferweckung oder sie ist keine Auferweckung" (Moltmann/ 29: 279). Dies vermag die Theorie einer Auferweckung im Tod, die im menschlichen Leichnam nur einen Kadaver sieht, der für die Wirklichkeit der leiblichen Auferweckung keinerlei Rolle spielt (Greshake/234: 549),

Auferweckung „des Fleisches" – Auferweckung im Tod

kaum mehr zur Geltung zu bringen; die Materie gilt als unvollendbar (Greshake/233: 386; Beinert/229: 108–111) Hier zeigt sich eine schleichende Spiritualisierung des Heils, ein Dualismus zwischen Geist und Materie und damit eine Halbierung der christlichen Auferstehungshoffnung. Bei der Übertragung des „Apostolicum" ins Deutsche fiel ihr die als anstößig empfundene Aussage von der „Auferstehung des Fleisches" (*resurrectio carnis*) zum Opfer (Schönborn/254: 14).

Auferweckung bedeutet keine Reanimation, sondern Transformation, Verwandlung aus der Niedrigkeit des Fleisches in die verklärte Gegenwart des ewigen Gottes. Die christliche Auferstehungshoffnung gilt der Rettung des ganzen gelebten und durch den Tod vernichteten Lebens. „Sterbliche Leiber werden lebendig, niedrige Leiber werden verklärt, geschändete Leiber werden verherrlicht ... Mit der Verklärung des gestorbenen Leibes Christi beginnt die Verklärung alles sterblichen Lebens" (Moltmann/29: 272.274). So bezog sich auch die Auferstehungshoffnung der jüdischen Apokalyptik, die den geschichtlichen Kontext des neutestamentlichen Kerygmas von der Auferweckung Christi darstellt, auf die Rettung des menschlichen Lebens in seiner körperlichen Vergänglichkeit, Gebrechlichkeit und Verwundbarkeit (vgl. Dan 12,2; 2 Makk 7). Das Ebenbild, zu dem Gott die Menschen erschuf, umfasst seine ganze leibliche Existenz. Die Auferweckung Jesu ist ein Handeln Gottes am Gekreuzigten und Begrabenen; aus dem Grab wurde er zu neuem Leben erweckt. Darin liegt die Verheißung für die zukünftige verklärte Gestalt der ganzen Schöpfung, für den neuen Himmel und die neue Erde.

f) Die Rettung Israels bei der Wiederkunft Christi

Christus – Messias auch für Israel?

Der primäre Adressat der Sendung Jesu war sein eigenes Volk. Von seinen Jüngern ist Jesus deshalb auch nicht nur als Gottes Messias für die Völker, sondern als der Messias Israels proklamiert worden. Können wir daran heute noch festhalten, ohne dem von Gott auserwählten Volk die Legitimität seiner Messiaserwartung abzusprechen? Sofern der Messias aus Israel kommt, bringt das Bekenntnis zur Messianität Jesu zunächst einmal die Verbindung der Kirche mit Israel zum Ausdruck. Die ersten Christen hätten Jesus nicht als Gottes Messias verkündigen können, wenn sie in ihm nur den Messias für die Völker gesehen hätten. Denn in ihren Augen war es kein anderer als der Heilige Israels, der den Gekreuzigten und Begrabenen von den Toten auferweckt und damit seine Sendung bestätigt hatte. Jesus könnte nicht der Messias des Gottes Israels sein, wenn er zwar „Messias aus Israel für die Völker" (Wengst/395: 76), nicht aber zugleich der verheißene Messias für Israel ist. Der auferweckte Gekreuzigte ist deshalb für sie nicht nur der Messias aus Israel für die Völker, sondern er ist der verheißene Messias Israels (Apg 3,20).

Im christlich-jüdischen Gespräch muss es vor allem um eine „Wiedervereinigung des gespaltenen Gottesvolkes" durch eine „Ökumene der Kinder Abrahams" (Schalom Ben-Chorin) gehen. Doch das christliche „Ja" und das jüdische „Nein" zur Messianität Jesu stehen, solange es Judentum und Christentum gibt, zwischen Juden und Christen. Wenn von christlicher

Seite daran festgehalten wird, dass Jesus der verheißene Messias Israels ist, muss dies von frommen Juden als Zumutung empfunden werden. Doch ist dem christlich-jüdischen Gespräch nicht gedient, wenn man das Bekenntnis zu Jesus dem Christus auf die Aussage zurücknimmt, er sei Messias aus Israel für die Völker. Juden und Christen eint die messianische Erwartung; gemeinsam ist dem jüdischem und christlichen Messianismus die Hoffnung auf den Sieg des Guten (Wohlmuth/398: 303). Doch fordert eine Ökumene zwischen Israel und der Kirche nicht, die Heilsbedeutung der Person Jesu auf die Völker zu beschränken.

Der Apostel Paulus erklärt das „Nein" Israels zur Messianität Jesu dadurch, dass auf einem Teil Israels „Verstockung" (πώρωσις) liegt, bis alle Völker zu Christus finden (Röm 11,25; vgl. 11,8). Das Verstockungsmotiv ist dunkel und schwierig; es ist der Versuch, mit einem aus den Schriften bekannten Motiv (Jes 6,9f.) sich das „Nein" Israels zu Jesus Christus verständlich zu machen. Zugleich steht es aber in Verbindung mit der Erwartung der Rettung ganz Israels bei der Erwartung der Parusie Christi (Röm 11,26). Die Rettung Israels setzt die eschatologische Totenauferweckung voraus (Röm 11,15), erfolgt also nicht in der Geschichte durch eine Bekehrung Israels. Wenn aber Gott beschlossen hat, dass ganz Israel am Ende bei der Parusie des Messias zu Jesus dem Christus finden wird, dann ist eine „Judenmission" nicht nur aus historischen, sondern aus theologischen Gründen abzulehnen (Theobald/388: 315): Heil gibt es „für alle nur durch Jesus Christus (solus Christus), aber im Falle Israels deshalb auch … Heil an der Kirche vorbei" (Theobald/386: 14).

„Verstockung" und Rettung Israels

Gewöhnlich verstehen wir unter der Parusie Christi (von παρουσία = Kommen, Ankunft) seine Wiederkehr am Ende der Zeiten. Doch kennen wir eine dreifache Ankunft Christi, sein Kommen in die Armut des Fleisches, sein Kommen als der auferweckte Gekreuzigte in seinem Geist und seine Wiederkunft in Herrlichkeit. Zu Christus als dem auferweckten Gekreuzigten gehört sein Gehen zum Vater, sein Kommen und sein Bleiben im Geist. So erwarten wir die Wiederkunft des schon Gekommenen und immer neu Kommenden. „In seinem Kommen in Herrlichkeit wird Jesus erwartet als der Herr der Kirche, als der Messias Israels, als der Menschensohn der Völker, als die schöpferische Weisheit, aus der alle Dinge von neuem geboren werden" (Moltmann/29: 340).

die dreifache Ankunft Christi

Um den besonderen Weg ganz Israels zu Christus zu bezeichnen, hat man von einem „Sonderweg" Israels gesprochen (Mußner/374: 59f/375: 33). Doch wird auch Israel am Ende durch keinen anderen gerettet als durch Jesus Christus. Dies schließt es aus, von zwei „parallelen" Heilswegen oder einem „doppelten" Heilsweg (Kuschel/361) innerhalb des einen Bundes auszugehen (Keller/355: 286f.). Ein Weg zum Heil an Christus vorbei ist durch die Einzigkeit und Universalität Christi ausgeschlossen. Die Rettung ganz Israels erfolgt am Ende *sola gratia Christi* (Mußner/374: 60/375: 35), da sich der gekreuzigte und auferweckte Jesus für ganz Israel als der verheißene Messias des Gottes Israels erweisen wird: „Es ist der Sieg der freien Gnade Christi, der ganz Israel retten wird … , da sich Israels *emuna* nun ganz und gar dem wiederkommenden Christus zuwendet" (Mußner/374: 60). Eine Rettung an Christus vorbei widerspräche dem Evangelium des Paulus, wonach das endgültige, eschatologische Heil des

Rettung Israels an Christus vorbei?

Menschen in der in Kreuz und Auferstehung Christi sich manifestierenden Gnade Gottes begründet ist.

Das Festhalten an der universalen Heilsbedeutung Christi bedeutet keine Israel verneinende Christologie. Denn von ihrer Erwählung her sind die Juden von Gott geliebt, um der Väter willen (vgl. Röm 11,28b). „Denn unwiderruflich sind Gnade und Berufung, die Gott gewährt" (Röm 11,29). Das Judentum ist von bleibender theologischer Bedeutung. Die Juden sind nicht nur die bleibenden Zeugen für die Konkretheit der Heilsgeschichte und die bleibende „Wurzel" der Kirche, sondern auch die lebendigen Zeugen für die undurchschaubaren Wege Gottes und das Noch-Nicht der Vollendung. Das jüdische Nein zur Messianität Jesu repräsentiert den eschatologischen Vorbehalt, die Differenz zwischen Endgültigkeit und Vollendung der Erlösung: „Das Judentum schärft dem Christentum die Erfahrung der Unerlöstheit der Welt ein ... Und so reizt Israel die Kirche zur Hoffnung" (Moltmann/423: 170).

Zusammen mit den Juden erwartet die Kirche den Tag der Vollendung des Reiches Gottes. Durch das erste Kommen Christi sind noch nicht alle Verheißungen der Propheten, wie die Verheißung umfassenden Friedens, eingelöst worden. Auch wenn das Partizipationsmodell, das davon ausgeht, dass durch den Messias aus Israel für die Völker diese in den Bund Gottes mit Israel hineingenommen wurden, mit der Einzigkeit Christi und der eschatologischen Qualität des Neuen Bundes unvereinbar ist, gilt es doch theologisch Ernst damit zu machen, dass Menschen, die durch Glaube und Taufe mit Christus verbunden sind, von Gott zur Solidarität mit dem Volk berufen sind, aus dem Gottes Messias stammt. Daran ist jede Theologie nach Auschwitz zu bemessen: Eine Israel bejahende Christologie nicht weniger als eine Ekklesiologie und Eschatologie, die heute ebenfalls nicht ohne Israeltheologie auskommen. Denn zur Rechten des Vaters sitzt kein anderer als der Jude Jesus von Nazaret, der auferweckte Gekreuzigte, Gottes Sohn und Messias.

Literatur

1. Hilfsmittel/Abkürzungen

Denzinger, Heinrich: Enchiridion symbolorum definitionum et declarationum de rebus fidei et morum. Kompendium der Glaubensbekenntnisse und kirchlichen Lehrentscheidungen. Lat.-dt., hrsg. von Peter Hünermann unter Mitarbeit von Helmut Hoping, Freiburg-Basel-Wien [39]2001.

Ohlig, Karl-Heinz: Christologie (Texte zur Theologie/Dogmatik 4), Bd.1: Von den Anfängen bis zur Spätantike; Bd.2: Vom Mittelalter bis zur Gegenwart, Graz 1989.

Abkürzungen für antike christliche Werke richten sich nach dem Abkürzungsverzeichnis der 3. Auflage des LThK.

Sonstige Abkürzungen erfolgen nach dem Verzeichnis der Abkürzungen in der „Theologischen Realenzyklopädie".

Die Umschrift des Hebräischen folgt dem „Theologischen Wörterbuch zum Alten Testament".

2. Quellen

1. Anselm von Canterbury: Cur deus homo. Lat. u. dt. Besorgt u. übers. von Franciscus Salesius Schmitt, München [3]1970.
2. – Proslogion. Lat.-dt. Ausg. von Franciscus Salesius Schmitt, Stuttgart-Bad Cannstatt 1962.
3. Biel, Gabriel: Collectorium circa quattuor libros Sententiarum. Liber tertius, hrsg. von Wilfrid Werbeck und Udo Hofmann unter Mitarbeit von Volker Sievers und Renate Steiger, Tübingen 1979.
4. Duns Scotus, Johannes: Opera omnia. Editio nova. Tomus decimus quartus. Quaestiones in tertium Librum Sententiarum a distinctione prima usque ad vigesimam secundam, Paris 1894.
5. Hegel, Georg Friedrich Wilhelm: Werke. In zwanzig Bänden. Red. Eva Moldenhauer, Frankfurt a. M. 1983 (Theorie Werkausgabe).
6. – Hegels theologische Jugendschriften, hrsg. von Herman Nohl, Frankfurt a. M. 1966 (unveränderter Nachdruck der Ausgabe von 1907).
7. Kant, Immanuel: Kritik der reinen Vernunft. Nach der 1. und 2. Originalausgabe. Hrsg. von Jens Timmermann. Mit einer Bibliogr. von Heiner Klemme, Hamburg 1998 (Philosophische Bibliothek 505).
8. – Die Religion innerhalb der Grenzen der bloßen Vernunft. Mit e. Einl. u. Anm. hrsg. von Bettina Stangneth, Hamburg 2003 (Philosophische Bibliothek 545).
9. Kotter, Bonifatius: Die Schriften des Johannes von Damaskus, Bd.2, hrsg. vom Byzantinischen Institut der Abtei Scheyern, Berlin 1973.
10. Lessing, Gotthold Ephraim: Werke und Briefe. In zwölf Bänden. Hrsg. von Wilfried Barner Frankfurt a. M. 1985 ff.
11. Luther, Martin: Werke. Kritische Gesamtausgabe („Weimarer Ausgabe"), Weimar 1883 ff.
12. Nietzsche, Friedrich: Der Antichrist, in: Werke. Bd.2, hrsg. von Karl Schlechta, Darmstadt 1997.
13. Schelling, Friedrich Wilhelm Joseph von: Philosophie der Offenbarung (1841/42), hrsg. und eingeleitet von Manfred Frank, Frankfurt a. M. [2]1993.
14. Spinoza, Baruch de: Opera – Werke. Lat.-dt., 2 Bde., hrsg. von Günter Gawlick, Friedrich Niewöhner und Konrad Blumenstock, Darmstadt 1979–1980.
15. Thomas von Aquin: Die deutsche Thomas-Ausgabe. Summa theologica. Übers. von Dominikanern u. Benediktinern Deutschlands u. Österreichs. Vollst., ungekürzte dt.-lat. Ausg, Graz 1933 ff.
16. – Summe gegen die Heiden. Hrsg. und übersetzt von Karl Albert, Darmstadt 1974–1996.
17. Tindal, Matthew: Christianity as old as the Creation. Reprint of the 1730 edition, in: Wellek, René (Ed.): British Philosophers and Theologians of the 17th & 18th Centuries. Bd.55, New York 1978.
18. Toland, John: Christianity not Mysterious, New York 1978 (Neudruck der Erstausgabe von 1696).
19. Wilhelm von Ockham: Quaestiones in librum tertium sententiarium (reportatio), hrsg. von Franciscus E. Kelley/Girardus I. Etzkorn, in: Opera philosophica et theologica. Opera theologica, Bd.6, New York 1984.
20. Opitz, Hans-Georg: Urkunden zur Geschichte des arianischen Streits, Berlin, Leipzig 1934/1935.

3. Einführungen und systematische Entwürfe

a) Besonders empfohlene Bücher

21. Balthasar, Hans Urs von: Theologie der drei Tage, Einsiedeln [2]1990 (= ders.: Mysterium Paschale, in: MySal III/2 [1969] 133–326).

22. Dalferth, Ingolf U.: Der auferweckte Gekreuzigte. Zur Grammatik der Christologie, Tübingen 1994.

23. Forte, Bruno: Jesus von Nazaret. Geschichte Gottes – Gott der Geschichte. Mit einem Vorwort von Walter Kasper, Mainz 1994.

24. Hünermann, Peter: Jesus Christus. Gottes Wort in der Zeit. Eine systematische Christologie, Münster ²1997.

25. Jüngel, Eberhard: Gott als Geheimnis der Welt. Zur Begründung der Theologie des Gekreuzigten im Streit zwischen Theismus und Atheismus, Tübingen ⁶1992.

26. Kasper, Walter: Jesus der Christus, Mainz ¹¹1992.

27. Kessler, Hans: Christologie, in: Handbuch der Dogmatik, Bd. 1, hrsg. von Theodor Schneider, Düsseldorf 1992, 241–442.

28. Marquardt, Friedrich-Wilhelm: Das christliche Bekenntnis zu Jesus dem Juden. Eine Christologie. 2 Bde., München 1990–1991.

29. Moltmann, Jürgen: Der Weg Jesu Christi. Christologie in messianischen Dimensionen, München 1989 (Moltmann/425: Bd. 3).

30. Müller, Gerhard Ludwig: Christologie. Die Lehre von Jesus dem Christus, in: Glaubenszugänge. Lehrbuch der katholischen Dogmatik, Bd. 2, hrsg. von Wolfgang Beinert, Paderborn, München, Wien, Zürich 1995, 1–297.

31. Pannenberg, Wolfhart: Grundzüge der Christologie, Gütersloh ⁵1976.

32. – Systematische Theologie, Bd. 1, Göttingen 1988.

33. Ratzinger, Joseph: Schauen auf den Durchbohrten. Versuche zu einer spirituellen Christologie, Einsiedeln 1984.

34. Schilson, Arno/Kasper, Walter: Christologie im Präsenz. Kritische Sichtung neuer Entwürfe, Freiburg, Basel, Wien ²1977.

35. Schönborn, Christoph von: Gott sandte seinen Sohn. Christologie. Unter Mitarbeit von Michael Konrad und Hubert Philipp Weber, Paderborn 2002 (AMATECA VII).

36. Schoonenberg, Piet: Der Geist, das Wort und der Sohn. Eine Geist-Christologie, Regensburg 1992.

37. Wohlmuth, Josef: Jesu Weg – unser Weg. Kleine mystagogische Christologie, Würzburg 1992.

b) Weitere Bücher und wichtige Aufsätze

38. Auer, Johann: Jesus Christus – Gottes und Mariä „Sohn", Regensburg 1986 (KKD IV/1).

39. – Jesus Christus – Heiland der Welt, Regensburg 1988.

40. Ausgewählte Fragen zur Christologie. Eine Studie der Internationalen Theologenkommission, in: HerKorr 35 (1981) 137–145 (lat. Text in: Gregorianum 61 [1980] 609–632).

41. Balthasar, Hans Urs von: Theodramatik III: Die Handlung, Einsiedeln 1980.

42. – Theodramatik IV: Das Endspiel, Einsiedeln 1983.

43. Barth, Karl: Die Kirchliche Dogmatik, Zürich 1932 ff.

44. – Der Römerbrief, München ²1922.

45. Biser, Eugen: Das Antlitz. Eine Christologie von innen, Düsseldorf 1999.

46. Boff, Leonardo: Jesus der Befreier, Freiburg, Basel, Wien 1993 (Neuausgabe).

47. Bouyer, Louis: Das Wort ist der Sohn. Der Weg der Christologie, Einsiedeln 1976.

48. Brunner, Emil: Dogmatik. Bd. 2. Die christliche Lehre von Schöpfung und Erlösung, Zürich ³1972.

49. Congar, Yves: Jesus Christus, unser Mittler, unser Herr, Stuttgart 1967.

50. Courth, Franz: Jesus Christus der Erlöser. Leitfaden zur Christologie, Koblenz 1993.

51. Dembowski, Hermann: Einführung in die Christologie, Darmstadt 1976.

52. Duquoc, Christian: Christologie, 2 Bde., Paris 1968–1972.

53. Ebeling, Gerhard: Das Wesen des christlichen Glaubens, 1959.

54. – Dogmatik des christlichen Glaubens, Bd. 2 Der Glaube an Gott den Versöhner der Welt, Tübingen ²1982.

55. Essen, Georg/Pröpper, Thomas: Aneignungsprobleme der christologischen Überlieferung. Hermeneutische Überlegungen, in: Laufen/270: 163–178.

56. Hattrup, Dieter/Hoping, Helmut (Hrsg.): Christologie und Metaphysikkritik. FS Peter Hünermann, Münster 1989.

57. Heiligenthal, Roman: Der verfälschte Jesus, Darmstadt ²1999.

58. Hoff, Gregor-Maria: Chalkedon im Paradigma negativer Theologie. Zur aporetischen Wahrnehmung der chalkedonischen Christologie, in: ThPh 70 (1995) 355–372.

59. Hoping, Helmut: Überlegungen zur Christologie nach dem Ende der Onto-Theo-Logie, in: Hattrup-Hoping/56: 1–33.

60. Hünermann, Peter: Offenbarung Gottes in der Zeit. Prolegomena zur Christologie, Münster 1989.

61. Joest, Wilfried: Dogmatik. Bd. 1: Die Wirklichkeit Gottes, Göttingen 1984, 186–273.

62. Kühn, Ulrich: Christologie, Göttingen 2003.

63. Lauret, Bernhard: Systematische Christologie, in: Neue Summe Theologie, Bd. 1, hrsg. von Peter Eicher, Freiburg, Basel, Wien 1988, 136–284.

64. Moingt, Joseph: L'homme qui venait de Dieu, Paris ²1994.

65. Moltmann, Jürgen: Der gekreuzigte Gott. Das Kreuz Christi als Grund und Kritik christlicher Theologie, München ⁵1987.

66. Müller, Gerhard Ludwig: Katholische Dogmatik. Für Studium und Praxis der Theologie, Freiburg, Basel, Wien ⁴2001, 254–387.

67. Mysterium Salutis. Grundriß heilsgeschichtlicher Dogmatik III/1–2: Das Christusereignis, Einsiedeln 1969–1970.

68. Ohlig, Karl-Heinz: Fundamentalchristologie im Spannungsfeld von Christentum und Kultur, München 1986.

69. Philippe, Marie-Dominique: Le mystère du Christ crucifié et glorifié, Paris 1996.

70. Rahner, Karl: Probleme der Christologie von heute, in: Schriften zur Theologie I, Einsiedeln 1954, 169–222.

71. – Zur Theologie der Menschwerdung, in: Schriften zur Theologie IV, Einsiedeln ⁵1967, 137–155.

72. – Christologie innerhalb einer evolutiven Weltanschauung, in: Schriften zur Theologie V, Einsiedeln 1962, 183–221.

73. – Jesus Christus. II. Fundamentaltheologische Überlegungen, in: SM 2 (1968) 920–957.

74. – Christologie im Rahmen des modernen Selbst- und Weltverhältnisses, in: Schriften zur Theologie IX, Einsiedeln 1970, 227–241.

75. – Grundlinien einer systematischen Christologie, in: ders./Thüsing, Wilhelm: Christologie – systematische und exegetische Arbeitsgrundlagen für eine interdisziplinäre Vorlesung, Freiburg, Basel, Wien 1972 (QD 55), 15–78.

76. – Grundkurs des Glaubens. Einführung in den Begriff des Christentums, Freiburg, Basel, Wien ¹²1982.

77. Ratschow, Carl Heinz: Jesus Christus, Gütersloh 1982 (HS 5).

78. Schierse, Franz Joseph: Christologie, ⁶1992 (Leitfaden Theologie 1).

79. Schilson, Arno: Christologie II–III. Zur Geschichte der Christologie. Christologie im 20. Jahrhundert, in: LThK 2 (³1994) 1166–1173.

80. – Jesus Christus II. Theologie- und dogmengeschichtlich, in: LThK 5 (³1996) 815–827.

81. Sesboüé, Bernard : Jésus-Christ. L'Unique Médiateur. Essai sur la rédemption et le salut. Tome I: Problématique et relecture doctrinale, Paris 1988.

82. – Jésus-Christ. L'Unique Médiateur. Essai sur la rédemption et le salut. Tome II: Les récits du salut. Proposition de sotériologie narrative, Paris 1991.

83. Sobrino, Jon: Christologie der Befreiung, Bd. 1, Mainz 1998.

84. Sölle, Dorothee: Christologie auf der Anklagebank, in: JK 57 (1996) 130–140.

85. Stock, Alex: Poetische Dogmatik, Bde. 1–4, Paderborn, München, Wien, Zürich 1995–2001.

86. TeSelle, Eugene: Christ in Context. Divine Purpose and Human Possibility, Philadelphia 1975.

87. Tillich, Paul: Systematische Theologie Bd. I, Stuttgart, Frankfurt a. M. ⁶1990.

88. – Systematische Theologie Bd. II, Stuttgart, Frankfurt a. M. ⁷1981.

89. Tilliette, Xaver: Spekulative Christologie, Freiburg 1998.

90. Tück, Jan-Heiner: Christologie und Theodizee bei Johann Baptist Metz. Ambivalenz der Neuzeit im Licht der Gottesfrage, Paderborn, München, Wien, Zürich ²2001.

91. Verweyen, Hansjürgen: Christologische Brennpunkte, Essen ²1985.

92. Welte, Bernhard: Die Krisis der dogmatischen Christusaussagen, in: ders.: Zeit und Geheimnis. Philosophische Abhandlungen zur Sache Gottes in der Zeit der Welt, Freiburg, Basel, Wien 1975, 292–318.

93. Ziegenaus, Anton: Jesus Christus. Die Fülle des Heils, Aachen 2000 (Katholische Dogmatik 4).

4. Ursprünge und geschichtliche Entwicklung

a) Frühjudentum und biblische Schriften

94. Backhaus, Knut: „Licht vom Licht". Die Präexistenz Christi im Hebräerbrief, in: Laufen/270: 95–114.

95. – Präexistenzchristologische Aussagen im Johannesevangelium. Annotationes zu einer angeblich „verwegenen Synthese", in: Laufen/270: 115–141.

96. Becker, Jürgen: Das Heil Gottes. Heils- und Sündenbegriffe in den Qumrantexten und im Neuen Testament, Göttingen 1964.

97. – Messiaserwartung im Alten Testament, Stuttgart 1977.

98. – Ich bin die Auferstehung und das Leben. Eine Skizze zur johanneischen Christologie, in: ThZ 39 (1983) 136–151.

99. Betz, Otto: Probleme des Prozesses Jesu, in: Temporini, Hildegard/Haase, Wolfgang (Hrsg.): Aufstieg und Niedergang der römischen Welt. Bd. 2, Berlin 1982, 565–647.

100. Blinzler, Josef: Der Prozeß Jesu, Regensburg ²1955.

101. Braun, Herbert: Jesus. Der Mann aus Nazareth und seine Zeit, Stuttgart, Berlin ³1978.

102. Breuning, Wilhelm (Hrsg.): Der Messias, Neukirchen-Vluyn 1993 (Jahrbuch für Biblische Theologie 8).

103. Broer, Ingo: Die Urgemeinde und das Grab Jesu. Eine Analyse der Grablegungsgeschichte im Neuen Testament, München 1972.

104. Buber, Martin: Das Kommende. Untersuchungen zur Entstehungsgeschichte des messianischen Glaubens, in: ders.: Werke. Bd. 2. Schriften zur Bibel, München 1964.

105. Bultmann, Rudolf: Das Verhältnis der urchristlichen Christusbotschaft zum historischen Jesus, Heidelberg 1960.

106. – Theologie des Neuen Testaments, Tübingen ⁷1977.

107. – Jesus Christus und die Mythologie. Das Neue Testament im Licht der Bibelkritik, Gütersloh ⁵1980.

108. – Neues Testament und Mythologie. Das Problem der Entmythologisierung der neutestamentlichen Verkündigung. Nachdruck der 1941 erschienenen Fassung, hrsg. von Eberhard Jüngel, München ³1988.

109. Campenhausen, Hans von: Der Ablauf der Osterereignisse, Heidelberg ³1966.

110. Charlesworth, James H. (Hrsg.): The Messiah. The First Princeton Symposium on Judaism and Christian Origins. Developments in earliest Judaism and Christianity, Minneapolis 1992.

111. Childs, Brevard S.: Die Theologie der einen Bibel. Bd 1. Grundstrukturen, Freiburg, Basel, Wien 1994.

112. – Die Theologie der einen Bibel. Bd. 2. Hauptthemen, Freiburg, Basel, Wien 1996.

113. Cohn, Haim H.: Der Prozeß und Tod Jesu aus jüdischer Sicht, Frankfurt a. M. 1997.

114. Crossan, John Dominic: Wer tötete Jesus? Die Ursprünge des christlichen Antisemitismus in den Evangelien, München 1999.

115. Daniélou, Jean: Das Judenchristentum und die Anfänge der Kirche, Köln 1964.

116. Dummet, Michael: Biblische Exegese und Auferstehung, in: IKaZ 13 (1984) 271–283.

117. Egger, Peter: „Crucifixus sub Pontio Pilato". Das „Crimen" Jesu von Nazareth im Spannungsfeld römischer und jüdischer Verwaltungs- und Rechtsstruktur, Münster 1997.

118. Fabry, Heinz-Josef/Scholtissek, Klaus: Der Messias. Perspektiven des Alten und Neuen Testaments, Würzburg 2002 (Die Neue Echter Bibel: Themen 5).

119. Fiedler, Peter: Jesus und die Sünder, Frankfurt a. M., Bern 1976 (BET 3).

120. Friedrich, Gerhard: Die Verkündigung des Todes Jesu im Neuen Testament, Neukirchen-Vluyn ²1985.

121. Gnilka, Joachim: Der Kolosserbrief, Freiburg, Basel, Wien 1980 (HThKNT X/1).

122. – Der Epheserbrief, Freiburg, Basel, Wien ³1982 (HThKNT X/2).

123. – Paulus von Tarsus. Apostel und Zeuge, Freiburg, Basel, Wien 1997.

124. – Jesus von Nazaret. Botschaft und Geschichte, Freiburg, Basel, Wien 1990.

125. Häfner, Gerd: Nach dem Tod Jesu fragen. Brennpunkte der Diskussion aus neutestamentlicher Sicht, in: Häfner-Schmid/126: 139–190.

126. Häfner, Gerd/Schmid, Hansjörg (Hrsg.): Wie heute vom Tod Jesu sprechen? Neutestamentliche, systematisch-theologische und liturgiewissenschaftliche Perspektiven. FS Lorenz Oberlinner, Freiburg 2002.

127. Hahn, Ferdinand: Christologische Hoheitstitel. Ihre Geschichte im frühen Christentum, Göttingen ⁴1974.

128. Hengel, Martin: Der Sohn Gottes. Die Entstehung der Christologie und die jüdisch-hellenistische Religionsgeschichte, Tübingen ²1977.

129. Hoffmann, Paul: Auferstehung der Toten I/3. Neues Testament, in: TRE 4 (1979) 450–467.

130. Irsigler, Hubert: Zeichen und Bezeichnetes in Jes 7,1–17. Notizen zum Immanueltext, in: Struppe, Ursula (Hrsg.): Studien zum Alten Testament, Stuttgart 1989 (SBAB 6), 155–197.

131. – Beobachtungen zur Rezeptionsgeschichte des „Immanuel" in Jes 7–11, in: Hoppe, Rudolf/Busse, Ulrich (Hrsg.): Von Jesus zum Christus. Christologische Studien. FS Paul Hoffmann, Berlin, New York 1998, 3–23.

132. Jeremias, Joachim: Abba. Studien zur neutestamentlichen Theologie und Zeitgeschichte, Göttingen 1966.

133. Janowski, Bernd: „Er trug unsere Sünden". Jes 53 und die Dramatik der Stellvertretung, in:

ders./Stuhlmacher, Peter (Hrsg.): Der leidende Gottesknecht. Jes 43 und seine Wirkungsgeschichte, Tübingen 1996 (FAT 14), 27–48.

134. Koch, Kurt: Messias und Menschensohn. Die zweistufige Messianologie der jüngeren Apokalyptik, in: Breuning/102, 73–102.

135. Kremer, Jacob: Die Osterevangelien. Geschichten um Geschichte, Stuttgart, Klosterneuburg 1977.

136. Kümmel, Werner Georg: Verheißung und Erfüllung. Untersuchungen zur eschatologischen Verkündigung Jesu, Zürich [3]1956.

137. Lapide, Pinchas: Wer war schuld an Jesu Tod?, Gütersloh 1987.

138. Merklein, Helmut: Jesu Botschaft von der Gottesherrschaft, Leipzig [3]1989.

139. Oberforcher, Robert: Das Buch Micha, Stuttgart 1995.

140. Oeming, Manfred: Biblische Hermeneutik. Eine Einführung, Darmstadt 1998.

141. Päpstliche Bibelkommission: Das jüdische Volk und seine Heilige Schrift in der christlichen Bibel, in: Verlautbarungen des Apostolischen Stuhls 152 (2001).

142. Pesch, Rudolf: Das Markusevangelium. Bd. 2. Einl. und Komm. zu Kap. 8,27–16,20., Freiburg, Basel, Wien [3]1984 (HThKNT II/1–2).

143. Reiser, Marius: Die Gerichtspredigt Jesu. Eine Untersuchung zur eschatologischen Verkündigung Jesu und ihrem frühjüdischen Hintergrund, Münster 1990 (Neutestamentliche Abhandlungen 23).

144. Schaller, Berndt: Jesus und der Sabbat, Münster 1994.

145. Schenker, Adrian: Knecht und Lamm Gottes (Jes 53). Übernahme von Schuld im Horizont der Gottesknechtslieder, Stuttgart 2001 (SBS 190).

146. Schlier, Heinrich: Die Anfänge des christologischen Credo, in: Welte/205: 13–58.

147. Schnackenburg, Rudolf: Die Person Jesu Christi im Spiegel der vier Evangelien, Freiburg, Basel, Wien 1993.

148. Schweitzer, Albert: Geschichte der Leben-Jesu-Forschung, 2 Bde., Gütersloh [3]1977.

149. Schweizer, Eduard: Matthäus und seine Gemeinde, Stuttgart 1982.

150. Söding, Thomas: Mehr als ein Buch. Die Bibel begreifen, Freiburg, Basel, Wien 1995.

151. – Gottes Sohn von Anfang an. Präexistenzchristologie bei Paulus und den Deuteropaulinen, in: Laufen/270: 57–93.

152. Stuhlmacher, Peter: Das neutestamentliche Zeugnis vom Herrenmahl, in: ZThK 84 (1987) 1–35.

153. – Wie treibt man Biblische Theologie?, Neukirchen-Vluyn 1995 (Biblisch-Theologische Studien 24).

154. – Biblische Theologie des Neuen Testaments. Bd. 1. Grundlegung: Von Jesus zu Paulus. Göttingen [2]1997.

155. – Biblische Theologie des Neuen Testaments. Bd. 2. Von der Paulusschule bis zur Johannesoffenbarung, Göttingen 1999.

156. Strobel, August: Die Stunde der Wahrheit. Untersuchungen zum Strafverfahren gegen Jesus, Tübingen 1980.

157. Terrien, Samuel: The Elusive Presence. Toward a New Biblical Theology, New York 1978.

158. Theißen, Gerd/Merz, Annette: Der historische Jesus. Ein Lehrbuch, Göttingen [2]1997.

159. Vanoni, Gottfried: „Du bist doch unser Vater" (Jes 63,16). Zur Gottesvorstellung des Ersten Testamentes, Stuttgart 1995 (SBS 159).

160. Vögtle, Anton: Offenbarungsgeschehen und Wirkungsgeschichte. Neutestamentliche Beiträge, Freiburg, Basel, Wien 1985.

161. Westermann, Claus: Theologie des Alten Testaments in Grundzügen, Göttingen [2]1985.

162. Zimmermann, Johannes: Messianische Texte aus Qumran. Königliche, priesterlicher und prophetische Messiasvorstellungen in den Schriftfunden von Qumran, Tübingen 1998.

b) Theologen und Konzilien der Alten Kirche

163. Abramowski, Luise: Die Synode von Antiochien 324/325 und ihr Symbol, in: ZKG 86 (1975) 356–366.

164. Angstenberger, Pius: Der reiche und der arme Christus. Die Rezeptionsgeschichte von 2 Kor 8,9 zwischen dem zweiten und sechsten Jahrhundert, Bonn 1997.

165. Arens, Herbert: Die christologische Sprache Leos des Großen. Analyse des Tomus an den Patriarchen Flavian, Freiburg 1982.

166. Balthasar, Hans Urs von: Kosmische Liturgie. Das Weltbild Maximus' des Bekenners, Einsiedeln [2]1961.

167. Bausenhart, Guido: „In allem uns gleich außer der Sünde". Studien zum Beitrag Maximos' des Bekenners zur altkirchlichen Christologie, Mainz 1992.

168. Bienert, Wolfgang A.: Sabbelius und Sabbellianismus als historisches Problem, in: Brennecke-Grasmück-Markschies/172 : 124–139.

169. Böhm, Thomas: Die Christologie des Arius, St. Ottilien 1991.

170. – Arius, in: Döpp-Geerlings/187: 61–62.

171. Brennecke, Hanns Christoph: Lukian von Antiochien in der Geschichte des Arianischen

Streites, in: Brennecke-Grasmück-Markschies/172 : 170–192.

172. Brennecke, Hanns Christoph/Grasmück, Ernst Ludwig/Markschies, Christoph (Hrsg.): Logos. FS Luise Abramowski, Berlin 1993.

173. Frickel, Josef: Hippolyts Schrift Contra Noetum. Ein Pseudo-Hippolyt, in: Brennecke–Grasmück–Markschies/172 : 87–123.

174. Grillmeier, Alois: Die theologische und sprachliche Vorbereitung der christologischen Formel von Chalkedon, in: Grillmeier-Bacht/179: Bd. 1, 5–202.

175. – Jesus der Christus im Glauben der Kirche. Bd. 1. Von der Apostolischen Zeit bis zum Konzil von Chalcedon (451), Freiburg, Basel, Wien [3]1990.

176. – Jesus der Christus im Glauben der Kirche, Bd. 2/1. Das Konzil von Chalcedon (451). Rezeption und Widerspruch (451–518), Freiburg, Basel, Wien [2]1991.

177. – Jesus der Christus im Glauben der Kirche. Bd. 2/2. Die Kirche von Konstantinopel im 6. Jahrhundert. Unter Mitarbeit v. Theresia Hainthaler, Freiburg, Basel, Wien 1989.

178. – Fragmente zur Christologie. Studien zum altkirchlichen Christusbild, hrsg. von Theresia Hainthaler, Freiburg, Basel, Wien 1997.

179. Grillmeier, Alois/Bacht, Heinrich (Hrsg.): Das Konzil von Chalkedon. Geschichte und Gegenwart, 3 Bde., Würzburg [5]1979.

180. Halleux, André de: La définition christologique à Chalcédoine, in: RTL 7 (1976) 3–23. 155–170.

181. Hampel, Volker: Menschensohn und historischer Jesus. Ein Rätselwort als Schlüssel zum messianischen Selbstverständnis Jesu, Neukirchen-Vluyn 1990.

182. Harnack, Adolf von: Lehrbuch der Dogmengeschichte, Bd. 1: Die Entstehung des kirchlichen Dogmas (1886), Tübingen [4]1909 (unveränderter Nachdruck 1990).

183. Helmer, Siegfried: Der Neuchalkedonismus. Geschichte, Berechtigung und Bedeutung eines dogmengeschichtlichen Begriffes, Bonn 1962.

184. Hübner, Reinhard M.: Der Paradox Eine. Antignostischer Monarchianismus im zweiten Jahrhundert. Mit einem Beitrag von Markus Vinzent, Leiden, Boston, Köln 1999.

185. Kelly, John N. D.: Altchristliche Glaubensbekenntnisse. Geschichte und Theologie, Göttingen [2]1993.

186. Lechner, Thomas: Ignatius adversus Valentinianos, Leiden, Boston, Köln 2001.

187. Lexikon der antiken christlichen Literatur, hrsg. von Siegmar Döpp und Wolfgang Geerlings unter Mitarbeit von Peter Bruns, Georg Röwekamp, Matthias Skeb OSB und Bettina Windau, Freiburg, Basel, Wien [3]2002.

188. Löhr, Winrich Alfried: Paulus von Samosata, in: Döpp-Geerlings/187: 558–559.

189. Loofs, Friedrich: Nestoriana. Die Fragmente des Nestorius, Halle 1905.

190. Markschies, Christoph: Valentinus Gnosticus? Untersuchungen zur valentinischen Gnosis. Mit einem Kommentar zu den Fragmenten Valentins, Tübingen 1992.

191. – Alta Trinità Beata. Gesammelte Studien zur altkirchlichen Trinitätstheologie, Tübingen 2000.

192. – Die Gnosis, München 2001.

193. – Valentinus, in: Döpp-Geerlings/187: 710–711.

194. Metzler, Karin/Simon, Frank-Joachim: Ariana et Athanasiana. Studien zur Überlieferung und zu philologischen Problemen der Werke des Athanasius von Alexandrien, Opladen 1991.

195. O'Keefe, John James: A Historic-systematic Study of the Christology of Nestorius. A reexamination, based on a new evaluation of the literary remains in his Liber Heraclidis, Münster 1987.

196. Oort, Johannes van/Roldanus, Johannes (Hrsg.): Chalkedon. Geschichte und Aktualität. Studien zur Rezeption der christologischen Formel von Chalkedon, Leuven 1997.

197. Ricken, Friedo: Nikaia als Krisis des altchristlichen Platonismus, in: ThPh 44 (1969) 321–341.

198. – Das Homoousios von Nikaia als Krisis des altchristlichen Platonismus, in: Welte/205: 74–99.

199. Ritter, Adolf Martin: Dogma und Lehre in der Alten Kirche, in: Andresen, Carl/ders. (Hrsg.): Handbuch der Dogmen- und Theologiegeschichte Bd. 1: Die Lehrentwicklung im Rahmen der Katholizität, Göttingen [2]1999, 99–283.

200. Skarsaune, Oskar: Altkirchliche Christologie – jüdisch/unjüdisch?, in: EvTh 59 (1999) 267–285.

201. Staats, Reinhard: Das Glaubensbekenntnis von Nizäa-Konstantinopel. Historische und theologische Grundlagen, Darmstadt 1996.

202. Stead, George Christopher: The Platonism of Arius, in: JTS 15 (1964) 16–31.

203. Vinzent, Markus: Die Entstehung des „Römischen Glaubensbekenntnisses", in: Kinzig, Wolfram/Markschies, Christoph/Vinzent, Markus (Hrsg.): Tauffragen und Bekenntnis. Stu-

dien zur sogenannten „Traditio Apostolica", zu den „Interrogationes de fide" und zum „Römischen Glaubensbekenntnis", Berlin, New York 1999 (Arbeiten zur Kirchengeschichte 74), 185–409.

204. Welte, Bernhard: Homousios hemin. Gedanken zum Verständnis und zur theologischen Problematik der Kategorien von Chalkedon, in: Grillmeier-Bacht/179: Bd. 3, 51–80.

205. – (Hrsg.): Zur Frühgeschichte der Christologie. Ihre biblischen Anfänge und die Lehrformel von Nikaia, Freiburg, Basel, Wien 1970 (QD 51).

c) Mittelalter und Neuzeit

206. Ansorge, Dirk: Johannes Scottus Eriugena: Wahrheit als Prozeß. Eine theologische Interpretation von „Periphyseon". Innsbruck, Wien 1996.

207. Barth, Karl: Die protestantische Theologie im 19. Jahrhundert, Zürich ⁴1981.

208. Bohatec, Josef: Die Religionsphilosophie Kants in der „Religion innerhalb der Grenzen der bloßen Vernunft". Mit besonderer Berücksichtigung ihrer theologisch-dogmatischen Quellen, Hamburg 1938.

209. Brito, Emilio: Hegel und die heutigen Christologien, in: IkaZ 6 (1977) 46–58.

210. Cessario, Romanus: Christian Satisfaction in Aquinas. Towards a Personalist Understanding, Washington D.C. 1980.

211. Congar, Yves: Regards et réflexions sur la christologie de Luther, in: Grillmeier-Bacht/179: Bd. 3, 457–486.

212. Courth, Franz: Christologie. Von der Reformation bis ins 19. Jahrhundert, Freiburg, Basel, Wien 2000 (HDG III/1d).

213. Essen, Georg: Die Freiheit Jesu. Der neuchalkedonische Enhypostasiebegriff im Horizont neuzeitlicher Subjekt- und Personphilosophie, Regensburg 2001.

214. Ernst, Stephan: Gewißheit des Glaubens. Der Glaubenstraktat Hugos von St. Viktors als Zugang zu seiner theologischen Systematik, Münster 1987.

215. Greshake, Gisbert: Erlösung und Freiheit. Zur Neuinterpretation der Satisfaktionstheorie Anselms von Canterbury, in: ThQ 153 (1973) 323–334.

216. – Erlöste Freiheit, in: BiKi 33 (1978) 7–14.

217. Hoping, Helmut: Weisheit als Wissen des Ursprungs. Philosophie und Theologie im Aufbau der „Summa contra Gentiles", Freiburg, Basel, Wien 1997.

218. Kienzler, Klaus: Die Erlösungslehre Anselms

von Canterbury. Aus der Sicht des mittelalterlichen jüdisch-christlichen Religionsgesprächs, in: Ellenson, David H./Heinz, Heinzpeter (Hrsg.): Versöhnung in der jüdischen und christlichen Liturgie, Freiburg, Basel, Wien 1990 (QD 124), 88–116.

219. Lienhard, Marc: Martin Luthers christologisches Zeugnis. Entwicklung und Grundzüge seiner Christologie, Göttingen 1980.

220. Lohse, Bernhard: Luthers Theologie in ihrer historischen Entwicklung und in ihrem systematischem Zusammenhang, Göttingen 1995.

221. Oberman, Heiko Augustinus: Spätscholastik und Reformation. Bd. 1. Der Herbst der mittelalterlichen Theologie, Zürich 1965.

222. Renz, Horst: Geschichtsgedanke und Christusfrage. Zur Christusanschauung Kants und deren Fortbildung durch Hegel im Hinblick auf die allgemeine Funktion neuzeitlicher Theologie, Göttingen 1977.

223. Ruello, Francis: La Christologie de Thomas d'Aquin, Paris 1987.

224. Sala, Giovanni B.: Die Christologie in Kants „Religion innerhalb der Grenzen der bloßen Vernunft", Gießen 2000.

225. Schäferdiek, Knut: Der adoptianische Streit im Rahmen der spanischen Kirchengeschichte I, in: ZKG 80 (1969) 291–311.

226. – Der adoptianische Streit im Rahmen der spanischen Kirchengeschichte II, in: ZKG 81 (1970) 1–16.

227. Schilson, Arno: Geschichte im Horizont der Vorsehung. Gotthold Ephraim Lessings Beitrag zu einer Theologie der Geschichte, Mainz 1974.

228. – Lessings Christentum, Göttingen 1980.

5. Einzelne Fragestellungen

a) Auferstehung Jesu

229. Beinert, Wolfgang: Tod und Jenseits des Todes, Regensburg 2000.

230. Craig, William Lane: On Doubts about the Resurrection, in: Modern Theology 6 (1989) 53–75.

231. Dalferth, Ingolf U.: Volles Grab, leerer Glaube? Zum Streit um die Auferweckung des Gekreuzigten, in: ZThK 95 (1998) 379–409.

232. Essen, Georg: Historische Vernunft und Auferweckung Jesu. Theologie und Historik im Streit um den Begriff geschichtlicher Wirklichkeit, Mainz 1995.

233. Greshake, Gisbert: Auferstehung der Toten. Ein Beitrag zur gegenwärtigen theologischen Dis-

kussion über die Zukunft der Geschichte, Essen 1969.

234. – Auferstehung im Tod. Ein parteiischer Rückblick, in: ThPh 73 (1998) 538–557.

235. Hoping, Helmut: Rezension zu Essen, Georg: Historische Vernunft und Auferweckung Jesu. Theologie und Historik im Streit um den Begriff geschichtlicher Wirklichkeit, in: ThRev 92 (1996) 327–329.

236. Kellermann, Ulrich: Überwindung des Todesgeschicks in der alttestamentlichen Frömmigkeit vor und neben dem Auferstehungsglauben, in: ZThK 73 (1976) 259–282.

237. Kessler, Hans: Auferstehung Christi II–III. Theologiegeschichtlich. Systematisch-theologisch, in: LThK 1 (³1993) 1182–1190.

238. – Sucht den Lebenden nicht bei den Toten. Die Auferstehung Jesu Christi in biblischer, fundamentaltheologischer und systematischer Sicht. Neuausgabe mit ausführlicher Erörterung der aktuellen Fragen, Würzburg 1995.

239. Kremer, Jacob: Zur Diskussion um das „leere Gab", in: Dhanis, Édouard (Hrsg.): Resurrexit. Actes du Symposion International sur la Résurrecion de Jésus, Rom 1974, 137–159.

240. – Auferstehung Christi I. Im Neuen Testament, in: LThK 1 (³1993) 1177–1182.

241. Lohfink, Gerhard: Der Ablauf der Osterereignisse und die Anfänge der Urgemeinde, in: ThQ 160 (1980) 162–176.

242. Lüdemann, Gerd: Die Auferstehung Jesu. Historie, Erfahrung, Theologie, Stuttgart 1994.

243. – Zwischen Karfreitag und Ostern, in: Verweyen/259, 13–46.

244. Mußner, Franz: Die Auferstehung Jesu, München 1969.

245. Oberlinner, Lorenz: Die Verkündigung der Auferweckung Jesu im geöffneten und leeren Grab. Zu einem vernachlässigten Aspekt in der Diskussion um das Grab Jesu, in: ZNW 73 (1982) 159–182.

246. Ohlig, Karl-Heinz: Thesen zum Verständnis und zur theologischen Funktion der Auferstehungsbotschaft, in: Verweyen/259: 80–104.

247. Pannenberg, Wolfhart: Dogmatische Thesen zur Lehre von der Offenbarung, in: Offenbarung als Geschichte, Göttingen ⁵1982, 91–114.

248. Pesch, Rudolf: Zur Entstehung des Glaubens an die Auferstehung Jesu. Ein Vorschlag zur Diskussion, in: ThQ 154 (1973) 201–228.

249. – Das „leere Grab" und der Glaube an Jesu Auferstehung, in: IKaZ 11 (1982) 6–20.

250. – Zur Entstehung des Glaubens an die Auf-

erstehung Jesu. Ein neuer Versuch, in: FZPhTh 30 (1983) 73–98.

251. Scheffczyk, Leo: Auferstehung. Prinzip christlichen Glaubens, Einsiedeln 1976.

252. Schenke, Ludger: Auferstehungsverkündigung und leeres Grab. Eine traditionsgeschichtliche Untersuchung zu Mk 16,1–8, Stuttgart ²1969.

253. Schlier, Heinrich: Über die Auferstehung Jesu Christi, Einsiedeln 1968.

254. Schönborn, Christoph von: „Auferstehung des Fleisches" im Glauben der Kirche, in: IkaZ 19 (1990) 13–29.

255. Schwager, Raymund: Die heutige Theologie und das leere Grab, in: ZKTh 115 (1993) 435–450.

256. Stemberger, Günter: Der Leib der Auferstehung. Studien zur Anthropologie und Eschatologie des palästinischen Judentums im neutestamentlichen Zeitalter, Rom 1972.

257. – Auferstehung I/2. Judentum, in: TRE 4 (1979) 443–450.

258. Thiede, Carsten-Peter (vs.)/Lüdemann, Gerd: Die Auferstehung Jesu – Fiktion oder Wirklichkeit, Basel 2001.

259. Verweyen, H. (Hrsg.): Osterglaube ohne Auferstehung? Diskussion mit Gerd Lüdemann, Freiburg, Basel, Wien 1995 (QD 155).

260. – „Auferstehung": Ein Wort verstellt die Sache, in: Verweyen/259: 105–144.

261. Vögtle, Anton: Wie kam es zum Osterglauben?, in: ders./Pesch, Rudolf (Hrsg.): Wie kam es zum Osterglauben?, Düsseldorf 1975, 11–131.

262. Wilckens, Ulrich: Auferstehung. Das biblische Auferstehungszeugnis historisch untersucht und erklärt, Gütersloh ²1977.

263. – Hoffnung gegen den Tod. Die Wirklichkeit der Auferstehung Jesu, Neuhausen, Stuttgart 1995.

b) Präexistenz Christi und Trinität

264. Greshake, Gisbert: Der dreieine Gott. Eine trinitarische Theologie, Freiburg, Basel, Wien ⁴2001.

265. Hilberath, Bernd Jochen: Der Personbegriff der Trinitätslehre in Rückfrage von Karl Rahner zu Tertullians „Adversus Praxean", Innsbruck, Wien 1986.

266. Hoping, Helmut: Göttliche und menschliche Personen. Die Diskussion um den Menschen als Herausforderung für die Dogmatik, in: ThGl 41 (1998) 162–174.

267. Krenski, Thomas: Passio Caritatis. Trinitarische Passiologie im Werk Hans Urs von Balthasars, Freiburg 1990.

268. – Hans Urs von Balthasar. Das Gottesdrama, Mainz 1995.

269. Kuschel, Karl-Josef: Geboren vor aller Zeit. Der Streit um Christi Ursprung, München 1990.

270. Laufen, Rudolf (Hrsg.): Gottes ewiger Sohn. Die Präexistenz Christi, Paderborn, München, Wien, Zürich 1997.

271. Ohlig, Karl-Heinz: Ein Gott in drei Personen? Vom Vater Jesu zum „Mysterium" der Trinität, Mainz–Luzern 1999.

272. Striet, Magnus: Spekulative Verfremdung? Trinitätstheologie in der Diskussion, in: HerKorr 56 (2002) 202–207.

273. Vorgrimler, Herbert: Randständiges Dasein des dreieinigen Gottes. Zur praktischen und spirituellen Dimension der Trinitätslehre, in: StZ 220 (2002) 545–552.

274. – Gott. Vater, Sohn und Heiliger Geist, Münster 2003.

275. Werbick, Jürgen: Gottes Dreieinigkeit denken? Hans Urs von Balthasars Rede von der göttlichen Selbstentäußerung als Mitte des Glaubens und Zentrum der Theologie, in: ThQ 176 (1996) 225–240.

c) Die Heilsbedeutung des Todes Jesu

276. Balthasar, Hans Urs von: Cordula oder der Ernstfall, Einsiedeln [4]1987.

277. – Crucifixus etiam pro nobis, in: IkaZ 9 (1980) 26–35.

278. Baudler, Georg: Die Befreiung von einem Gott der Gewalt. Erlösung in der Religionsgeschichte von Judentum, Christentum und Islam, Düsseldorf 1999.

279. Barth, Gerhard: Der Tod Jesu Christi im Verständnis des Neuen Testaments, Neukirchen-Vluyn 1992.

280. Buggle, Franz: Denn sie wissen nicht, was sie glauben. Oder warum man redlicherweise nicht mehr Christ sein kann. Eine Streitschrift, Hamburg 1997.

281. Dalferth, Ingolf U.: Das Opfer VI. Dogmatik, in: TRE 25 (1995) 286–293.

282. Fiedler, Peter: „Beim Herrn ist die Huld, bei ihm die Erlösung in Fülle", in: Marcus-Stegemann-Zenger/370: 184–200.

283. – Jesus – kein Sündenbock, in: Niewiadomski-Palaver/311: 19–36.

284. Gäde, Gerhard: Eine andere Barmherzigkeit. Zum Verständnis der Erlösungslehre Anselms von Canterbury, Würzburg 1989.

285. Gerhards, Albert/Richter, Klemens (Hrsg.): Das Opfer. Biblischer Anspruch und liturgische Gestalt. Unter Mitarb. von Achim Budde, Freiburg, Basel, Wien 2000 (QD 186).

286. Gese, Hartmut: Die Sühne, in: ders.: Zur biblischen Theologie, München 1977, 85–106

287. Gestrich, Christof: Opfer in systematisch-theologischer Perspektive. Gesichtspunkt einer evangelischen Lehre vom Opfer, in: Janowski-Welker/301: 282–303.

288. Girard, René: Der Sündenbock, Düsseldorf 1998.

289. – Das Heilige und die Gewalt, Frankfurt a.M. [3]1999.

290. Gonzáles Faus, José Ignacio: Cristo el misterio de Dios. Cristolog´a y soteriolog´a, 2 Bde., Madrid 1976.

291. Hengel, Martin: Der stellvertretende Sühnetod Jesu. Ein Beitrag zur Entstehung des urchristlichen Kerygmas, in: IkaZ 9 (1980) 1–25.135–147.

292. Henrich, Dieter: Diskussionsbeiträge, in: Schenk/314: 25f. 305.

293. Holl, Adolf: Ein liebender Gott will keine Opfer! Sühne, Schuld und Scheitern im Zentrum des Christentums, und Gott ist kein Sadist: Warum Jesus mit einem Opferlamm rein gar nichts zu tun hat, in: Publik-Forum Nr. 8 (2000) 24–26.

294. Hoping, Helmut: Stellvertretung. Zum Gebrauch einer theologischen Kategorie, in: ZKTh 118 (1996) 345–360.

295. – Gottes äußerste Gabe. Die theologische Unverzichtbarkeit der Opfersprache, in: HerKorr 56 (2002) 247–251.

296. – Wie heute vom Tode Jesu sprechen? Der Opfertod Jesu als Mitte des christlichen Glaubens, in: Häfner-Schmid/126, 81–101.

297. – /Tück, Jan-Heiner: „Für uns gestorben" – Die soteriologische Bedeutung des Todes Jesu und die Hoffnung auf universale Versöhnung, in: Erlöst durch Jesus Christus. Soteriologie im Kontext, hrsg. von Eduard Christen und Walter Kirchschläger, Freiburg/Schweiz 2000 (Theologische Berichte 23), 71–107.

298. Janowski, Bernd: Sühne als Heilsgeschehen. Traditions- und religionsgeschichtliche Studien zur priesterschriftlichen Sühnetheologie, Neukirchen-Vluyn [2]2000.

299. – Stellvertretung. Alttestamentliche Studien zu einem theologischen Grundbegriff, Stuttgart 1997.

300. – „Hingabe" oder „Opfer". Zur gegenwärtigen Kontroverse um die Deutung des Todes Jesu, in: Weth, Rudolf (Hrsg.): Das Kreuz

Jesu. Gewalt – Opfer – Sühne, Neukirchen-Vluyn 2001, 13–43.

301. – /Welker, Michael (Hrsg.): Opfer. Theologische und kulturelle Kontexte, Frankfurt a.M. 2000.

302. Jörns, Klaus-Peter: Religiöse Unverzichtbarkeit des Opfergedankens? Zugleich eine kritische Relecture der kirchlichen Deutung des Todes Jesu, in: Janowski-Welker/301: 304–338.

303. Kessler, Hans: Die theologische Bedeutung des Todes Jesu. Eine traditionsgeschichtliche Untersuchung, Düsseldorf ²1971.

304. Menke, Karl-Heinz: Stellvertretung. Schlüsselbegriff christlicher Theologie und theologische Grundkategorie, Einsiedeln 1991.

305. – Opfer IV. Theologiegeschichtlich u. systematisch-theologisch, in: LThK 7 (³1998) 1067–1069.

306. Merklein, Helmut: Der Sühnegedanke in der Jesustradition und bei Paulus, in: Gerhards-Richter/285: 59–91.

307. Moltmann-Wendel, Elisabeth: Zur Kreuzestheologie heute. Gibt es eine feministische Kreuzestheologie?, in: EvTh 50 (1990) 546–557.

308. – Das Kreuz – Zeichen der Hingabe, in: JK 57 (1996) 466–470.

309. – Opfer oder Hingabe – Sühnopfer oder Gottesfreundschaft. Wie können wir für uns heute den Tod Jesu verstehen, in: Wagner/318: 63–77.

310. – /Schottroff, Luise/Sölle, Dorothe: Kreuz, in: Wörterbuch der feministischen Theologie, hrsg. von Elisabeth Gössmann u.a., Gütersloh 1991, 225–236.

311. Niewiadomski, Józef/Palaver, Wolfgang (Hrsg.): Dramatische Erlösungslehre. Ein Symposium, Innsbruck, Wien 1992.

312. Oberlinner, Lorenz: Todeserwartung und Todesgewissheit Jesu. Zum Problem einer historischen Begründung, Stuttgart 1980.

313. – „Wer kann sich in Wahrheit auf Gott berufen?". Ein Plädoyer für die Gegner Jesu, in: Niewiadomski-Palaver/311: 37–48.

314. Schenk, Richard (Hrsg.): Zur Theorie des Opfers. Ein interdisziplinäres Gespräch, Stuttgart-Bad Cannstatt 1995 (Collegium Philosophicum 1).

315. Schürmann, Heinz: Jesu ureigener Tod. Exegetische Besinnungen und Ausblick, Freiburg, Basel, Wien ²1976.

316. – Gottes Reich – Jesu Geschick. Jesu ureigener Tod im Licht seiner Basileta-Verkündigung, Freiburg, Basel, Wien 1983.

317. Spaemann, Robert: Einleitende Bemerkungen zum Opferbegriff, in: Schenk/314: 11–24.

318. Wagner, Andreas (Hrsg.): Sühne – Opfer – Abendmahl. Vier Zugänge zum Verständnis des Abendmahls, Neukirchen-Vluyn 1999.

319. Wagner, Falk: Die christliche Revolutionierung des Gottesgedankens als Ende und Aufhebung menschlicher Opfer, in: Schenk/314: 251–278.

320. Werbick, Jürgen: Soteriologie, Düsseldorf 1990 (Leitfaden Theologie 16).

321. Willi-Plein, Ida: Opfer und Kult im alttestamentlichen Israel. Textbefragungen und Zwischenergebnisse, Stuttgart 1993.

322. Wohlmuth, Josef: Opfer – Verdrängung und Wiederkehr eines schwierigen Begriffs, in: Gerhards-Richter/285: 100–127.

323. Zager, Werner: Der Sühnetod Jesu in der neutestamentlichen Überlieferung, in: Wagner/318: 37–61.

324. Zenger, Erich: Jesus von Nazaret in den messianischen Hoffnung des alttestamentlichen Israel, in: Struppe, Ursula (Hrsg.): Studien zum Messiasbild des AT, Stuttgart 1989 (SBAB 6), 23–66.

d) Die Einzigkeit Christi

325. Goulder, Michael D. (Hrsg.): Incarnation and Myth: The Debate Continued, London 1979.

326. Green, Michael (Hrsg.): The Truth of God Incarnate, London 1977.

327. Hick, John (Hrsg.): The Myth of God Incarnate. Philadelphia 1977 (dt.: Wurde Gott Mensch? Der Mythos vom fleischgewordenen Gott, Gütersloh 1979).

328. – An interpretation of religion. Human response to the transcendent. Basingstoke 1989 (dt.: Religion. Die menschlichen Antworten auf die Frage nach Leben und Tod. Bearb. und mit einem Vorw. vers. von Armin Kreiner, München 1996).

329. – The metaphor of God Incarnate. London 1993.

330. Hoping, Helmut: Die Pluralität der Religionen und der Wahrheitsanspruch des Christentums, in: Münk, Hans J./Durst, Michael (Hrsg.): Christliche Theologie und Weltreligionen. Grundlagen, Chancen und Schwierigkeiten des Dialogs heute, Freiburg/Schweiz 2003, 117–159 (Theologische Berichte 26).

331. Knitter, Paul F.: Ein Gott – viele Religionen. Gegen den Absolutheitsanspruch des Christentums, München 1988.

332. Kongregation für die Glaubenslehre: Erklärung Dominus Iesus. Über die Einzigkeit und Heils-

universalität Jesu Christi und der Kirche. Mit einer Einführung von Leo Kardinal Scheffczyk und einem Kommentar von Joseph Kardinal Ratzinger, Stein am Rhein 2000.

333. Mackey, James P.: Jesus the Man and the Myth. A Contemporary Christology, London 1979 (dt.: Jesus. Der Mensch und der Mythos. Eine zeitgemäße Christologie, München 1981).

334. Menke, Karl-Heinz: Die Einzigkeit Jesu Christi im Horizont der Sinnfrage, Einsiedeln 1995.

335. – Jesus Christus. Das Absolute in der Geschichte. Die Frage nach der universalen Bedeutung eines geschichtlichen Faktums, in: Müller, Gerhard Ludwig/Serretti, Massimo: Einzigkeit und Universalität Jesu Christi. Im Dialog mit den Religionen, Einsiedeln, Freiburg 2001, 229–265.

336. Ratzinger, Joseph: Die Vielfalt der Religionen und der Eine Bund, Hagen 1998.

337. – Glaube – Wahrheit – Toleranz. Das Christentum und die Weltreligionen, Freiburg 2003.

338. Schmidt-Leukel, Perry: Das Pluralistische Modell in der Theologie der Religionen, in: ThRv 89 (1993) 353–364.

339. – Religiöse Vielfalt als theologisches Problem. Optionen und Chancen der pluralistischen Religionstheologie John Hicks, in: Schwager/341: 11–49.

340. – Grundkurs Fundamentaltheologie. Eine Einführung in die Grundfragen des christlichen Glaubens, München 1999.

341. Schwager, Raymund (Hrsg.): Christus allein? Der Streit um die pluralistische Religionstheologie, Freiburg, Basel, Wien 1996 (QD 160).

342. – (Hrsg.): Relativierung der Wahrheit? Kontextuelle Christologie auf dem Prüfstand, Freiburg, Basel, Wien 1998 (QD 170).

343. Spaemann, Robert: Religion und Tatsachenwahrheit, in: Oelmüller, Willi (Hrsg.): Wahrheitsansprüche der Religionen heute, Paderborn 1986, 224–234.

e) Jüdisch-christlicher Dialog

344. Balthasar, Hans Urs von: Einsame Zwiesprache. Martin Buber und das Christentum, Köln-Olten 1958.

345. – Herrlichkeit. Theologische Ästhetik III/2, Teil 1: Alter Bund, Einsiedeln ²1989.

346. Baum, Gregory: Einleitung, in: Ruether/381: 9–28.

347. Breuning, Wilhelm: Elemente einer nicht-antijudaistischen Christologie, in: Frankemölle, Hubert (Hrsg.): Christen und Juden gemeinsam

ins dritte Jahrtausend. „Das Geheimnis der Erlösung heißt Erinnerung", Paderborn 2001, 183–215.

348. Buber, M.: Der Jude und sein Judentum. Gesammelte Aufsätze und Reden, Darmstadt 1993.

349. Buren, Paul M. van: Christ in Context, New York 1988.

350. Flusser, David: Das Christentum – eine jüdische Religion, München 1990.

351. Freyer, Thomas: Vergessener Monotheismus. Zur gegenwärtigen Trinitätslehre, in: Manemann, Jürgen (Hrsg.): Monotheismus, Münster, Hamburg, London 2003 (Jahrbuch für Politische Theologie Bd. 4), 93–106.

352. Groß, Walter: Zukunft für Israel. Alttestamentliche Bundeskonzepte und die aktuelle Debatte um dem Neuen Bund, Stuttgart 1998 (BS 176).

353. Henrix, Hans Hermann: „Israel ist seinem Wesen nach formale Christologie". Die Bedeutung Hans Urs von Balthasars für Friedrich-Wilhelm Marquardts Christologie, in: BThZ 10 (1993) 135–153.

354. Janowski, Bernd: Der eine Gott der beiden Testamente. Grundfragen einer Biblischen Theologie, in: ZThK 95 (1998) 1–36.

355. Keller, Winfrid: Gottes Treue – Israels Heil. Röm 11, 25–27. Die These vom „Sonderweg" in der Diskussion, Stuttgart 1998.

356. Klappert, Berthold: Miterben der Verheißung. Beiträge zum jüdisch-christlichen Dialog, Neukirchen-Vluyn 2000.

357. Körtner, Ulrich H. J.: Theologia messianica. Zur Kategorie des Messianischen in der gegenwärtigen dogmatischen Diskussion, in: Breuning/102, 347–369.

358. Kraus, Hans-Joachim: Rückkehr zu Israel. Beiträge zum jüdisch-christlichen Dialog, Neukirchen-Vluyn 1991.

359. Küng, Hans/Lapide, Pinchas: Jesus im Widerstreit. Ein jüdisch-christlicher Dialog, München 1976.

360. Kuhns, Peter: Gottes Selbsterniedrigung in der Theologie der Rabbinen, München 1968.

361. Kuschel, Karl-Josef: Die Kirchen und das Judentum. Konsens- und Dissensanalyse auf der Basis neuerer kirchlicher Dokumente, in: StZ 210 (1992) 147–162.

362. Lapide, Pinchas: Eine jüdische Theologie des Christentums. Bausteine zum Brückenschlag, in: Lapide, Pinchas/Mußner, Franz/Wilckens, Ulrich (Hrsg.): Was Juden und Christen voneinander denken, Freiburg 1978, 11–39.

363. – /Rahner, Karl: Heil von den Juden? Ein Gespräch, Mainz 1983.

364. Laperrousaz, Ernest-Marie: L'attente du Messie en Palestine à la veille et au début de l'ère chrétienne. A la lumière des documents récemment découverts, Paris 1982.

365. Lévinas, Emmanuel: Menschwerdung Gottes?, in: ders.: Zwischen uns. Versuche über das Denken an den Anderen, München, Wien 1995.

366. Lohfink, Norbert: Der niemals gekündigte Bund. Exegetische Gedanken zum christlich-jüdischen Dialog, Freiburg, Basel, Wien 1989.

367. – Der Begriff „Bund" in der biblischen Theologie, in: ThPh 66 (1991) 161–176.

368. Lyotard, Jean-François: Von einem Bindestrich, in: ders./Gruber, Eberhard: Ein Bindestrich. Zwischen „Jüdischem" und „Christlichem". Erweiterte Ausgabe, Düsseldorf, Bonn 1995, 27–51.

369. Manemann, Jürgen/Metz, Johann B. (Hrsg.): Christologie nach Auschwitz. Stellungnahmen im Anschluß an Thesen von Tiemo Rainer Peters, Münster 1998.

370. Marcus, Marcel/Stegemann, Ekkehard W./Zenger, Erich (Hrsg.): Israel und Kirche heute. Beiträge zum jüdisch-christlichen Dialog. FS Ernst Ludwig Ehrlich, Freiburg, Basel, Wien 1991.

371. Mauser, Ulrich: Gottesbild und Menschwerdung. Eine Untersuchung zur Einheit des Alten und Neuen Testaments, Tübingen 1971.

372. Metz, Johann B.: Auf dem Weg zur „geschuldeten Christologie", in: Manemann-Metz/369: 99–103.

373. – Unterwegs zu einer Christologie nach Auschwitz, in: StZ 218 (2000) 755–760.

374. Mußner, Franz: Traktat über die Juden, München ²1988.

375. – Dieses Geschlecht wird nicht vergehen. Judentum und Kirche, Freiburg, Basel, Wien 1991.

376. Neusner, Jacob: The Incarnation of God. The Character of Divinity in Formative Judaism, Philadelphia 1988.

377. Osten-Sacken, Peter von der: Nachwort: Von der theologischen Notwendigkeit theologischen Besitzverzichts, in: Ruether/381: 244–251.

378. – Grundzüge einer Theologie im christlich-jüdischen Gespräch, München 1982.

379. Pannenberg, Wolfhart: Philosophie, Religion, Offenbarung. Beiträge zur systematischen Theologie. Bd. 1, Göttingen 1999.

380. Pröpper, Thomas: Wegmarken zu einer Christologie nach Auschwitz, in: Metz-Manemann/369: 135–146.

381. Ruether, Rosemary Radford: Nächstenliebe und Brudermord. Die theologischen Wurzeln des Antisemitismus, München 1978.

382. Schimanowski, Gottfried: Die frühchristlichen Voraussetzungen der urchristlichen Präexistenzchristologie, in: Laufen/270: 31–55.

383. Scholem, Gershom: Judaica I, hrsg. von Rolf Tiedemann, Frankfurt a. M. 1963.

384. Seebass, Horst: Der Gott der ganzen Bibel, Freiburg 1982.

385. Stegemann, Ekkehard W.: Wie im Angesicht des Judentums historisch vom Tod Jesu sprechen? Vom Prozess Jesu zu den Passionserzählungen der Evangelien, in: Häfner-Schmid/126, 23–52.

386. Theobald, Michael: Kirche und Israel nach Röm 9–11, in: Kairos 29 (1987) 1–22.

387. – Die Fleischwerdung des Logos, Münster 1988.

388. – Römerbrief. Kapitel 1–11, Stuttgart 1992 (SKK.NT 6/1).

389. – Zwei Bünde und ein Gottesvolk. Die Bundestheologie des Hebräerbriefs im Horizont des jüdisch-christlichen Gesprächs, in: ThQ 176 (1996) 309–325.

390. – Der Römerbrief, Darmstadt 2000.

391. – Studien zum Römerbrief, Tübingen 2001.

392. Thoma, Clemens: Christliche Theologie des Judentums. Mit einer Einführung von David Flusser, Aschaffenburg 1978.

393. – Das Messiasprojekt. Theologie jüdisch-christlicher Begegnung, Augsburg 1994.

394. Vorgrimler, Herbert: Zum Gespräch über Jesus, in: Marcus-Stegemann-Zenger/370: 148–160.

395. Wengst, Klaus: Jesus zwischen Juden und Christen, Stuttgart, Berlin, Köln 1999.

396. Wohlmuth, Josef: Hat der jüdisch-christliche Dialog eine hinreichende theologische Basis? Im Gespräch mit Jean-François Lyotard, in: Risse, Günther/Sonnemans, Heino/Theß, Burkhard (Hrsg.): Wege der Theologie. An der Schwelle zum dritten Jahrtausend. FS Hans Waldenfels, Paderborn 1996, 513–542.

397. – Im Geheimnis einander nahe. Theologische Aufsätze zum Verhältnis von Judentum und Christentum, Zürich 1996.

398. – Jüdischer Messianismus und Christologie, in: EvTh 59 (1999) 286–303.

399. – Die Tora spricht die Sprache der Menschen. Theologische Aufsätze und Meditationen

zur Beziehung von Judentum und Christentum, Paderborn, München, Wien, Zürich 2002.

400. Wyschogrod, Michael: Inkarnation aus jüdischer Sicht, in: EvTh 55 (1995) 13–21.

401. Zenger, Erich: Israel und Kirche im gemeinsamen Gottesbund, in: Marcus-Stegemann-Zenger/370: 236–254

402. – Das Erste Testament. Die jüdische Bibel und die Christen, Düsseldorf ²1992.

403. – Die Bundestheologie – ein derzeit vernachlässigtes Thema der Bibelwissenschaft und ein wichtiges Thema für das Verständnis Israel – Kirche, in: ders. (Hrsg.): Der Neue Bund im Alten. Studien zur Bundestheologie der beiden Testamente, Freiburg, Basel, Wien 1993 (QD 146), 13–49.

404. – Thesen zu einer jüdisch-christlichen Hermeneutik des sog. Alten Testaments, in: Franz, Ansgar (Hrsg.): Streit am Tisch des Wortes? Zur Deutung und Bedeutung des Alten Testaments in seiner Verwendung in der Liturgie, St. Ottilien 1997, 393–402.

f) Weitere Themen im Umfeld der Christologie

405. Balthasar, Hans Urs von: Glaubhaft ist nur Liebe, Einsiedeln ⁵1985.

406. Bloch, Ernst: Prinzip Hoffnung. 3 Bde., Frankfurt a. M. 1974.

407. Bouyer, Louis: Frau und Kirche. Übertragen und mit einem Nachwort versehen von Hans Urs von Balthasar, Einsiedeln 1977.

408. Corbin, Michel: L'inou¨ de Dieu. Six études christologiques, Paris 1980.

409. Daly, Mary: Jenseits von Gottvater, Sohn & Co. Aufbruch zu einer Philosophie der Frauenbefreiung, München ⁵1988.

410. Graß, Hans: Christliche Glaubenslehre. Teil 2, Stuttgart, Berlin, Köln, Mainz 1974.

411. Grillmeier, Alois: Jesus von Nazaret – „Im Schatten des Gottessohnes"? Um Gottes- und Christusbild, in: Diskussion über Hans Küngs „Christ sein", Mainz 1976, 60–82.

412. Hasenhüttl, Gotthold: Glaube ohne Mythos. Bd. 1. Offenbarung, Jesus Christus, Gott, Mainz 2001.

413. Hoping, Helmut: Freiheit im Widerspruch. Eine Untersuchung zur Erbsündenlehre im Ausgang von Immanuel Kant, Innsbruck, Wien 1990.

414. – Die Negativität des Todes. Zur philosophisch-theologischen Kritik der Vorstellung vom natürlichen Tod, in: ThGl 86 (1996) 296–312.

415. – Ein transzendentaltheologischer Begriff des Christentums – Rahners Kurzformeln des Glaubens, in: Delgado, Mariano (Hrsg.): Das Christentum der Theologen im 20. Jahrhundert. Vom „Wesen des Christentums" zu den „Kurzformeln des Glaubens", Stuttgart, Berlin, Köln 2000, 235–245.

416. Internationale Theologenkommission: Ausgewählte Fragen zur Christologie, in: HerKorr 35 (1981) 137–145.

417. – Jesu Selbst- und Sendungsbewußtsein, in: IkaZ 16 (1987) 38–49.

418. Küng, Hans: Christ sein, München ²1977.

419. Marquardt, Friedrich-Wilhelm: Von Elend und Heimsuchung der Theologie. Prolegomena zur Dogmatik, München 1988.

420. Metz, Johann B.: Jenseits bürgerlicher Religion. Reden über die Zukunft des Christentums, München, Mainz 1980.

421. – Gotteskrise, in: ders./Ginzel, Günter Bernd/Glotz, Peter/Habermas, Jürgen/Sölle, Dorothee: Diagnosen zur Zeit, Düsseldorf 1994, 76–92.

422. – Theodizee-empfindliche Gottesrede, in: ders. (Hrsg.): „Landschaft aus Schreien". Zur Dramatik der Theodizeefrage, Mainz 1995, 81–102.

423. Moltmann, Jürgen: Theologie der Hoffnung, München ¹²1985.

424. – Kirche in der Kraft des Geistes. Ein Beitrag zu messianischen Ekklesiologie, München ²1989.

425. – Systematische Beiträge zur Theologie. Bd. 1–5, München 1980–1995.

426. Moser, Tilmann: Gottesvergiftung, Frankfurt a. M. 1967.

427. O'Donnell, John: Alles Sein ist Liebe. Eine Skizze der Theologie Hans Urs von Balthasars, in: Lehmann, Karl/Kasper, Walter (Hrsg.): Hans Urs von Balthasar. Gestalt und Werk, Köln 1989, 260–276.

428. Pannenberg, Wolfhart: Systematische Theologie, Bd. 2, Göttingen 1991.

429. Pröpper, Thomas: Erlösungsglaube und Freiheitsgeschichte. Eine Skizze zur Soteriologie, München ³1991.

430. – Evangelium und freie Vernunft. Konturen einer theologischen Hermeneutik, Freiburg, Basel, Wien 2001.

431. Rahner, Karl: Geist in Welt. Philosophische Schriften. Bearbeitet von Albert Raffelt, Solothurn, Düsseldorf, Freiburg 1996 (Sämtliche Werke Bd. 2).

432. – Hörer des Wortes. Schriften zur Religionsphilosophie und zur Grundlegung der Theo-

logie. Bearbeitet von Albert Raffelt, Solothurn, Düsseldorf, Feiburg 1997 (Sämtliche Werke Bd. 4).

433. Schüssler Fiorenza, Elisabeth: Zu ihrem Gedächtnis ... Eine feministisch-theologische Rekonstruktion der christlichen Ursprünge, München 1988.

434. – Jesus – Miriams Kind, Sophias Prophet. Kritische Anfragen feministischer Christologie, Gütersloh 1997.

435. Sokolowski, Robert: The God of faith and reason. Foundations of Christian theology, Notre Dame 1982.

436. Strahm, Doris/Strobel, Regula (Hrsg.): Vom Verlangen nach Heilwerden. Christologie in feministisch-theologischer Sicht, Fribourg, Luzern ²1993.

437. Strobel, Regula: Feministisch-theologische Kritik an Kreuzestheologien, in: KatBl 123 (1998) 84–90.

438. Verweyen, Hansjürgen: Wie wird ein Existential übernatürlich? Zu einem Grundproblem der Anthropologie Karl Rahners, in: TrThZ 95 (1986) 115–131.

439. – Botschaft eines Toten. Den Glauben rational verantworten, Regensburg 1997.

440. – Gottes letztes Wort. Grundriß der Fundamentaltheologie, Regensburg ³2000.

441. – /Raffelt, Albert: Karl Rahner, München 1997.

442. Wolff, Hanna: Neuer Wein – alte Schläuche. Das Identitätsproblem des Christentums im Lichte der Tiefenpsychologie, Stuttgart ²1983.

Verzeichnis der Bibelstellen

Personenregister

Abaelard 126, 131
Abramowski, L. 98
Alexander v. Alexandrien 96, 97, 98, 99, 100
Alkuin 123
Angstenberger, P. 105
Anselm v. Canterburry *124–126*, 127, 129, 131
Ansorge, D. 126
Apollinarius *103*, 105, 112
Arens, H. 110
Arius *96–98*, 100, 101
Athanasius v. Alexandrien 96, 98, 101, 103
Auer, J. 22,
Augustinus 23, 106, 158

Bacht, H. 104, 110
Backhaus, K. 88
Balthasar, H. U. v. 22, *29–31*, 28, 32, 34, 37, 41, 43, 121, 141, 146, 156, 157
Barth, K. *22 f.*, 24, 140, 145, 148
Baum, G. 15
Bausenhart, G. 119, 121
Becker, J. 44, 53, 83
Beinert, W. 160
Ben-Chorin, S. 147, 160
Bernhard v. Clairvaux 131
Betz, O. 58, 59
Biel, G. 131
Bienert, W. 93
Biser, E. 22
Blinzler, J. 58
Bloch, E. 21
Boff, L. 22
Bohatec, J. 139
Böhm, Th. 96, 98
Bonaventura 9
Bouyer, L. 19, 22
Braun, H. 13
Breuning, W. 16, 44
Brito, E. 141
Bruer, I. 69
Brunner, E. 23
Buber, M. 44, 45, 151
Buggle, F. 22
Bultmann, R. 11, *13*, 24, 25, 61, 68 f., 74, 83
Buren, P. v. 15

Calvin, J. 23,
Campenhausen, H. v. 70
Cessario, R. 127
Charlesworth, J. H. 44
Chils, B. S. 37, 156
Clemens v. Alexandrien 95
Coelestin I. 106, 107
Cohn, H. H. 58
Congar, Y. 22
Corbin, M. 126
Courth, F. 145
Craig, W. L. 71
Crossan, J. D. 58
Cyrill v. Alexandrien 104, 105 f., 106, 107 f., 119

Dalferth, I. U. 14, 22, 74, 157
Daly, M. 18
Damasus I. 103
Danielou, J. 91
Dembowski, H. 22
Dummet, M. 69
Duns Skotus, J. *130*
Duquoc, Chr. 22

Ebeling, G. 12, 22, 146
Egger, P. 58
Ernst, S. 126
Essen, G. 11, 12, 73 f., 155, 156
Eutyches 109 f., 112

Fabry, H.-J. 44, 46, 47, 50, 51
Fiedler, P. 21, 61, 156
Flavian v. Konstantinopel 109, 110, 111
Flusser, D. 147
Forte, B. 22
Freyer, Th. 155
Frickel, J. 94
Friedrich, G. 21

Gäde, G. 126
Gese, H. 157, 159
Gestrich, Chr. 158
Gnilka, J. 55, 58, 59, 60, 61, 67, 69, 71, 87, 88
Goetze, J. M. 136 f.
Goulder, M. D. 14
Graß, H. 155
Green, M. 14
Greshake, G. 126, 155, 159 f.

Grillmeier, A. 90, 91, 93, 94, 96, 98, 101, 104, 106, 109, 110, 111, 114, 115, 116
Groß, W. 16, 150

Häfner, G. 58
Hahn, F. 75
Halleux, A. de 111, 112, 113
Hampel, V. 56
Harnack, A. von 12, 90
Hasenhüttl, G. 12, 90
Hattrup, D. 156
Hegel, G. W. F. *141–146*
Heiligenthal, R. 12
Helmer, S. 115
Hengel, M. 61, 75, 84
Henrix, H. H. 35
Hick, J. *14*, 16
Hieronymus 102
Hilberath, B. J. 94
Hipployt v. Rom 94
Hoff, G.-M. 154
Hoffmann, P. 66, 67, 69, 71
Holl, A. 22
Honorius I. 118, 120
Hoping, H. 29, 74, 127, 139, 152, 155, 156
Hübner, R. M. 93
Hugo v. St. Viktor 126, 129
Hünermann, P. 22, 101, 125, 127, 130, 133, 141, 146, 156

Ignatius v. Antiochien 93
Irenäus v. Lyon 20, 91, 92
Irsigler, H. 46

Janowski, B. 21, 22, 37, 39, 48, 157, 159
Jeremias, J. 56
Joest, W. 22
Johannes Cassian 106
Johannes v. Damaskus *121 f.*, 126
Jörns, K.-P. 157
Julian v. Halikarnass 114
Jüngel, E. 32, 141, 146, 158
Justin d. Märtyrer 92, 93 f.

Kant, I. 16, *139–141*
Käsemann, E. 24
Kasper, W. 22, 25, 30, 154
Keller, W. 161

Sachregister